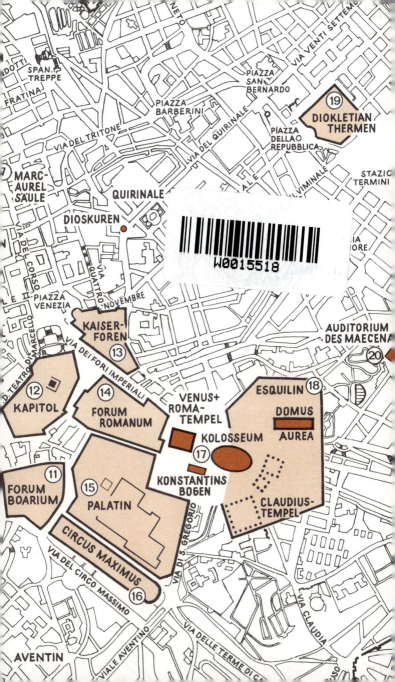

Artemis-Cicerone · Kunst- und Reiseführer

Artemis Verlag Zürich und München

ROM

Die antiken Denkmäler
Mit Villa Hadriana,
Ostia antica und Praeneste

Von Günter Wachmeier

Artemis Verlag Zürich und München

Mit 56 Abbildungen, 42 Plänen und Zeichnungen.

Karten, Pläne und Rekonstruktionen wurden, wenn nicht anders angegeben, von Dieter Weber, München, gezeichnet. Mehrfarbige Stadtpläne und Pläne auf den Seiten 148, 175 und 180: Graphisches Atelier Gabriele Fiebelkorn, München. Reproduktionsrechte © 1975 Artemis Verlag München.

Farbfoto für den Umschlag von E. Streichan, Zentrale Farbbild Agentur, Düsseldorf.

Fotonachweis:

Der Verfasser dankt folgenden Institutionen und Personen für die freundliche Bereitstellung von Aufnahmen und für die Erlaubnis zur Reproduktion: Alinari/Anderson, Florenz: S. 15, 58, 76, 77, 79, 80, 151, 154, 155. Deutsches Archäologisches Institut, Rom: 14, 17, 22, 31, 39, 42, 46, 49, 52, 53, 64, 69, 74, 81, 95, 99, 108, 117, 124, 134, 139, 140, 144, 153, 161. Fotocielo, Rom: 86, 146. Fototeca Unione, Rom: 27, 29, 40, 50, 54, 55, 82, 96, 105, 118, 125, 137, 138, 157, 159. Gabinetto Fotografico Nazionale, Rom: 37, 112. Leonhard von Matt, Buochs/Schweiz: 62. Museo della Civiltá Romana, E. U. R., Rom (Fotothek): 34, 87. Werner Neumeister, München: 57, 107. Sig. Sostegni, Rom: 146.

Dem Verlag W. Kohlhammer, Stuttgart, sei für die freundliche Genehmigung zur Übernahme folgender Illustrationen gedankt: S. 43 und 61 aus Herbert Alexander Stützer: Das Alte Rom, Stuttgart 1971, sowie S. 103 aus Hans Koepf: Baukunst in fünf Jahrtausenden, 6. Aufl. Stuttgart 1971; dem Verlag Philipp von Zabern, Mainz, für die Übernahme einer Strichzeichnung zur Sonnenuhr des Augustus: S. 18 (aus: Edmund Buchner, Die Sonnenuhr des Augustus, Mainz 1982).

CIP-Kurztitelaufnahme der Deutschen Bibliothek

Wachmeier, Günter:
Rom : d. antiken Denkmäler ; mit Villa Hadriana, Ostia antica u. Praeneste / von Günter Wachmeier.
2. Aufl. – Zürich ; München : Artemis-Verlag, 1982.
(Artemis-Cicerone)
ISBN 3-7608-0750-X

2., durchgesehene und ergänzte Auflage 1982

© 1975 Artemis Verlag Zürich und München
Verlagsort München. Alle Rechte, einschließlich derjenigen des auszugsweisen Abdrucks und der photomechanischen Wiedergabe, vorbehalten.
Gesamtherstellung: Pustet, Regensburg
Printed in Germany

INHALTSVERZEICHNIS

A. Historischer Überblick 4

B. Die antiken Kunstdenkmäler 14

Ara Pacis Augustae 14 – Sonnenuhr des Augustus 18 – Mausoleum des Augustus 19 – Mausoleum des Hadrian 19 – Stadion Kaiser Domitians (Piazza Navona) 20 – Theater des Pompeius 20 – Republikanische Tempel am Largo di Torre Argentina 20 – Ehrensäule für Kaiser Marc Aurel 21 – Pantheon 24 – Marcellustheater 30 – Tiberinsel 31 – Forum Boarium 32 – Tempel der Vesta 33 – Der Kapitolinische Hügel 35 – Kaiserforen 45 – Trajanssäule 56 – Marktanlage Trajans 58 – Forum Romanum 60 – Palatin 82 – Circus Maximus 101 – Kolosseum 102 – Doppeltempel für Venus und Roma 104 – Konstantinsbogen 106 – Domus Aurea 110 – Diokletianthermen 114 – Auditorium des Maecenas 116 – Tempel der Minerva Medica 116 – Porta Maggiore 117 – Caracallathermen 118 – Cestiuspyramide 126 – Aurelianische Mauer 127 – Grabstätte der Scipionen 127 – Via Appia Antica 128 – Milvische Brücke 130 – Tivoli: Villa Hadriana 130 – Ostia antica 146 – Praeneste 161

C. Römische Museen mit antiken Kunstwerken 162

Vatikanische Museen 162 – Thermenmuseum 164 – Kapitolinisches Museum 165 – Konservatorenpalast 166 – Museum der römischen Kultur 167

D. Informationsteil 168

E. Vorschläge für Besichtigungsrundgänge 184

F. Literaturauswahl 185

G. Register 186

A. HISTORISCHER ÜBERBLICK

Kurze Geschichte Roms mit Herrscherliste und tabellarischer Übersicht über die wichtigsten Kunstdenkmäler.

Auf die Frage, wann Rom gegründet worden sei, antwortete einer der bedeutendsten römischen Gelehrten, der Schriftsteller und Dichter *Marcus Terentius Varro* (116–27 v. Chr.), dies sei im Jahre 753 v. Chr. geschehen. Varro hatte das Datum sorgfältig berechnet. Dennoch ist seine Antwort nur als Teil einer späten Mythenbildung zu verstehen: Der historisch nicht greifbare Stadtgründer *Romulus*, so hieß es, sei ein Nachkomme des Trojaners *Aeneas* gewesen und die Römer somit die direkten Nachfolger der Griechen. Aus solcher Mythenbildung spricht das historische Bewußtsein eines zur Weltmacht aufgestiegenen Volkes. Der Mythos ersetzt dabei die fehlende Geschichtsschreibung, ordnet und erklärt die Vergangenheit und macht sie so dem Geist begreiflich.

Erst die neuere Archäologie und die moderne Sprachwissenschaft haben in die Anfänge Roms etwas Licht gebracht. Danach entstand im 9.Jh. v. Chr. auf dem Palatin eine erste Ansiedlung der *Latiner*, um 800 v. Chr. auf dem Quirinal eine solche der *Sabiner* – zwei getrennte Siedlungsgruppen, deren politischer Zusammenschluß offenbar erst unter dem Einfluß der *Etrusker* erfolgte, die sich zwischen 900 und 500 v. Chr. in der Toskana ausbreiteten und ihre Herrschaft im Norden bis zur Poebene, im Süden bis nach Kampanien ausdehnten. Etwa seit 650 v. Chr. wird ›Rom‹, dessen Name sich möglicherweise vom etruskischen Geschlecht der *Rumlna* ableitet, von etruskischen Königen regiert. Für diese ›Römer‹, die als einfache Bauern auf den Höhen des Palatin und des Esquilin noch in Lehmhütten wohnten, wurde das kulturell hochstehende, griechisch beeinflußte Etruskervolk zum ersten großen Lehrmeister.

Etruskische Königsherrschaft (etwa 650–510 v. Chr.)

um 550 v. Chr.	Kapitolinische Wölfin	Konservatorenpalast
um 510 v. Chr.	Tempel für Jupiter Optimus Maximus	Nr. 12

Die Römer kannten von Haus aus nur allgemeine, in der Natur wirksame Kräfte. Die Vorstellung vom Dasein personifizierter Götter vermittelten ihnen erst die Etrusker. Von ihnen lernten sie auch den Tempelbau kennen und übernahmen bestimmte Gewohnheiten, wie z. B. die in religiösen Vorstellungen begründeten Gladiatorenkämpfe. Etruskische Baumeister errichteten auf dem Kapitol den ersten ›römischen‹ Tempel für Jupiter Optimus Maximus. Ein etruskischer Bildhauer gab ihnen das erste menschengestaltige Götterbild; ja selbst das älteste Wahrzeichen Roms, die kapitolinische Wölfin, ist vermutlich ein etruskisches Bildwerk.

Die Begründung der Republik (um 510 v. Chr.)

Der römische Staatsaufbau

Mit dem Untergang des etruskischen Königsgeschlechtes um 510 v. Chr. nimmt für uns die römische Geschichte greifbarere Konturen an. Wir erkennen vor allem den staatlichen Aufbau, zu dessen Besonderheit ein *monarchisches* Element (die Machtbefugnisse der Konsuln), ein *aristokratisches* Element (der Einfluß des Senats) und ein *demokratisches* Element (die Volksversammlung) gehören.

An die Stelle der Könige traten zwei, jeweils auf Jahreszeit gewählte *Konsuln*, die sich in ihrer Machtausübung, insbesondere dem Heeresbefehl und der Rechtsprechung, teilten und sich gegenseitig kontrollierten. Ihnen waren als Ausführungsbeamte zwölf *Liktoren* beigegeben.

Während die Konsuln jährlich wechselten, bildete der *Senat* ein Element der Kontinuität. Obwohl seine Funktionen niemals formuliert worden sind, war er doch das maßgebende Verfassungs- und Verwaltungsorgan, das Gesetze und Wahlen bestätigte oder bei Verfahrensmängeln deren Ungültigkeit erklärte und überhaupt ein allgemeines Aufsichtsrecht über das gesamte staatliche Leben ausübte.

Anfangs bildeten die Häupter der patrizischen Geschlechter den Senat, doch bürgerte sich bald der Brauch ein, die gewählten Magistrate, also die Beamten, nach Ablauf ihrer Amtszeit in den Senat zu übernehmen, in dessen Zusammensetzung sich dadurch Autorität und praktische Erfahrung ergänzten. Waren es jahrhundertelang 300 Senatoren, die den Senat ausmachten, so erhöhte *Sulla* deren Zahl auf 600; unter *Caesar* gab es 900 Senatoren; seit *Augustus* wieder 600 Senatsmitglieder. Doch darf der römische Senat nicht mit einem modernen Parlament gleichgesetzt werden. Noch kannte man keine regelmäßigen Sitzungen, sondern die Einberufung erfolgte von Fall zu Fall, sei es durch die *Konsuln* oder durch deren nahezu gleichrangige Amtsgehilfen, die *Prätoren.* Derjenige, der den Senat einberief, erstattete Bericht, wobei er auch Nicht-Senatoren das Wort erteilen konnte. Die Anwesenden wurden sodann reihum, meist nach einer festgesetzten Rangliste, nach ihrer Meinung befragt. Zwar war die Redezeit unbegrenzt, doch gab es keine freie Wortmeldung. Jeder fällte am Ende seiner Rede sofort seine Stimmentscheidung: Konsulare vor Prätoren, Patrizier vor Plebejern, Amtsältere vor Amtsjüngeren.

Auch die allgemeine Volksversammlung *(comitia centuriata)* entsprach nicht unseren heutigen Vorstellungen. Die Bürgerschaft versammelte sich nach militärischen Hundertschaften *(Centurien)*, wobei nicht die Individualstimme, sondern das Gruppenvotum den Ausschlag gab. An erster Stelle standen die Rittercenturien; die übrigen waren in fünf verschiedene Vermögensklassen eingeteilt. Die Abstimmungen erfolgten in der Reihenfolge der Klassen und wurden abgebrochen, sobald eine Mehrheit erreicht war.

Auseinandersetzung zwischen Patriziern und Plebejern (500–367)

366 v.Chr.   **Concordiatempel**   **Nr. 12**

In einem anderthalb Jahrhunderte umfassenden *Ständekampf* eroberte sich
die von den Staatsämtern zunächst ausgeschlossene Schicht der Plebejer
(Kleinbauern, Kaufleute, Handwerker) schrittweise ihre Rechte: Aufstellung von Volkstribunen (493), Kodifizierung des geltenden Rechts im
Zwölftafelgesetz (451), Übertragung der Blutgerichtsbarkeit (448), das
Recht, mit Patriziern Ehen zu schließen (445); ferner (444) den Zugang
zum Konsulartribunat, einem obersten Beamtenkollegium, dann (421)
zur Quästur und damit zur Finanz- und Archivverwaltung, zuletzt (367)
zum Konsulat. Die nunmehr erreichte Gleichstellung erfuhr im *Concordiatempel* ihre staatsreligiöse Verankerung.

Ausdehnung der römischen Herrschaft über Italien (396–268)

nach 387 v.Chr.   **Servianische Mauer**   **Nr. 19**
312 v.Chr.   **Via Appia**   **Nr. 27**

Mit der Zerstörung der etruskischen Nachbarstadt Veii entledigte sich
Rom um 396 v.Chr. seines gefährlichsten Rivalen, erlitt aber bald danach
durch den Galliereinfall (387 v.Chr.) und die Verwüstung der Stadt
einen schweren Rückschlag. Die Römer beantworteten die Niederlage
mit der Errichtung der *Servianischen Mauer* (Tuffstein), die nun als schüt-
zender Wall alle sieben Hügel der Stadt umschloß. Die nachfolgenden
Kämpfe richteten sich zuerst gegen die Latiner (340–338), dann gegen die
bedrohlichen Samniten, die in drei großen Kriegsphasen (343–341, 326
bis 304, 298–290) niedergerungen wurden, wobei die *Via Appia* als militärische Aufmarschstraße eine entscheidende Rolle spielte. Mit der gleichzeitigen Niederwerfung der im Gebiet um Paestum ansässigen *Lukaner*
kamen dann die Römer zum erstenmal direkt mit griechischer Kunst in
Berührung.

Die Auseinandersetzung mit Karthago (264–146 v.Chr.)

Nachdem Rom seit 268 v.Chr. ganz Unteritalien beherrschte, kam es
schon bald in Konflikt mit dem nordafrikanischen Karthago, dessen Ein-
flußsphäre im westlichen Mittelmeer bis Spanien reichte. Aus den Kämpfen um Sizilien, Sardinien, Korsika und Spanien entwickelte sich ein
hundertjähriges Ringen beider Mächte um die Vorherrschaft im westlichen Mittelmeer (*Punische Kriege*: 264–241, 218–201, 149–146), aus dem
Rom nach wechselvollem Verlauf und bedrohlichen Niederlagen schließlich als Sieger hervorging. So wurde Sizilien 241 die erste römische Provinz, 238 folgten Sardinien und Korsika, 201 Spanien, 146 nach der Zerstörung Karthagos die Provinz Afrika.

Griechischer Kultureinfluß

Mit der Eroberung Unteritaliens und Siziliens geriet Rom zunehmend unter griechischen Kultureinfluß. Schon 240 v. Chr. führte man in Rom die erste aus dem Griechischen übersetzte Tragödie auf. Schriftsteller bedienten sich nun der griechischen Sprache, übertrugen deren Versmaß ins Lateinische und verfaßten Komödien. Der Grieche *Polybios* schrieb in Rom eine Weltgeschichte; *Panaitios*, ein stoischer Philosoph, nahm sogar Einfluß auf Politiker und Gelehrte.

Vor allem die Eroberung von Syrakus (211 v. Chr.) hatte in Rom das Interesse an griechischer Kunst und Lebensart stark geweckt. Zahlreiche Kunstschätze, die man damals nach Rom gebracht hatte, schmückten seitdem die öffentlichen Straßen und Plätze, ein Vorgang, der sich bei jeder neuen Eroberung wiederholte. Antike Quellen berichten, daß in einem einzigen Triumphzug 134 Statuen mitgeführt wurden. Der Sieger der Schlacht bei Pydna in Makedonien (168 v. Chr.), *Aemilius Paullus Macedonicus*, kehrte mit 50 Wagen voll konfiszierter Kunstschätze nach Rom zurück. Ein großer Teil dieser Beutestücke fand in römischen Tempeln Aufstellung und ersetzte dort die bis dahin üblichen Holz- und Terrakottastatuen. Darüber hinaus kamen jetzt griechische Bildhauer, Maler und Architekten in die Hauptstadt, und so entstanden unzählige Kopien nach griechischen Originalen.

| 1. Jh. v. Chr. | Republikanische Tempel | Nr. 6 |
| um 100 v. Chr. | Tempel der Fortuna Virilis | Nr. 11 |

Der römische Geist aber mußte sich erst langsam mit dieser Formenwelt bekannt machen. Er traf seine Wahl vornehmlich nach Themen und Motiven und bewertete in erster Linie den gedanklichen Gehalt der Werke. Die unmittelbar sinnliche Qualität einer nach griechischem Verständnis naturhaft aufblühenden Kunstgestalt blieb ihm weitgehend verschlossen. Schon allein die Aufstellung der Statuen in Nischen machte aus dem ursprünglich freien, körperhaften Gebilde einen dekorativen Schmuck der Wand. In gleicher Weise nahm Rom auch dem Tempel seine in sich selbst ruhende, griechische Gestalt. Durch ein hohes Podium und eine tiefe Vorhalle, durch Unterscheidung zwischen Vorder- und Rückseite wird der römische Tempel zu einem in den Stadtorganismus fassadenhaft eingefügten, repräsentativen Gehäuse.

Die innere Krise der römischen Republik (133–30 v. Chr.)

Rom hatte die Grundlagen zu einem Weltreich gelegt, bezahlte jedoch seinen Machtzuwachs mit einem hundertjährigen Bürgerkrieg. Reichtum, steigender Luxus und schrankenloses Gewinnstreben hatten die alten römischen Tugenden zersetzt, die anhaltenden Kriege den Bauernstand dezimiert und ein städtisches Proletariat entstehen lassen, während zahlreiche Senatoren zu Großgrundbesitzern geworden waren. Die krisenhafte Situation wurde offen sichtbar, als die von den *Gracchen* angestrebten Landreformen scheiterten und sich die italischen Stämme im sog. *Bundesgenossenkrieg* (91–89) die Verleihung des römischen Bürgerrechts und damit die Gleichberechtigung erzwangen. Die Auseinandersetzungen erlebten ihren blutigen Höhepunkt, als sich Sulla, der die Senatspartei vertrat, und *Marius*, den die Volksversammlung unterstützte, kriegsmäßig befehdeten und ihre innenpolitischen Gegner in den berüchtigten *Proskriptionen* ächten und umbringen ließen.

Lucius Cornelius Sulla

| 80–78 v. Chr. | Tabularium | Nr. 12 |
| um 78 v. Chr. | Heiligtum von Praeneste | Nr. 31 |

Sulla war seit 82 v. Chr. als Diktator »zur Wiederherstellung des Staates« der mächtigste Mann in Rom. Auch das von ihm errichtete *Tabularium* muß unter dem Aspekt gesehen werden, dem erneuerten Staatsbewußtsein in monumentaler Form Ausdruck zu verleihen. Tuffstein ist dabei das bevorzugte, sorgfältige Bearbeitung erfordernde Material.

Zugleich vollzieht sich in sullanischer Zeit »der Beginn einer der gewaltigsten Revolutionen in der Architekturgeschichte Europas« (Kaschnitz von Weinberg): Das gegen Ende des 2. Jh. v. Chr. erfundene römische Guß- oder Mörtelmauerwerk, das sich als ein kostensparender Baustoff durch seine betonartige Härte empfiehlt und jede beliebige Formung zuläßt, wird in Praeneste zum erstenmal für die Überwölbung einer Apside verwendet.

Die größte Kunstleistung der zu Ende gehenden Republik sollte jedoch das römische Portrait werden, das den Menschen nicht idealisierend, sondern als eine in der Härte des Daseins geformte Individualität zeigt. Nicht die Gestalt als Ganzes ist dem Römer wichtig; ihn fesseln vor allem die Gesichtszüge. Anders als in Griechenland dominieren daher in Rom die Portraitbüsten (vgl. Kapitolinisches Museum, Saal IV).

Gnaeus Pompeius Magnus

| 61–51 v. Chr. | Theater des Pompeius | Nr. 5 |

Daß sich römische Härte durchaus mit musischen Neigungen verbinden kann, beweist die Gestalt des *Pompeius*. Rom verdankt diesem militärisch begabten, mit diktatorischen Vollmachten ausgestatteten Mann sein erstes, aus Stein erbautes Theater – eine Maßnahme, die eine für Kunst und Literatur aufgeschlossene Gesellschaftsschicht voraussetzt.

Gaius Iulius Caesar (44 v. Chr. ermordet)

55–44 v. Chr.	Basilica Iulia, Kurie, Rostra	Nr. 14
ab 51 v. Chr.	Caesarforum	Nr. 13
50 v. Chr.	Marcellustheater begonnen	Nr. 9

Erscheint das Theater des Pompeius bei aller Kühnheit doch als etwas Partielles, so lassen die unter Caesar errichteten Bauten einen ins Große planenden Geist erkennen. Die städtebauliche Neuordnung der Hauptstadt war sein erklärtes Ziel; als Diktator auf Lebenszeit (ab 45 v. Chr.) hätte er dazu die Möglichkeit gehabt. Caesar gab mit *Kurie, Rostra* und *Basilica Iulia* dem *Forum Romanum* Richtung und Maßstab und sorgte durch sein Marktforum für räumliche Entlastung. Sein geplanter Theaterbau steht wohl in Konkurrenz zum Theater des Pompeius.

Augustus (31 v. Chr. – 14 n. Chr.)

Bürgerlicher Name *Octavian*. Seit 30 v. Chr. Alleinherrscher, 28 v. Chr. Titel »Princeps«, 27 v. Chr. Ehrentitel »Augustus« (der Erhabene), ab 23 v. Chr. Volkstribun auf Lebenszeit, ab 19 v. Chr. konsularische Gewalt auf Lebenszeit, 12 v. Chr. Pontifex Maximus, 2 v. Chr. Ehrentitel »Pater Patriae«.

30 v. Chr.	**Wohnhaus auf dem Palatin (H. d. Livia)**	Nr. 15
29 v. Chr.	**Caesartempel und erster Augustusbogen**	Nr. 14
28 v. Chr.	**Apollotempel auf dem Palatin geweiht**	Nr. 15
28 v. Chr.	**Mausoleum des Augustus**	Nr. 2
19 v. Chr.	**Zweiter Augustusbogen**	Nr. 14
13 v. Chr.	**Ara Pacis (Friedensaltar) begonnen**	Nr. 1
13 v. Chr.	**Marcellustheater vollendet**	Nr. 9
2 v. Chr.	**Weihe des Augustusforums**	Nr. 13

Als Adoptivsohn Caesars trat Octavian mit 19 Jahren dessen Erbe an. Ein Jahr später schon, als Zwanzigjähriger, ist er Senatsmitglied. Zusammen mit *M. Antonius* und *M. Aemilius Lepidus* begründet er ein auf fünf Jahre befristetes *Triumvirat* »zur Neuordnung des Staates« und ist nach blutigen Auseinandersetzungen mit seinen Gegnern, zu denen zuletzt auch Antonius zählte, ab 30 v. Chr. Alleinherrscher. Seine von kluger Mäßigung getragene Politik hatte die innere Aussöhnung und die Befriedung des Landes und der Provinzen zum Ziel. Kunst und Literatur erlebten eine neue Blüte. Unter den Dichtern ragen *Vergil* und *Horaz*, unter den Geschichtsschreibern *Livius* hervor. Zu ihnen gesellt sich unter kunsthistorischem Aspekt noch *Vitruv*, dessen zehn Bücher umfassendes Werk ›Über Architektur‹ dem Augustus gewidmet war; es ist das einzige, uns aus der Antike erhalten gebliebene Werk dieser Art. Es behandelt u. a. Städtebau, Baumaterialien, Säulenordnungen, Proportionen, öffentliche und private Bauten, Wasserleitungen, Zeitmessung und Maschinenbau.

Die augusteische Kunst hat einen betont politischen, geradezu programmatischen Charakter. So ist die Errichtung eines Tempels für den ermordeten Caesar ebenso als Bekenntnis zu dessen Werk und Person zu verstehen, wie andererseits der Umstand, daß Augustus seinen Ehrenbogen unmittelbar daneben errichten ließ. Auch die Wiederherstellung von 82 republikanischen Tempeln war ein programmatischer Akt, mit dem Ziel, nach den Wirren des Bürgerkrieges die Religion der Väter neu ins Bewußtsein zu rücken. Nicht anders verhielt es sich mit dem *Mausoleum des Augustus*, dessen Hügelform an alte Traditionen anzuknüpfen schien. Politisch motiviert waren sodann die *Ara Pacis*, als ›Friedensaltar‹ sowie das für Staatsakte bestimmte *Augustusforum*.

Der idealisierenden Grundtendenz dieser Kunst entsprach ihre klassizistische, an Griechenland sich orientierende Form; Der griechische Tempel, die korinthische Säulenordnung, das Bauen in Marmor und die klassische griechische Gewandfigur geben die Leitbilder ab, während so spezifisch römische Elemente wie der Massen- und Wölbungsbau vorrübergehend zurückgedrängt erscheinen.

Römische Wandmalerei

Beginn und Entfaltung römischer Wandmalerei sind uns weniger in Rom als in Pompeji greifbar. Daher klassifiziert die Archäologie diese Kunstgattung nach ›pompejanischen Stilen‹. In Rom selbst haben sich Wandmalereien vor allem im Wohnhaus des Augustus (Haus der Livia) und in der Domus Aurea, dem Kaiserpalast Neros, erhalten. Mit Nero beginnt die Spätphase römischer Wandmalerei, die bald darauf durch die ›Inkrustationstechnik‹, d.h. durch Verkleidung der Wände mit Steinplatten, abgelöst wird. Die gleichzeitig auflebende Mosaikkunst wirkt weiter bis in die spätantike und frühchristliche Kunst.

Übersicht: Erster pompejanischer Stil (146–80): Nachahmung von Quaderwänden. *Zweiter pompejanischer Stil* (80–15): Illusionistische Architekturen. *Dritter pompejanischer Stil* (15 v. – 64 n. Chr.): Flächenbetonung, Figuren- und Landschaftsmalerei. *Vierter pompejanischer Stil* (ab 64): Spielerische Auflösung, Linearität neben barockem Illusionismus.

Tiberius (14–37) – Caligula (37–41) – Claudius (41–54)

38–54 n. Chr.   **Porta Maggiore**   Nr. 22

Unmittelbar nach dem Tode des Augustus macht sich eine deutliche Reaktion auf den augusteischen Klassizismus und die von Augustus persönlich gewahrte Zurückhaltung bemerkbar. *Tiberius*, der sich nicht mehr mit einem bürgerlichen Wohnhaus begnügt, errichtete als erster römischer Kaiser auf dem Palatin einen Palast und leistete so der späteren Absonderung des ›Princeps‹ und seiner repräsentativen Sonderstellung Vorschub. Stilgeschichtlich wird die Rückwendung zum Römisch-Massenhaften unter Kaiser *Claudius* greifbar. Wenn an der *Porta Maggiore* und an den Unterbauten des claudischen Tempelbezirks durch nur noch roh behauene Steine bewußt ein rustikaler Effekt erzeugt wird, so äußert sich darin eine deutliche Abkehr von den Idealen der augusteischen Zeit.

Nero (54–68)
Galba (68–69) – Otho (69) – Vitellius (69)

ab 64 n. Chr.   **Domus Aurea**   Nr. 18

Einen mächtigen Impuls erfährt die römische Architektur unter Kaiser *Nero*. Zum erstenmal kündigt sich nun das Römisch-Barocke an, wobei sich das Hauptinteresse (gegensätzlich zu griechischem Empfinden) auf den *Innenraum* richtet, der durch Tonnengewölbe, überwölbte Apsiden oder Überkuppelung monumentalisiert wird. Die im römischen Gußmauerwerk liegenden Möglichkeiten werden künstlerisch für den Palastbau genützt und abwechslungsreiche Raumfolgen geschaffen, die über ihren praktischen Zweck hinaus Repräsentationscharakter annehmen: ein Vorgang von grundsätzlicher Bedeutung, da letztlich unser europäisches Raumgefühl hier seine Wurzeln hat und alle spätere Schloß- und Wohnraumarchitektur von dieser Auffassung bestimmt wurde.

Die flavischen Kaiser

Vespasian (69–79) – Titus (79–81) – Domitian (81–96)

70–98 n. Chr.	Forum Transitorium (sog. Nervaforum)	Nr. 13
72–80 n. Chr.	Kolosseum	Nr. 17
81 n. Chr.	Domitianpalast begonnen	Nr. 15
81 n. Chr.	Titusbogen	Nr. 14

Unter den *flavischen Kaisern* kommt das barocke Element der römischen Architektur voll zur Entfaltung. So werden beim *Nervaforum* auf einer Länge von 120 m Freisäulen, die keinerlei tragende Funktion haben, kulissenartig vor die glatte Wand gestellt und im *Kolosseum* die profane Kampfstätte durch eine dreifache Arkadenfolge mit dorischer, ionischer und korinthischer Säulenordnung ins Monumentale gesteigert. Auch beim *Titusbogen* ist es in erster Linie das körperhaft-kraftvolle Volumen und die muskulös wirkende Oberfläche, die ihn von früheren Bögen unterscheidet. Im *Domitianpalast* zeigt sich das barocke Element in bogenförmigen Wandteilen und achsialen, die Tiefenstaffelung ausnützenden Durchblicken; Brunnen, Fontänen und Wasserspiele scheinen die Grenze zwischen Innen und Außen aufzuheben; offene und geschlossene Räume wechseln in effektvollen Kontrasten.

Nerva (96–98)

Die kurze Regierungszeit Kaiser *Nervas*, den der Senat nach der Ermordung *Domitians* zu dessen Nachfolger bestimmt hatte, war in erster Linie durch soziale Maßnahmen gekennzeichnet. Das sog. *Nervaforum*, das eigentlich *Forum Transitorium* hieß, wurde von ihm nicht erbaut, sondern nur eingeweiht.

Trajan (98–117)

107–113	Trajansforum mit Trajanssäule	Nr. 13
um 110	Marktanlage des Trajan	Nr. 13

Unter Kaiser *Trajan* erlangte das Römische Reich seine größte Ausdehnung. Wie eine Parallele dazu will es erscheinen, daß auch das *Trajansforum* alle anderen Kaiserforen an Größe und Vielgestaltigkeit übertraf: mit quergestellter Basilika, Bibliotheksbauten, Grabsäule und Triumphbogen. In der Grabsäule mit ihrem spiralförmigem Reliefband, das in 115 Einzelszenen die Dakerkriege schildert, erreicht die römische Kunst einen neuen Höhepunkt ihres bildnerischen Realismus. Wie in der gleichzeitigen Geschichtsschreibung des *Tacitus* geht die Darstellung weit über das rein Militärische hinaus und zeigt sich offen für die Wahrnehmung der Natur und des einfachen tätigen Menschen. Idealisierende Tendenzen, wie sie einst für den augusteischen Klassizismus typisch gewesen waren, gehören nun längst der Vergangenheit an.

Hadrian (117–138)

120–125 n. Chr.	Pantheon	Nr. 8
ab 120 n. Chr.	Villa Hadriana	Nr. 29
um 130 n. Chr.	Mausoleum des Hadrian	Nr. 3
136 n. Chr.	Weihe des Venus- und Romatempels	Nr. 17

Hatte sich unter Domitian der römisch-antike Barock mit Hilfe des römischen Gußmauerwerks und des Ziegels als Massenbau entfaltet, so orientiert sich die hadrianische Architektur erneut am griechischen Formenkanon und erstrebt eine Synthese zwischen griechischer und römischer Struktur: Griechische Säulenordnung und römischer Wölbungsbau verbinden sich bei ihr zu einer unauflöslichen Einheit.

Antoninus Pius (138–161) – Marc Aurel (161–180)

Commodus (180–192) – Pertinax (193) – Didius Julianus (193)

141 n. Chr.	Antoninus-Piustempel	Nr. 14
um 173 n. Chr.	Reiterstandbild für Marc Aurel	Nr. 12

Während der langen Friedenszeit unter *Antoninus Pius* kündigt sich unterschwellig ein Stilwandel an, der auf eine neue Erfassung der Wirklichkeit hinweist. Weniger in der Architektur als in der Reliefkunst zeigt sich ein eigenartiger Hang zur Abstraktion. »Das klassische Schönheitsideal wird unglaubwürdig«, und selbst ein so berühmtes Werk wie das Reiterstandbild für Marc Aurel bleibt »ohne den Wohllaut klassischer Kompositionen« (Kähler). Eine Skepsis beginnt sich auszubreiten, die alles Schöne und Vollkommene in Frage stellt. Härte und Dissonanz des Lebens werden stärker empfunden als die ästhetische Gegenwelt.

Die Zeit der Soldatenkaiser

Septimius Severus (193–211) – Caracalla (211–217)

Macrinus (217–218) – Elagabal (218–222) – Severus Alexander (222–235) – Maximinus Thrax (235–238) – Gordian I. (238) – Gordian II. (238) – Balbinus (238) – Pupienus (238) – Gordian III. (238–244) – Philippus Arabs (244–249) – Philippus II. (247–249) – Decius (249–251) – Gallus (251–253) – Valerian (253–260) – Gallienus (253–268) – Claudius Gothicus (268–270)

203 n. Chr.	Septimius-Severusbogen	Nr. 14
206–216 n. Chr.	Caracallathermen	Nr. 23
200–210 n. Chr.	Vestatempel und Haus der Vestalinnen	Nr. 14

Unter *Septimius Severus* erlebt die römische Architektur in einer Reihe prunkhafter Bauten eine letzte barocke Spätblüte. Danach jedoch erstirbt das monumentale Bauen. Die meist nur kurz regierenden Kaiser setzen sich nur noch in prächtigen Sarkophagen ein Denkmal: eine für die Spätantike außerordentlich charakteristische Kunstform.

Aurelianus (270–275)

Tacitus (275–276) – Probus (276–282) – Carus (282–283) – Numerian (283–284)

272–279 n. Chr.   Aurelianische Mauer   Nr. 25

Nach einer 300jährigen Zeit militärischer Sicherheit sah sich Rom 272 n.Chr. gezwungen, in fieberhafter Eile einen Schutzwall gegen die bis auf 100 km an die Stadt herangekommenen *Alemannen* und *Juthungen* zu errichten: die *Aurelianische Mauer*. Das Reich war in seinen Grundfesten erschüttert, Gallien, Syrien und Ägypten zeitweilig verlorengegangen. *Aurelianus*, dem es innerhalb von drei Jahren gelang, das Verlorene zurückzuerobern, gaben die Römer den Ehrentitel *restitutor orbis*: ›Wiederhersteller des Erdkreises‹.

Diokletian (284–305)

Galerius (305–311) – Constantius I. Chlorus (305–306) – Flavius Severus (305–307) – Maximinius Daia (307–308) – Licinius (307–324)

298–305 n. Chr.   Diokletianthermen   Nr. 19

Die vorübergehende Festigung des Römischen Reiches spiegelt sich in neuen Monumentalbauten, wie den *Diokletianthermen*, wider, die nach Größe und Grundriß noch einmal die Grundzüge der hundert Jahre früheren *Caracallathermen* wiederholen. Das von Diokletian geschaffene neue System der Reichsverwaltung, das ein Nebeneinander von jeweils zwei *Augusti* mit je einem *Caesar* vorsah, bewährte sich, solange Diokletian der entscheidende Mann blieb, führte aber in der Folgezeit zu inneren Machtkämpfen und enthielt den Keim zur späteren Reichsspaltung.

Maxentius (307–312) – Konstantin der Große (306–337)

306–310 n. Chr.	**Maxentiusbasilika**	**Nr. 14**
307 n. Chr.	**Romulustempel**	**Nr. 14**
313 n. Chr.	**Konstantin baut die Maxentiusbasilika um**	**Nr. 14**
312–315 n. Chr.	**Konstantinsbogen**	**Nr. 17**

Architekturgeschichtlich begründet die *Maxentiusbasilika* einen aus der Thermenarchitektur abgeleiteten, neuen Bautypus, der mit den traditionellen Formen der römischen Basilika radikal bricht und auf den christlichen Kirchenbau vorausweist. Als *Maxentius* 312 n. Chr. gegen *Konstantin* unterlag, baute dieser die Basilika um und ließ in ihr sein Kolossalbild aufstellen, dessen Attribute zugleich den Sieg des Christentums verkörperten. Der zur selben Zeit für Konstantin errichtete Triumphbogen, der keinen erfolgreichen Krieg, sondern nur noch die Ausschaltung eines rivalisierenden Mitregenten zum Anlaß hat, wirkt wie ein Abgesang auf die einstige Größe Roms. Schon zehn Jahre später, 330 n. Chr., war Konstantinopel die Hauptstadt des Römischen Reiches.

B. DIE ANTIKEN KUNSTDENKMÄLER

I Ara Pacis Augustae – Altar des augusteischen Friedens

Daten: 13–9 v.Chr. an der Via Flaminia, dem heutigen Corso, errichtet. Die moderne Aufstellung in Nachbarschaft zum Augustusmausoleum und unter einem schützenden Überbau verfälscht zwar die antike Situation, doch stellt die Rekonstruktion als solche eine archäologische Glanzleistung dar, bei der die wissenschaftlichen Bemühungen eines ganzen Jahrhunderts zum Tragen kommen. Zum größten Teil handelt es sich um originale Fundstücke, zum anderen um Abgüsse nach solchen (Originalstücke in Museen).

Die Ara Pacis ist ihrer Bestimmung nach ein politisch-geschichtliches Denkmal. Sie erinnert an die Ausrufung des *augusteischen Friedens* im Jahre 9 v.Chr., und besonders ihr Reliefschmuck steht inhaltlich ganz im Dienste dieser augusteischen Idee. In symbolischer Weise erinnert der Altar aber zugleich an die ältesten römischen Sitten: Verehrung der Götter nicht in prächtigen Tempeln, sondern in heiligen Hainen mit einfacher Umfriedung. Eine solche Umfriedung ahmt die Marmoreinfassung nach. An ihrer Innenseite täuscht sie in Anspielung auf die Opferhandlung ein Lattengerüst mit Rinderschädeln, Schalen und Girlanden vor; nach außen versinnbildlicht sie in Gestalt eines Rankenfrieses den Frieden und erinnert zugleich an die Einweihungsprozession mit dem Kaiser an der Spitze.

Der plastische Reliefschmuck der Schmalseiten ist ebenso Teil dieses ›Programmes‹, das auf Geschichte und Mythos anspielt. *Links vom Eingang:* Die Zwillinge Romulus und Remus (fast ganz zerstört); *rechts* das Opfer des Aeneas an die Hausgötter. *An der gegenüberliegenden Schmalseite,*

Ara pacis. Rekonstruktion

Ara pacis. Tellusrelief

rechts: die gepanzerte Gestalt der *Roma* als Ausdruck militärischer Kraft; *links:* das *Tellusrelief* als Darstellung von Frieden, Fruchtbarkeit und Wohlstand.

Das *Tellusrelief* zeigt in charakteristischer Weise einen Wesenszug römischer Bildkunst, nämlich die Betonung des Gedanklichen. Der Sinn einer Figur liegt dabei nicht so sehr in ihr selbst und ihrer schönen Erscheinung, als vielmehr in dem Inhalt, auf den sie hinweisen soll. So ist die Gestalt in der Mitte des Reliefs nicht einfach die Darstellung einer Mutter mit ihren Kindern, sondern die Verkörperung der römischen Erdgöttin *Tellus*, die ihrerseits wieder, als Sinnbild für Wachstum, Fruchtbarkeit und Gedeihen Italiens, auf Wohlstand und Frieden unter der Regierung des Augustus hindeuten soll. Als Tellus wird die Figur erkannt, weil sich ihre Darstellung untrennbar mit der felsigen Landschaft, mit Rind und Schaf, mit Blumen und Früchten verbindet – Momente, die wiederum in einem mehr gedanklichen Sinne die Hauptfigur deuten.

Der allegorische Charakter des Reliefs wird auch in den seitlichen Figuren deutlich. Durch ihre Gewänder, die sich wie große Segel aufblähen, werden sie zu Personifizierungen der Lüfte. *Die rechte Frauengestalt* verkörpert den *Seewind* (erkennbar an den aufgewühlten Wellen und einem drachenartigen Meeresungeheuer), die *linke* den milderen *Landwind* (versinnbildlicht durch einen Schwan). Der umgestürzte Krug und die Wasserpflanzen müssen wohl als Allegorie des *Tibers* verstanden werden.

Die Qualität des Reliefs steht außer Frage. Es ist mit großer Sorgfalt und hohem technischen Können gearbeitet. Aber wie so oft in der römischen Kunst überwiegt die gedankliche Konstruktion, während die Unmittelbarkeit und sinnliche Frische griechischer Werke nicht erreicht wird.

Die Prozessionsreliefs

Die nahezu 6 m hohen Umfassungsmauern des Altares werden an ihrer Außenseite von einem Mäanderband in zwei Abschnitte gegliedert. Die unteren Felder schmückt ein Rankenfries, darüber vollzieht sich, mit dem Kaiser an der Spitze, eine Prozession, die sich zur Einweihung des Altares auf dessen Haupteingang zubewegt.

Der Rankenfries geht auf Vorbilder der pergamenischen Königszeit zurück. Man orientiert sich also an einer älteren, für vorbildlich gehaltenen Kunstsprache. Neu aber und echt römisch ist die symbolische Bereicherung und Ausdeutung der Form, z. B. durch die Schwäne unterhalb des Mäanders. Es sind die heiligen Tiere des Apollon. Apollo aber ist König des Goldenen Zeitalters, und eben dies schien nach einer Periode blutiger Bürgerkriege mit dem augusteischen Frieden des Jahres 9 v. Chr. angebrochen zu sein. So sind die Schwäne nichts anderes als auf den Kaiser bezogene Symbole; ein für die Zeitgenossen leicht zu verstehender Zusammenhang, hatte doch Augustus unmittelbar neben seinem Wohnhaus auf dem Palatin einen Apollotempel errichten lassen.

Ist so der Schwan ein Hinweis auf Augustus, so ist der Rankenfries im ganzen als Bild des Friedens zu verstehen. Dieses Ineinander von Akanthus, Rosen, Efeu, Weinlaub und Beeren, an denen Vögel picken, wird zum Sinnbild für Wachstum und Gedeihen des römischen Staates. Wie in der gleichzeitigen Dichtung Vergils wird auch hier ›Natur‹ in einem gedanklichen Sinne, romantisch-verklärend gedeutet.

Den langen Zug der Prozession kennzeichnen Bewegung und Ruhe in einem. In dichter Folge reiht sich Figur an Figur, den Blick nach vorne, zur Seite oder nach rückwärts gewandt, wie es die künstlerische Absicht gerade verlangt. Was Rang und Namen hat, erscheint nahezu vollplastisch in der vordersten Schicht; in einer zweiten Ebene bewegen sich Personen geringerer Stellung. Sie alle beanspruchen indessen die volle Höhe des Frieses und sind in einem Maße flächenfüllend, der jeden Nebengedanken von vornherein ausschließt. Nur Köpfe und Gewänder sprechen. Es sind ›Gewandfiguren‹, deren Stoffmassen allein dazu dienen, Persönlichkeit und menschliche Größe idealisierend zu unterstreichen.

Diese idealisierende Formensprache ist für den augusteischen Klassizismus, der sich an griechischen Vorbildern ausrichtet, charakteristisch. Dennoch ist diese Kunst zutiefst römisch. Ihr feierlicher Ernst und der angestrengte Wille, dem Staatsinteresse zu dienen, entfernen sie weit von der schönen Gelassenheit griechischer Werke. Auch wird sich in der Folgezeit das Interesse der römischen Kunst mehr und mehr auf den historischen Bericht und die exakte Erfassung der Wirklichkeit richten. Schon die Reliefs des Titusbogens (80 n. Chr.) bezeichnen in dieser Hinsicht einen Wendepunkt.

Die Sonnenuhr des Augustus bei der Ara Pacis   Nr. 1

Die von Augustus zusammen mit der Ara Pacis eingerichtete *Sonnenuhr*, die Plinius d. Ä. als *Horologium Augusti* näher beschrieb, war Kalender und Uhr zugleich: vom System her eine der damals allgemein üblichen Horizontaluhren, einzigartig indessen durch ihre monumentalen *Ausmaße* (Gesamtlänge über 200 m), ihre *Kalendergenauigkeit* und ihre *Staatssymbolik*.

Über einer ebenen Fläche, in deren Steinplatten (sozusagen als Zifferblatt) ein in Bronze ausgegossenes Liniennetz eingegraben war, warf ein annähernd 30 m hoher, kugelbekrönter Obelisk seinen Schatten. Neben der Tageszeit konnte auf den Steinplatten auch der jeweilige Monat, ja sogar der einzelne Kalendertag abgelesen werden.

Der Obelisk (der erste, der aus Ägypten nach Rom gebracht wurde) war ein *Siegesdenkmal des Augustus*, das an die Niederwerfung Ägyptens und die Ausschaltung des Marcus Antonius (30 v. Chr.) erinnerte. Zusammen mit der Ara Pacis verkündet der Obelisk aber vor allem die Ausrufung des *augusteiischen Friedens* (9. v. Chr.). Beide Monumente bilden eine Einheit und als solche stehen sie auch in räumlicher Beziehung zum Mausoleum des Kaisers, das (350 m entfernt) schon 15 Jahre früher errichtet worden war: Der Obelisk bezeichnet den Eckpunkt eines rechten Winkels, der das Mausoleum mit der Ara Pacis verbindet. Der Bezug ist aber zugleich *symbolischer* Natur.

Der Standort des Obelisken war so gewählt, daß sich sein Schatten am Geburtstag des Kaisers (23. September) über eine Strecke von 150 m schnurgerade auf die Mitte der Ara Pacis zubewegte. Zwischen der Geburt des Kaisers und seiner späteren Friedensstiftung wurde also ein direkter Zusammenhang hergestellt: Vor dem Hintergrund des in der Ferne sichtbaren Kaisermausoleums feiert der Obelisk die Geburt des Augustus als das Erscheinen des großen *Friedensstifters* auf Erden (Lit. Buchner).

Der Obelisk heute: Als Plinius d. Ä. (er starb 79 n. Chr.) die Sonnenuhr beschrieb, war sie schon seit längerem nicht mehr intakt. Der Sockel des Obelisken hatte sich an seiner SW-Ecke um 5 cm gesenkt, was an der Spitze eine Ungenauigkeit von 35 cm ergibt (Buchner). Später muß der Obelisk umgestürzt sein. 1748 wurde er unter Trümmern wiederentdeckt, 1792 vor dem *Palazzo Montecitoria*, dem heutigen italienischen Parlament, wieder aufgerichtet – rund 200 m südlich von seinem ursprünglichen Standort.

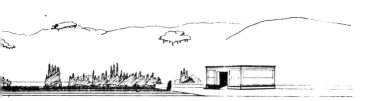

2 Das Mausoleum des Augustus

Daten: 28 v. Chr. errichtet (ein Jahr zuvor war Octavian vom Senat der Ehrenname *Augustus*, »der Erhabene«, verliehen worden). Gesamtdurchmesser 87 m, Höhe etwa 32 m. Kegelförmige Erdaufschüttung über einer 12 m hohen Einfassungsmauer – Tumulusgrab nach etruskischem Vorbild; als Typus in Rom seit dem 1. Jh. v. Chr. wieder üblich geworden.

Das *Mausoleum* war nicht allein für Augustus bestimmt, sondern – gemäß römischer Sitte – ein Geschlechtergrab für die vornehmsten Mitglieder des julischclaudischen Hauses, dem auch Caesar angehörte. Das Innere baut sich in vier Etagen aus ringförmig angelegten, tonnengewölbten Gängen auf, die dem Hügel Halt geben. Im Zentrum eine größere, runde Grabkammer für Augustus; 14 weitere Kammern für Aschenurnen (Leichenbestattung in Sarkophagen kennt Rom erst wieder in trajanischer Zeit, 2. Jh. n. Chr.).
Charakteristisch für Augustus ist das Bestreben, dem Grabmal trotz seiner Größe die schlichteste Form zu geben: nach außen ein einfacher, mit Bäumen bewachsener Erdhügel ohne architektonischen Aufwand; ein Bekenntnis zur Strenge altrömischer Tugenden. Einziger Schmuck: zwei ägyptische Obelisken am Eingang (heute vor dem Quirinal bzw. vor S. Maria Maggiore). Die Bronzestatue des Kaisers erst nach seinem Tode hinzugefügt. An der Einfassungsmauer ursprünglich die erzenen Tafeln mit den *Res Gestae*, dem berühmten Rechenschaftsbericht des Augustus über seine Regierungstätigkeit.

3 Das Mausoleum des Hadrian und der Pons Aelius

Daten: Bauzeit 135–139 n. Chr. Von Hadrian, der 138 starb, begonnen, von seinem Nachfolger, Antoninus Pius, vollendet. Seit dem 3. Jh. n. Chr. Teil der römischen Festungsanlagen. Seit 590 n. Chr. auf Grund einer Vision Papst Gregors d. Gr. *Engelsburg* genannt; seit 1277 mit dem Vatikan durch eine Mauer mit überdachtem Laufgang verbunden. Ecktürme um 1500.

Das Mausoleum: Im Gegensatz zu der schlichten Form des Augustusmausoleums präsentiert sich das Hadrianmonument – rund 160 Jahre später – als prunkvoller Repräsentationsbau, bei dem der ägyptische Pyramidengedanke eine Umsetzung ins Hellenistisch-Römische erfährt. Über einem quadratischen, festungsartigen Sockelgeschoß von 89 m Seitenlänge erhob sich der 20 m hohe steinerne Rundbau mit Pilastergliederung und einem dichten Kranz mächtiger Kolossalstatuen über dem Hauptgesims. Den oberen Abschluß bildete ein kegelförmiger Aufbau, bekrönt von einem mit der Kaiserstatue geschmückten Rundtempel. Im Inneren führt eine kreisförmige Rampe in sanftem Anstieg zur tonnengewölbten, quadratischen Grabkammer.

Mausoleum und Pons Aelius (heute *Engelsbrücke*) gehören von Anfang an zusammen und entspringen einer für die Hadrianzeit typischen Konzeption: Die Monumentalarchitektur erscheint jetzt als optischer Abschluß achsial geführter Straßenzüge. Zwischen Brücke und Mausoleum ehemals bronzene Pfauen auf Steinpfeilern: Symbole der Unsterblichkeit (zwei der Pfauen heute im *Cortile della pigna* des Vatikan).

4 Das Stadion Kaiser Domitians (heute Piazza Navona)

Die Grundform des Platzes, eine Seite im Halbkreis schließend, geht auf ein Stadion (65×240 m) Kaiser Domitians (81–96) zurück: Vgl. das Modellfoto auf S. 22/23. – Die heutige Platzgestalt aus der Barockzeit: Vierströmebrunnen mit Obelisk (1647–1652) von *Lorenzo Bernini* (1598–1680); die Kirche S. Agnese (1652–1672) im wesentlichen ein Werk von *Borromini* (1599–1667).

5 Das Theater des Pompeius

Daten und Standort: 55–52 v.Chr. von Pompeius errichtet. Die wenigen noch erhaltenen Reste heute verbaut und daher nicht zugänglich. Allgemeinste Orientierung: die am Corso Vittorio Emanuele II gelegene Kirche S. *Andrea della Valle.* Etwa in Fortsetzung des heutigen Querhauses von S. Andrea begann nach Süd-Westen das Halbrund des Theaters.

Architekturgeschichtliche Bedeutung: Zum erstenmal errichtet man im antiken Rom einen Theaterbau aus Stein. Er wird zum Zeugnis für den Machtanspruch des Pompeius, ist aber auch ein Hinweis auf die Bedeutung, die Kunst und Literatur in der römischen Gesellschaft gewonnen hatten. Caesar, der die öffentliche Wirkung dieses Bauwerks sicher sofort erkannte, plante sogleich einen Konkurrenzbau: das später von Augustus am Tiberufer errichtete *Marcellustheater.* Pompeius verband seine Anlage noch mit einem Tempel (im Scheitelpunkt des Zuschauerhalbrunds) – vielleicht, um seine Theaterarchitektur sakral zu begründen. Das Marcellustheater kannte keinen solchen Tempel.

6 Die republikanischen Tempel am Largo di Torre Argentina

Standort: Am *Corso Vittorio Emanuele II,* zwischen den Kirchen *Il Gesù* und S. *Andrea della Valle.* Die antike Situation zur Zeit der römischen Kaiser zeigt das Modellfoto: Der rechteckig eingefaßte Tempelbezirk grenzte damals unmittelbar an die Säulenhallen an, die dem Theater des Pompeius vorgelagert waren. Nach Norden, in Richtung Pantheon, lagen seit augusteischer Zeit die Thermen des Agrippa.

Zu den Tempeln: Freilegung 1926–30. Gottheiten ungeklärt. Vom Typus her vier verschiedene Formen. Die Entstehungszeit reicht vom 4. Jh. v.Chr. bis knapp vor den Beginn der Kaiserzeit. Reihenfolge vom Corso aus:

Tempel A: Ein reiner Peripteraltempel nach griechischem Vorbild, mit umlaufender Säulenstellung an allen vier Seiten; im antiken Rom äußerst selten. Datierung unsicher. Stuckverkleidung kaiserzeitlich.

Tempel B: Rundtempel, sog. »Tholos«, nach griechischem Vorbild, jedoch mit der für römische Tempel typischen Erhöhung durch ein Podium mit Treppe, wodurch sich eine dem Griechischen wesensfremde, achsiale Ausrichtung ergibt. (Der ursprüngliche Zustand infolge mehrfacher Umbauten nur schwer zu erkennen).
Tempel C: Vermutlich einer der ältesten Tempel Roms, 4. oder 3.Jh. v.Chr. (das tiefere Niveau ein Hinweis auf die frühe Bauzeit). Vom Typus her noch italisch-etruskisch: breite, gedrungene Form, Säulen nur an der Vorderseite des Tempels, Terrakottaschmuck. Der ursprüngliche Zustand auch hier durch kaiserzeitliche Umbauten verändert.
Tempel D: Nur teilweise ausgegraben. Unterbau Travertin, Ziegelmauerwerk ehemals mit Stuck überzogen. Spätrepublikanisch.

7 Die Ehrensäule für Kaiser Marc Aurel

Standort: Piazza Colonna (Via del Corso). Die antike Situation ähnlich wie bei der Trajanssäule (vgl. Modellfoto, S. 46). Die Säule stand in der Mittelachse des sich nach Westen anschließenden Tempels für Marc Aurel und war der Mittelpunkt eines von Säulenhallen umschlossenen Platzes.

Daten: Die Säule 180 n.Chr. beim Tode des Kaisers dekretiert und bis 193 n.Chr. fertiggestellt. Carrarischer Marmor, Höhe 30 m. Im Inneren eine Wendeltreppe mit 190 Stufen. Das spiralförmige Reliefband schildert zwei von Marc Aurel geführte Kriege: bis zur halben Säulenhöhe den Feldzug gegen die Markomannen (172/173), darüber den gegen die Sarmaten (174/176). Die heutige Basis sowie die Bronzestatue des Apostels Paulus von 1589 (Domenico Fontana).

Zum Künstlerischen: Rund 70 Jahre nach Errichtung der Trajanssäule (die hier zum Vorbild genommen wurde) hat sich die Darstellungsform der Reliefs grundlegend geändert. Die Geschehnisse werden nicht mehr illustrativ erzählt, sondern in knappster Weise zusammengefaßt. Die Landschaftsschilderung verliert sich fast ganz, Baum und Tier kommen nur noch selten vor. Auch wird die maßstäbliche Beziehung zwischen Figur und Gegenstand stark vernachlässigt, so daß die einzelnen Gestalten oft die Größe von Stadttoren, Mauern oder Palästen annehmen. Es handelt sich um typisch ›spätantike‹ Merkmale, die hier zum erstenmal zu beobachten sind. Sie haben wesentlich auf die frühchristliche Kunst und die Kunst des Mittelalters eingewirkt. Kennzeichen sind u.a. die Frontalität der Figuren (hier beim Kaiser, später bei Christus), die Betonung einzelner Gesten, die Vernachlässigung des Räumlichen und schließlich das Expressive der Auffassung, die Vereinfachung der Form.

Antike Denkmäler auf der Piazza del Quirinale   **Nr. 7**

Auf dem Platz vor dem Quirinalpalast steht heute einer der beiden Obelisken, die ehedem zum Mausoleum des Augustus gehörten. Der Obelisk bildet heute die Mitte einer größeren Brunnenanlage, deren Schmuck die beiden Monumentalstatuen des Dioskurenpaares Castor und Pollux bilden. Man fand die 5.60 m hohen Figuren, die das Motiv des Rossebändigers variieren, in den ehemaligen Konstantinsthermen. Es sind römische Kopien nach griechischen Originalen des 5.Jh. v.Chr. Im 16.Jh. hielt man sie irrtümlicherweise für Werke des Phidias und des Praxiteles. Das Granitbecken des Brunnens stammt vom Forum Romanum.

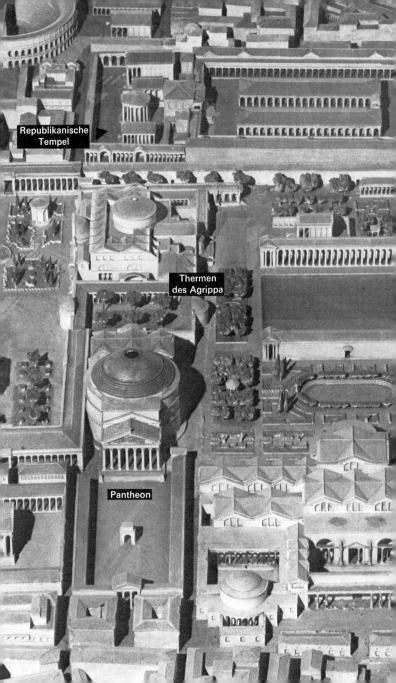

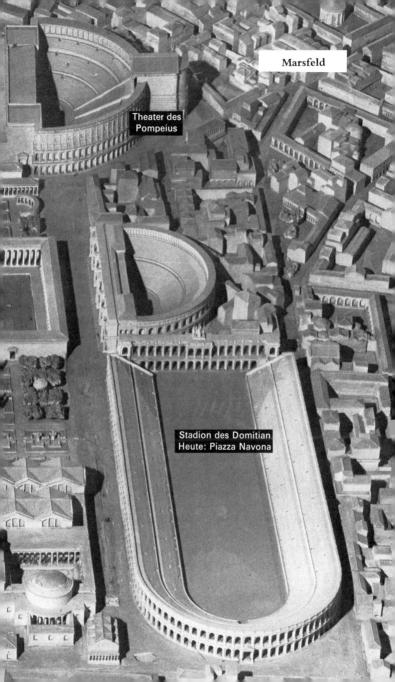

8 Das Pantheon Kaiser Hadrians

Daten: 27 v. Chr. wird durch *Agrippa*, den Jugendfreund und Vertrauten des Octavian, des späteren Kaisers Augustus, das erste Pantheon errichtet und zwar im Zusammenhang mit einer Thermenanlage, von der sich noch Reste erhalten haben. Agrippa, der auch der Schwiegersohn des Augustus, sein Feldherr, Organisator und zeitweiliger Stellvertreter war, wird in der Inschrift der heutigen Vorhalle nur im Sinne pietätvoller Erinnerung genannt. In Wahrheit sind Vorhalle und Kuppelbau das Werk Kaiser Hadrians, der sie 120–125 n. Chr. errichtete. Man muß somit unterscheiden: In augusteischer Zeit ist zunächst nur die Pantheon-Idee als solche bahnbrechend, nämlich der Gedanke, an *einer* Stelle *alle* Götter zu verehren, während das Bauwerk selbst konservativ bleibt. Dagegen ist es die große Leistung der hadrianischen Zeit, der Pantheon-Idee auch baukünstlerisch eine überwältigende Ausdrucksform gegeben zu haben: durch einen das Himmelsgewölbe symbolisierenden Kuppelraum, wie ihn die Architekturgeschichte bis dahin nicht kannte.

Das Pantheon Agrippas war ein relativ einfacher, querrechteckiger Saal in der Größe und an der Stelle der jetzigen Vorhalle, dessen Säulenportikus nach Süden, in Richtung auf den späteren Kuppelbau gerichtet war. Dort, wo man heute durch das Hauptportal ins Innere des Pantheons kommt, trat man damals in einen offenen Hof, wobei die Stelle unter der jetzigen Kuppelöffnung die Lage des einstigen Altares bezeichnet.

Das Pantheon Kaiser Hadrians erst bringt das architekturgeschichtlich Neue, ja Einmalige. In radikaler Abkehr vom Bauschema römischer Tempel (die letztlich doch Varianten des Griechischen waren), entsteht hier das römischste aller Bauwerke, ein Tempelrund, bei dem sich das künstlerische Gewicht ganz auf den Innenraum verlagert, während die Außenerscheinung erst in zweiter Linie mitspricht und nicht annähernd die gleiche Strahlkraft besitzt wie das Innere – eine den Griechen völlig fremde Vorstellung. Zwar waren die Außenwände in antiker Zeit mit Stuck überzogen (vielleicht auch mit Marmorplatten verkleidet) und die Kuppelschale mit vergoldeten Bronzeziegeln eingedeckt, doch blieb der eigentliche Tempel letztlich isoliert, und nur die angefügte Vorhalle stellte den Bezug nach außen her. Die Vorhalle erst gab dem Rundbau die achsiale Richtung. Es war ihre Aufgabe, das Pantheon mit den rechtwinkeligen Säulenhallen des davor gelegenen Hofes zu verbinden. Dieser lag wesentlich tiefer als der heutige Platz, so daß man über hohe Stufen zur Vorhalle hinaufging.

Die Vorhalle ist selbst ein eindrucksvolles, in sich gegliedertes Bauwerk. 16 monolithische Granitsäulen korinthischer Ordnung, von denen acht die Frontseite bilden, teilen den Raum im Verhältnis 2:3:2, wobei die seitlichen Kompartimente in apsidialen Nischen schließen. Hier standen vermutlich die Statuen von Augustus und Agrippa. – Die Goldbronzeziegel ließ der byzantinische Kaiser Constantius II. nach Konstantinopel schaffen. – Zwei von Bernini der Vorhalle aufgesetzte Glockentürme wurden 1893 wieder entfernt.

Das Pantheon. Oben: Ansicht von Norden. Mitte: Schnitt mit rekonstruierter antiker Wandgliederung in der Zone zwischen unterem Wandmantel und Kuppel. Unten: Grundriß

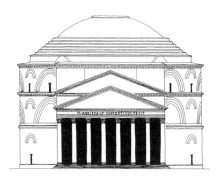

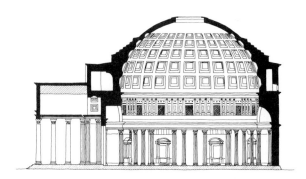

Schnitt

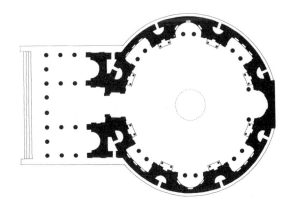

Grundriß

Das Innere des Pantheons **Nr. 8**

Daten: Durchmesser und Höhe je 43,20 m. Teilungsverhältnis Wand-Kuppel 1:1. Mauerstärke 6.20 m. Kuppelöffnung 9 m. – *Korrekturen:* Das Dekorationssystem der Oberwand mit ihren großflächigen Feldern und giebelbekrönten Flachnischen stammt von 1747 und entspricht barockem Formgefühl. Die maßstäblich sehr viel feinere antike Gliederung mit ihren zierlichen Pilastern über hohem Sockelstreifen wurde in einem Wandabschnitt rechts der Hauptnische wieder freigelegt bzw. rekonstruiert. – In den unteren Figurennischen standen einst antike Götterstatuen.

Der Innenraum des Pantheons gehört zu den vollkommensten Raumschöpfungen der Weltarchitektur. Seine Harmonie beruht nicht zuletzt auf den einfachen Teilungsverhältnissen, denen der Kugelschnitt zugrunde liegt. Durchmesser und Raumhöhe verhalten sich wie 1:1, ebenso die Höhe der Wand zur Höhe der Kuppel. Würde man die Kuppel zur Kugel ergänzen, so berührte sie unten die Mitte des Fußbodens.

Die Lichtführung ist das zweite den Raumeindruck bestimmende Element. Eine kreisrunde Öffnung im Scheitel der Kuppel zieht unwillkürlich den Blick nach oben und läßt die ursprünglich vergoldete, kassettierte Wölbungsschale (vielleicht ein Sinnbild des Himmels) als den eigentlichen Hauptakzent des Inneren erscheinen. Der sich mit wechselndem Sonnenstand ständig verändernde Lichteinfall führt zu einer irrationalen Belebung des sonst fensterlosen Raumes, in dessen strenge Abgeschlossenheit gleichsam die Kräfte einer unsichtbaren Außenwelt einwirken.

Die Marmorverkleidung der Wände ist das dritte bestimmende Element – auf Grund des hervorragenden Erhaltungszustandes zugleich ein archäologisches Phänomen von unschätzbarem Wert. Über den Rahmen des Pantheons hinaus gewinnen wir hier eine Vorstellung vom Aussehen kaiserzeitlicher Palast- und Tempelräume, deren Charakter wesentlich von der hier angewandten Inkrustationstechnik (Plattenverkleidung) bestimmt wurde. Etwa seit Neros Tod (68 n. Chr.) verdrängt sie die bis dahin übliche Wandmalerei, um dann seit Kaiser Domitian (81–96) zum festen Bestandteil römischer Staatsarchitektur zu werden. Die Musterung ist meist einfach aber wirkungsvoll, der Farbklang von sonorem Pathos. Rötliche Steinsorten bestimmen den Grundton; Abstufungen in Gelb, Grün oder Grau bringen Wechsel und Belebung. Dem großflächig ausgelegten Fußboden stehen differenzierter gegliederte Wandteile gegenüber, während die räumlich stärkeren Akzente von Pilastern und Säulen gesetzt werden.

Hohe Wandnischen mit eingestellten Säulen lassen den unteren Raummantel transparent erscheinen. Zwar bleibt die Grundform des Kreises erhalten, doch wird die Wand in voller Höhe bis zum ersten Kranzgesims aufgebrochen und so der Zentralraum durch angrenzende Nebenräume erweitert; doch bleibt deren wahre Ausdehnung hinter den Säulenstellungen verborgen.

Architektonisch gerahmte Figurennischen, sog. »Ädikulä«, bilden ein weiteres Gestaltungselement, mit dem die Wand belebt und als Träger von Götterstatuen hervorgehoben wird. Die Auffassung ist typisch römisch: Die Figur steht nicht mehr frei im Raum wie in Griechenland, sondern wird ›dekorativ‹ in eine Zierarchitektur eingestellt, was einem Verzicht auf die vollplastische Erscheinung des Bildwerkes gleichkommt. Die Statue lebt nun nicht mehr aus der Fülle ihrer körperlichen Gegenwart, sondern erstarrt zur Folie einer nur noch repräsentativen Einansichtigkeit: ein Formgedanke, der in zahllosen Beispielen der Renaissance- und Barockarchitektur wiederkehrt. – Heute stehen in den Ädikulen statt der antiken Götterbilder die Aufbauten christlicher Altäre und Grabdenkmäler.

Ob der Siebenzahl der großen Wandnischen eine astrologische Bedeutung zukommt, muß Vermutung bleiben, zumal sich die Hauptnische durch einen Rundbogen unterscheidet und damit die Gleichheit gestört ist. Die Achtzahl könnte man in den kleineren Figurennischen repräsentiert sehen, die Zwölf in den sechs Säulenpaaren der großen Wandnischen.

Zur Konstruktion: Nicht die kompakte Masse des 6.20 m dicken Mauerrings trägt die Kuppel, sondern nur bestimmte Teile von ihr. Die Aushöhlung der Mauer durch die tiefen Annexräume ist so groß, daß nur die dazwischen stehenbleibenden ›Pfeiler‹ als tragende Elemente in Frage kommen. Unsichtbare, von der Marmorverkleidung verdeckte Entlastungsbögen durchziehen die volle Breite des Mauerwerks und leiten den Druck der Kuppel auf diese ›Pfeiler‹ ab. Ferner kommt es beim Aufbau der Kuppel zur Doppelschaligkeit und damit zur Trennung zwischen konstruktiven und dekorativen Elementen. Nur die äußere Kuppelschale hat tragende Funktion. Die innere Schale ist lediglich vorgeblendet, wobei die Kassettierung in erster Linie einen ästhetischen Zweck erfüllt: Die auf Untersicht gearbeiteten, sich nach oben verjüngenden Kassetten geben der Kuppel eine dynamisch-kraftvolle Struktur. Sie lassen sowohl die ringförmige Verspannung in der Horizontalen, wie die aufsteigenden Kraftlinien in der Vertikalen Gestalt gewinnen. Doch wird das Auge getäuscht. Weder der Ansatzpunkt noch der Krümmungsradius der beiden Schalen ist identisch. Die Differenz läßt sich noch heute am Außenbau ablesen, der abweichend von der zweistöckigen Wandgliederung des Inneren drei Geschosse aufweist, wobei das dritte Geschoß knapp die Höhe der beiden ersten Kassettenreihen erreicht. Erst auf dieser Höhe setzt die eigentlich tragende, nach außen sichtbare Kuppelschale an.

Grabstätten (vom Eingang aus links): *Zweite Nische:* König Viktor Emanuele II. (gest. 1879). *Fünfte Nische:* Grabmal des Kardinal-Staatssekretärs Consalvi, von Thorwaldsen. In der folgenden Ädikula das Grabmal Raffaels (1483–1520). *Sechste Nische:* König Umberto I. (gest. 1900) und Königin Margherita (gest. 1926). Anschließend das Grab von Baldassare Peruzzi (1481–1536). *Siebte Nische:* U. a. Taddeo Zuccari (1529–1566).

Pantheon. Blick in die Kuppel

Architekturgeschichtlich gehört das Pantheon zu den epochemachenden Bauwerken des Abendlandes. Schon in römischer Zeit hat man den im Pantheon verwirklichten Kuppelgedanken auch bei anderen Bauten aufgegriffen und weiterentwickelt, so u.a. im Caldarium der Caracallathermen (mit teilweiser Durchfensterung des Raummantels) und bald danach im sog. »Tempel der Minerva Medica«, bei dem sich die Durchlichtung der Kuppel ankündigt. Später waren es vor allem die Baumeister und Architekturtheoretiker der Renaissance und des Barock, die sich am Pantheon schulten; das gilt namentlich auch für Bramante und Michelangelo in ihren Entwürfen für St. Peter.

9 Das Marcellustheater und seine Umgebung

Daten: Das Theater wurde noch von Caesar geplant (wohl in Konkurrenz zum Theater des Pompeius), doch erst von Augustus errichtet (17–13 v. Chr.), der es nach seinem früh verstorbenen Neffen, dem zur Nachfolge bestimmten *Marcellus* benannte. Das Fassungsvermögen wird auf 15000 Zuschauer geschätzt. Nur Teile der Außengliederung sind noch zu sehen. Das dritte Geschoß wurde durch den Einbau eines Renaissancepalastes verändert.

Zur Architektur: Abweichend vom griechischen Theater, bei dem sich die halbkreisförmigen Zuschauerreihen stets an einen Abhang anlehnen, errichten die römischen Architekten die Theater als freistehende, großstädtische Gebäude. Zuschauertribüne, Bühnenhaus und Nebenräume werden zu einem architektonischen Ganzen von blockhaft-wuchtiger Erscheinung zusammengefaßt. Grundlage ist dabei der Wölbungsbau. Die umlaufenden, nach außen offenen Gänge bilden einerseits die Zu- und Abgangswege für die Besuchermassen, andererseits erfüllen sie die Funktion von Substruktionen, die dem Ganzen Halt und Festigkeit geben. Ihre Erfahrungen im Brückenbau und bei Aquädukten nützend, stellen die römischen Baumeister mehrere Bogenfolgen übereinander, gliedern diese durch dazwischen gestellte Halbsäulen (als Träger von hohen, die Geschosse trennenden Gesimsbändern) und werden so zu Schöpfern einer bis in die Neuzeit nachwirkenden Repräsentationsarchitektur. In Kenntnis griechischer Formen verwenden sie für die einzelnen Fassadenabschnitte (von unten nach oben) die dorische, ionische und korinthische Ordnung – eine typisch römische Synthese, der wir hier vielleicht zum erstenmal begegnen. 80 Jahre später kehrt sie am Kolosseum wieder; in der Reduzierung auf zwei Geschosse charakterisiert sie auch die Basiliken auf dem Forum Romanum.

Umgebung: Das Theater war eng umstellt von Tempeln und Säulenhallen aus republikanischer Zeit. Hervorzuheben sind die drei prächtigen, noch aufrecht stehenden Säulen des unter Augustus in Marmor wiederhergestellten Apollotempels.

Portikus der Octavia (dem Theaterrund nach rechts folgend): Heute die Vorhalle der Kirche *S. Angelo in Pescheria.* In antiker Zeit ein einzigartiges Denkmal für die Begegnung zwischen römischer und griechischer Kultur. Nach dem Sieg über Griechenland (148–146 v. Chr.) ließ Q. C. Metellus Macedonicus diesen von Säulenhallen umgebenen Tempelbezirk eigens dafür errichten, um hier die Menge der aus Griechenland nach Rom gebrachten Kunstwerke aufstellen zu können: ein von 300 Säulen eingefaßter Hof (118 × 135 m), in dessen Mitte zwei Tempel standen. Erhalten haben sich lediglich Teile des Portikus und einige Säulen. Die Bezeichnung *Portikus der Octavia* geht auf Augustus zurück, der die von ihm restaurierte Anlage nach seiner Schwester Octavia benannte.

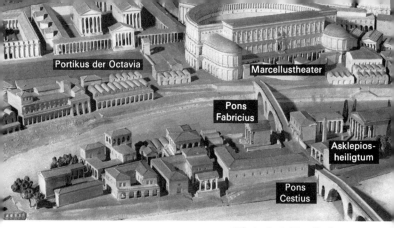

Tiberinsel mit Marcellustheater

10 Die Tiberinsel

Unser Modellfoto zeigt eine Rekonstruktion dieser ›Insel der Heiligtümer‹, der man in republikanischer Zeit durch Errichtung von Mauern und durch Bearbeitung des gewachsenen Felsens die Form eines flußaufwärts fahrenden Schiffes gegeben hatte, wobei ein Obelisk die Stelle des Mastes einnahm. Auf ihrer Südseite, wo heute die Kirche *S. Bartolomeo* steht, befand sich seit dem Jahre 293 v. Chr. ein bedeutendes *Asklepiusheiligtum*: Um einer Epidemie Herr zu werden, hatten die Römer auf Geheiß der Sibyllinischen Bücher den in Epidauros beheimateten griechischen Heilgott Asklepios in Gestalt einer Schlange nach Rom gebracht und dem Gott auf der Tiberinsel einen Tempel und einen heiligen Bezirk errichtet – das erste ›Krankenhaus‹ Roms. Die Wahl des Ortes entsprach dem Verlangen, die Kranken zu isolieren, was am sichersten auf der Tiberinsel geschehen konnte, die damals noch nicht durch Brücken mit dem Festland verbunden war.

Die beiden Brücken, die das Modellfoto zeigt, wurden erst gegen Ende der Republik errichtet und sind Ausdruck städtebaulicher Neuplanungen in der Zeit von Pompeius und Caesar. Der *Pons Fabricius*, auf der Seite zum späteren Marcellustheater, stammt von 62 v. Chr.; der *Pons Cestius*, der die Verbindung nach Trastevere herstellt, von 46 v. Chr.

Die beiden ältesten römischen Brücken lagen weiter flußabwärts beim Forum Boarium (rechts, außerhalb unseres Fotos). Es waren dies der *Pons Sublicius*, eine aus dem 5. Jh. v. Chr. stammende Pfahlbrücke sowie der *Pons Aemilius* von 179 v. Chr., der zunächst nur Steinpfeiler besaß, ab 142 v. Chr. auch Steinbögen, von denen sich einer im sog. *Ponte Rotto* (barock verändert) erhalten hat.

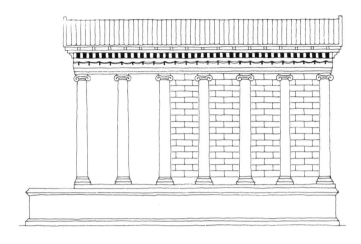

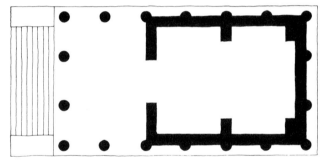

Sog. Tempel der Fortuna Virilis. Aufriß und Grundriß

I I Forum Boarium - Tempel der Fortuna Virilis

Einziger, nahezu vollständig erhaltener Tempel aus republikanischer Zeit, etwa 100 v. Chr. (die Namengebung willkürlich). Material: Tuff; die Zierglieder aus Travertin oder Stuck. Im Inneren karolingische Wandmalereien, um 880 n. Chr.

Das kleine, zierliche Bauwerk läßt die typischen Merkmale eines römischen Tempels (im Gegensatz zum griechischen) vorzüglich erkennen. Der römische Tempel ist ein Richtungsbau. Durch ein hohes Podium isoliert er sich an drei Seiten gegenüber seiner Umgebung; nur an *einer* Seite ist er über eine Treppe zugänglich. Infolge dieser Ausrichtung gibt es beim römischen Tempel eine Hauptfront (die allseitige Ausstrahlung des griechischen Tempels geht verloren). Der Tempel wird nicht mehr als körperhaft-freies Gebilde empfunden, sondern von einer Hauptachse aus als Fassade gesehen. Es ist daher nur folgerichtig, wenn auch die Säulen an Seiten- und Rückfront ihr Eigengewicht verlieren und zu dekorativen Halbsäulen werden, die lediglich die Wand ästhetisch beleben (häufig aber ganz weggelassen werden, zumal an der Rückseite des Tempels). Dagegen gewinnt die *Vorhalle* an Gewicht; sie erst gibt der an sich flachen Tempelfassade räumliche Tiefe und schafft so einen von der Straße abgesonderten Bereich, was um so notwendiger erscheint, als der römische Tempel in ganz anderer Weise als der griechische inmitten der großstädtischen Bebauung steht. So war auch dieser Tempel an drei Seiten von Lagerhallen und Wirtschaftsgebäuden umgeben, mit seiner Fassade aber der Endpunkt eines geradlinigen, vom Marcellustheater herkommenden Straßenzuges.

Tempel der Vesta   **Nr. 11**

Rundtempel aus augusteischer Zeit (auf der Piazza della Bocca della Verità). Die Namengebung des Tempels willkürlich; seine Form betont griechisch. Statt eines hohen römischen Podiums (wie beim Rundtempel in Tivoli und beim Vestatempel auf dem Forum Romanum) hier ein flaches griechisches Stufenrund als Basis. Die Cella nicht in römischem Mörtelwerk, sondern nach griechischer Art in Marmor ausgeführt. Die korinthischen Kapitelle nach jenen vom Olympieion in Athen gearbeitet. Das fehlende Gebälk und ein unglückliches Notdach beeinträchtigen die ursprüngliche Wirkung.

Antike Reste in der Kirche S. Maria in Cosmedin (Backsteinbau mit 7geschossigem Glockenturm): Im Inneren kannelierte Säulen, die zu einer antiken Halle (Verwaltung der Getreideversorgung) gehörten. Die Kirche selbst von großer kunstgeschichtlicher Bedeutung, da hier (um 780 n. Chr.) zwei wichtige Formelemente mittelalterlicher Architektur zum erstenmal auftreten: *der dreiapsidiale Chorschluß* und *die Hallenkrypta* (der Wechsel zwischen Pfeiler und Säule erst seit einem Umbau des 12. Jh., ebenso die Marmorausstattung – Kosmatenkunst).

Janusbogen: Bezeichnung willkürlich, Bestimmung unklar. Datierung in konstantinische Zeit. Entweder ein Ehrenbogen oder einfach eine überdachte Straßenkreuzung mit Tonnengewölben nach allen vier Seiten. Gliederung der Außenwände durch Muschelnischen.

Wechslerbogen (Arco degli Argentarii): 204 n. Chr. von den Geldwechslern und Kaufleuten errichtet zu Ehren Kaiser Septimius Severus' (Erbauer der Caracallathermen, Septimius-Severusbogen auf dem Forum Romanum) sowie zu Ehren seiner Gattin und anderer Familienangehörigen. Vielleicht trug das Monument ehemals deren Standbilder. Die Reliefs zeigen den Kaiser mit seiner Gattin und andere Familienmitglieder. Der Stil: Üppiger Spätbarock der Septimius-Severuszeit. Häufung von Schmuckformen bei gleichzeitiger Vergröberung der Details.

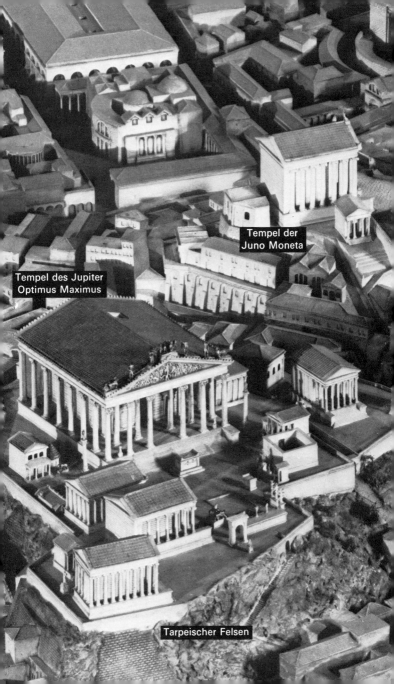

I2 Der kapitolinische Hügel

Das religiöse Zentrum des antiken Rom

Der kapitolinische Hügel bildete seit alters her den religiösen Mittelpunkt Roms. In antiker Zeit unterschied man zwischen der Burg *(arx)* mit dem Tempel der *Juno Moneta* (heute: *S. Maria in Aracoeli*) und dem Hauptberg, dem eigentlichen *Capitolium*, auf dem der Jupitertempel stand. *Jupiter* war als *Optimus Maximus*, d. h. als der *Beste und Größte* der römische Hauptgott. Im Tempel der Juno Moneta (der *mahnenden* Göttin) aber wurden die staatlichen Münzen geprägt (daher *moneta:* Prägung, Münzgeld).

Im 8. Jh. v. Chr., als Rom gegründet wurde, sprach man allerdings noch nicht von personifizierten Göttern. Die Römer waren einfache Bauern, und ihre bäuerische Religion kannte nur allgemeine, in der Natur wirksame Kräfte. Jupiter war für sie ein Wettergott, den man auf Berghöhen, meist in einem Buchenhain, verehrte. Erst langsam wurde er zum Gott des römischen Gemeinwesens, der *res publica*, und erhielt schließlich auch einen Tempel. Der früheste soll im Jahre 509 v. Chr. errichtet worden sein, begonnen noch von den letzten Königen, eingeweiht vom ersten republikanischen Konsul. Doch war es ein etruskischer Tempel, von einem etruskischen Baumeister entworfen.

An dieser etruskischen Tradition wurde bis in die späte Kaiserzeit festgehalten. Sooft der Tempel abbrannte, wurde er zwar schöner, aber nach altem Muster wiedererstellt. Das schloß nicht aus, daß im Laufe der Zeit auf dem Kapitol noch andere Tempel errichtet wurden, meist für Jupiter verwandte, namensähnliche Gottheiten. (vgl. unser Modellfoto). Wir wissen aber auch, daß der berühmte Lucullus im Jahre 74 v. Chr. eine in Apollonia Pontica (Thrazien) erbeutete, über 13 m hohe Statue des Apollo auf dem Kapitol aufstellen ließ. Auch orientalische Gottheiten konnten hier Fuß fassen, zumal in der späten Kaiserzeit, als sich der östliche Einfluß im römischen Leben immer stärker bemerkbar machte und die alten Traditionen an Kraft verloren. Doch ist der kapitolinische Jupiter nie entthront worden. Sein geheiligter Bezirk war nicht nur der Endpunkt des Triumphzuges und der Ort, wo sich das römische Heer in feierlicher Zeremonie entsühnte; er wachte auch über die Vogelschau, die *Auspizien*, deren Ergebnisse unmittelbar auf die staatlichen Entscheidungen einwirkten. Auch opferte der junge Römer *Jupiter Capitolinus* am Tage, an dem er die *Toga virilis* anlegte, die ihn geschäftsfähig machte.

Andererseits aber war der kapitolinische Hügel auch die Hinrichtungsstätte für Hoch- und Landesverräter. Man stürzte die Verurteilten vom Tarpeischen Felsen (gegenüber der heutigen Piazza della Consolazione) hinab. Im Vordergrund unserer Abbildung ist die Stelle zu sehen.

35

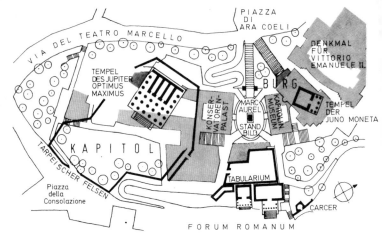

Kapitolinischer Hügel. Planskizze

Der kapitolinische Hügel in antiker Zeit und heute Nr. 12

Unsere Planskizze zeigt den kapitolinischen Hügel vom Forum Romanum aus gesehen. Am Fuße des Hügels liegt in der Mitte das *Tabularium*, über dem sich heute die Rückfront des im späten 16.Jh. erbauten *Senatorenpalastes* (Giacomo della Porta und Girolamo Rainaldi) erhebt. Rechts vom Tabularium führen heute wie in antiker Zeit Treppenwege hinauf zur einstigen *Burg (arx)* mit dem Tempel der *Juno Moneta* (der ›mahnenden‹ Göttin), der sich über dem Terrain der heutigen Kirche *S. Maria in Aracoeli* (doch sehr viel kleiner als diese) erhob.

Auf der gegenüberliegenden Seite stand auf dem *Capitolium* der gewaltige *Jupitertempel*, dessen Ausmaße man sich an der Größe des heutigen Konservatorenpalastes klarmachen kann, den er an Ausdehnung noch übertraf. Wenn man heute auf der Piazza del Campidoglio mit Blickrichtung zur Mitteltreppe steht, kann man an der nach links ansteigenden Straße (Via a Villa Caffarelli) die Stellung des Jupitertempels ablesen. Dort, wo die moderne Straße einen Knick macht, verlief die Rückwand des Tempels. Seine Vorderfront war auf den Palatin und den Circus Maximus hin ausgerichtet (das Forum Romanum hatte zur Zeit seiner Erbauung noch kaum Gestalt angenommen). Vor dem Tempel erstreckte sich ein größeres Plateau, auf dem in spätrepublikanischer Zeit eine Reihe kleinerer Tempel errichtet wurden. An seinem Ende lag der *Tarpeische Felsen*, die Hinrichtungsstätte für Landesverräter.

Piazza del Campidoglio: 1538 Aufstellung des Marc-Aurel-Reiterstandbildes. Gesamtentwurf des Platzes: Michelangelo. Bedeutende Antikenmuseen: Konservatorenpalast 1564–1575, Kapitolinisches Museum 1650.

Tempel für Jupiter Optimus Maximus. Modell

Der Tempel des Jupiter Optimus Maximus — Nr. 12

Der kapitolinische Tempel, von etruskischen Baumeistern errichtet und der Überlieferung nach im Jahre 509 v. Chr. vollendet, zeigt die typischen Merkmale einer Holzarchitektur: Die Säulen erreichen nur eine mäßige Höhe und wirken »stämmig«; die Cella wird dreigeteilt, um schmale Räume zu erhalten, die mit Holzbalken leichter zu überdecken waren; das mächtige Dach ist schwer und lastend; das Bauwerk als Ganzes mehr breit als hoch; die Architektur noch weit entfernt von der gestrafften Vertikalität griechischer Steintempel. Hinzu kommt die Eigenart, gerade das Dach, den Giebel und das Giebelfeld dekorativ zu verkleiden. Auch hier ist das Material nicht Stein, sondern Terrakotta.

Zu den *etruskischen Merkmalen*, die auch den späteren römischen Tempel charakterisieren, gehört die auffallend tiefe Vorhalle, hier mit nicht weniger als 4 × 3 Säulen. Sie beansprucht dieselbe Fläche wie die Cella des Tempels, so daß gleichsam zwei Tempelbereiche gleichwertig nebeneinander stehen: ein offener und ein geschlossener. Wenn sich die Säulenstellung auch an den Seitenfronten fortsetzt, so macht sich darin griechischer Einfluß bemerkbar. Doch bleibt der etruskisch-römische Tempel ein *Richtungsbau* mit deutlich unterschiedener Haupt-, Neben- und Rückseite. Selbst beim kapitolinischen Tempel, der weithin sichtbar die Stadt beherrschte, war die dem Marsfeld zugewandte Rückseite eine kahle, ungegliederte Wand ohne jeden Säulenschmuck. – Man vergleiche mit dem obigen Foto die Abbildung auf S. 32 (Tempel der Fortuna Virilis), um zu sehen, wie sich die Proportionen des ›römischen‹ Tempels (unter dem Einfluß der griechischen Architektur) veränderten.

Das Reiterstandbild des Kaisers Marc Aurel   Nr. 12

Daten: Antike Bronzestatue aus der Zeit um 173 n. Chr. Ursprünglicher Standort unbekannt. Im Mittelalter vor dem Lateranspalast stehend, seit 1588 auf dem Kapitol. – *Gußtechnik:* Wachsausschmelzverfahren. Reiter und Pferd getrennt gegossen. Selbständige Teile ferner: Der Kopf des Kaisers, das rechte Vorderbein des Pferdes und dessen Mähne. *Oberfläche:* gemeißelt, geschabt, graviert. *Durchschnittsstärke der Bronze:* 3–4 mm beim Reiter, 6–9 mm beim Pferd. *Vergoldung:* rechteckige, überlappende Blattgoldstreifen (nach E. Knaur).

Der 1538 von Michelangelo geschaffene, übermannshohe Sockel dürfte annähernd der antiken Aufstellungspraxis entsprechen: Der Dargestellte wird über die normale Augenhöhe des Betrachters hinausgehoben und damit in eine eigene, fast sakrale Sphäre gerückt, ein Eindruck, den die ursprüngliche Vergoldung noch verstärkte.

Ein für die künstlerische Wirkung wichtiges Moment ist der ausgestreckte rechte Arm. Die Bewegung entspricht römischer Sitte bei der Anrede des Feldherrn an seine Truppen. Hier jedoch wandelt sich diese Gebärde ins Allgemein-Menschliche, so, als wolle der Kaiser mit dem leicht nach unten gerichteten Arm der Huldigung des Volkes wehren, während doch gleichzeitig die herrscherliche Würde voll gewahrt bleibt. Das Standbild bestätigt in dieser Hinsicht das überlieferte Bild vom *Philosophenkaiser.* Der Ausdruck ist zurückhaltend, der Blick abwägend und ernst, doch nicht ohne Freundlichkeit und Wohlwollen.

Bronzene Reiterstandbilder kannte das antike Rom schon in der Zeit vor Caesar und Augustus. Als Ehrenstatuen für verdiente Bürger schmückten sie zahlreich die öffentlichen Plätze und auch das Kapitol. In der Kaiserzeit blieben sie dann den Herrschern vorbehalten. Doch alle diese Werke, von denen wir durch die Überlieferung wissen, gingen verloren, wurden geraubt, zerstört oder eingeschmolzen. Das Standbild Marc Aurels blieb erhalten, weil man in nachantiker Zeit in ihm ein Bildnis Kaiser Konstantins zu erkennen glaubte, dem die christliche Religion ihre staatliche Anerkennung verdankte. So stand das Werk jahrhundertelang unter dem besonderen Schutz der Kirche und hatte seinen Platz vor dem Lateran, dem Sitz der Päpste.

Erst unter dem Einfluß der Renaissance verlagerte sich das Interesse an der Statue von der religiösen Seite auf die künstlerisch-historischen Aspekte. Die Gelehrten identifizierten den Reiter als Marc Aurel, und mit der Begeisterung für die Antike wuchs das Bestreben, dem kostbaren Werk innerhalb Roms eine würdigere Aufstellung zu geben. Fast ein halbes Jahrhundert verging mit Planungen, bis es Papst Paul III. 1538 gelang, die Überführung auf das Kapitol durchzusetzen und damit Rom einen neuen ideellen Mittelpunkt zu geben. Mit der Schaffung des Sockels beauftragte man Michelangelo (1475–1564), der in den Jahren danach auch die Pläne für die Neugestaltung des Platzes lieferte.

Tabularium mit Senatorenpalast und Septimius-Severusbogen

Das Tabularium   Nr. 12

Daten: Am Fuß des kapitolinischen Hügels gelegen. Römisches Staatsarchiv, 78 v. Chr. unter der Diktatur Sullas errichtet. Die zum größten Teil vermauerten Bogenöffnungen des ersten Obergeschosses tragen heute die Rückfront des im 16. Jh. erbauten Senatorenpalastes. Architekturgeschichtlich bezeichnet das Tabularium einen Wendepunkt der römischen Baukunst. Vier Momente sind besonders hervorzuheben: die Verwendung von Tuffsteinquadern, der Gebrauch von Gußmauerwerk, die Ausbildung der Rundbogenarkade und das Auftreten von Kreuzgewölben.

Politischer Aspekt: Das Tabularium zählt zu den wichtigsten Bauwerken der römischen Republik in der Zeit vor Caesar und Pompeius. Seine Errichtung fällt in eine Periode bürgerkriegsähnlicher Zustände, die seit 145 v. Chr. mit wechselnder Heftigkeit Rom erschütterten. Der Kampf zwischen Plebejern und Patriziern um soziale Reformen hatte schließlich den Staat zersetzt und die öffentliche Moral untergraben. *Lucius Cornelius Sulla*, der seit 80 v. Chr. als Konsul mit diktatorischen Vollmachten regierte, versuchte mit schonungsloser Gewalt die blutigen Auseinandersetzungen zu beenden und die Republik neu zu festigen. Die Errichtung des Tabulariums ist nicht zuletzt ein Ausdruck seiner Bestrebungen, dem römischen Staat, und vor allem dem wieder zu Ansehen und Macht gekommenen Senat, zu kraftvoller Autorität zu verhelfen und dies nach außen in einem mächtigen Bauwerk zu dokumentieren. Mit seiner Front fast demonstrativ zum Forum Romanum hin ausgerichtet und in nächster Nähe zur Kurie gelegen, war das Tabularium nach Größe, Aufwand und Form ein Monument, für das es im republikanischen Rom jener Tage nichts Vergleichbares gab.

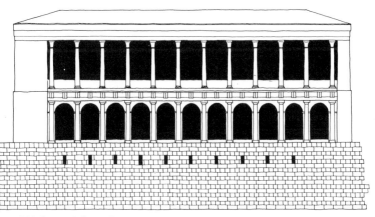

Tabularium. Rekonstruktion

Zur Architektur: Unsere Abbildung zeigt eine Rekonstruktion des antiken Bauwerks. Über einem hohen Sockelgeschoß erhob sich eine 70 m lange, offene Bogenhalle, die erste dieser Art vor den Bauten Caesars. Über der Bogenhalle lag noch ein zweites, nicht sicher zu rekonstruierendes Geschoß. Unterhalb des Tabulariums befand sich links der Portikus der Dei Consentes (Reste erhalten), rechts der Concordiatempel.

Die Verwendung von Tuffstein für die mächtige Stützmauer des Sockelgeschosses (sorgfältig zubehauene Hausteinquadern) bekundet eine neue monumentale Baugesinnung. Steinbauten dieses Ausmaßes waren im damaligen Rom (78 v. Chr.) noch selten; selbst der kapitolinische Tempel stand noch als Holzbau. Erst damals, eine Generation vor Caesar, vollzog sich endgültig der Übergang zur Steinarchitektur, und die römischen Staatsbauten wurden zu dauerhaften Monumenten.

Die Verwendung von römischem Gußmauerwerk ist das zweite, nach außen allerdings nicht sichtbare Merkmal von Bedeutung. Denn die Tuffsteinmauer bildet nur die äußere Schicht des Sockelgeschosses; sie ist den Substruktionen gleichsam im Sinne einer ›Fassade‹ nur vorgeblendet. Die dahinter liegenden, tonnengewölbten Kammern, die sich bis zu einer Tiefe von 40 m in den Abhang hineinschieben (die Fensteröffnungen sind noch sichtbar) sind nicht aus Haustein, sondern aus Gußmauerwerk hergestellt: ein betonartiges Material aus Vulkanasche, Kalk, Ziegel-, Ton- und Marmorscherben, das infolge seiner Festigkeit die Jahrtausende überdauerte. Auch dieses Gußmauerwerk ist eine Erfindung sullanischer Zeit.

Tabularium. Konstruktion der Bogenhalle. Modell

Die Rundbogenarkade, eine der fundamentalen römischen Formerfindungen, ist das dritte am Tabularium hervorzuhebende Bauelement. Von den ursprünglich neun Bogen sind heute nur noch drei zu sehen, doch braucht man nur an das Marcellustheater oder das Kolosseum zu denken, um sich die monumentale Wirkung solcher Arkaden vorstellen zu können. Grundlage dieser Form war der seit Jahrhunderten bekannte, von den Griechen jedoch abgelehnte Bogen und das aus dem Bogen entwickelte Tonnengewölbe. Beide Elemente kombiniert man hier zum erstenmal mit der griechischen Säule, die, vor die Pfeiler gestellt, zum Träger horizontaler, die Geschosse trennenden Gesimsbänder wird. Die so entstehende Arkade, die sich aus dem Rundbogen, dem Bogenpfeiler, der vorgeblendeten Säule und den Horizontalgesimsen aufbaut, bestimmt künftig die römische Architektur (auch an Basiliken, Triumphbögen und an Thermenanlagen). Über die Jahrhunderte hinweg hat diese Erfindung aber auch die Architektur der Renaissance- und Barockzeit nachhaltig beeinflußt.

Das Auftreten von *Kreuzgewölben* im Inneren der Bogenhalle ist das vierte, architekturgeschichtlich bedeutsame Faktum, eine Erfindung, die noch im Kreuzrippengewölbe der mittelalterlichen Kathedrale weiterlebt und die darin besteht, daß sich der Gewölbeschub von den Wänden auf die vier Eckpunkte eines Raumes verlagert. Tragende Funktion haben dann nur noch die *Eckpfeiler*. Da die Wände weggelassen werden können, entstehen baldachinartig freie, nach allen Seiten hin offene Räume, wie wir sie aus den römischen Thermenanlagen oder der Maxentiusbasilika kennen. Die relativ noch schwerfälligen kreuzgewölbten Räume des Tabulariums bilden deren Urform.

Concordiatempel: 366 v. Chr. errichtete die Republik aus Anlaß der zwischen Patriziern und Plebejern zustande gekommenen Einigung einen Tempel, der nach Sinn und Namen die Erinnerung an dieses Ereignis wachhalten sollte und ihm zugleich die religiöse Weihe gab. Die Lage des Tempels in nächster Nähe zum alten Forum, zu Kurie und Volksversammlungsplatz erklärt sich wohl in erster Linie aus dieser politischen Funktion. Die Weihe an die ›Göttin‹ *Concordia* (Eintracht, Einigkeit) zeigt die Eigentümlichkeit der römischen Religion, abstrakte Begriffe zu personifizieren. – Neubau 10 n. Chr. durch Tiberius. Bemerkenswerter Grundriß: Saalartiger Querbau mit Säulenportikus, ähnlich dem von Agrippa (27 v. Chr.) erbauten ersten Pantheon.

Tempel für Kaiser Vespasian (69–79): 79 n. Chr. von seinem Sohn Titus (Titusbogen) begonnen, und als Titus zwei Jahre später selbst starb, von dessen Bruder Domitian (Domitianpalast) vollendet. Von der ehemaligen Vorhalle stehen noch drei korinthische Säulen, deren Kapitelle und deren Gebälk noch gut erhalten sind. Auffallend ist die Behandlung des Frieses, in dessen dekorativen Motiven sich das römische Verlangen nach prunkhafter Gestaltung sehr deutlich widerspiegelt. Anders als die Griechen, deren ornamentale Formen das Bauwerk naturhaft aufblühen lassen, neigen die Römer zur demonstrativen Geste, so daß sie wie hier Opferschalen, Kannen, Helme und Waffen zeigen, die in loser Anordnung einfach nebeneinandergestellt werden.

Porticus Deorum Consentium: Säulenhalle für zwölf Gottheiten, deren Standbilder hier paarweise (consentes) aufgestellt waren. Ursprung 2./3. Jh., 367 n. Chr. restauriert.

Tabularium mit angrenzenden Tempeln. Situationsplan

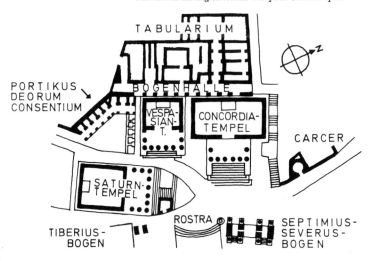

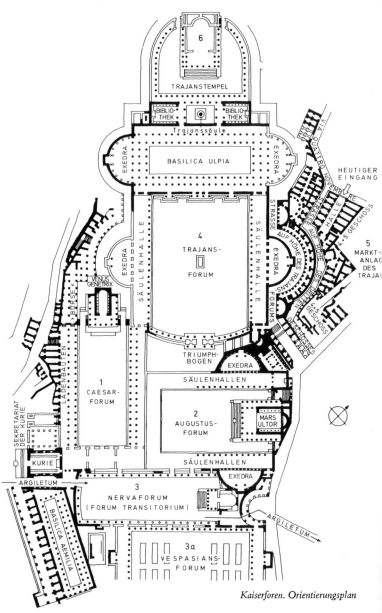

Kaiserforen. Orientierungsplan

I 3   Die Kaiserforen

Übersicht über Lage und zeitliche Abfolge der Kaiserforen

Plan-ziffer	Die Erbauer und ihre Regierungszeit	Baukomplexe

[1]   **Caesar**
48–44 v. Chr.
(Diktator)

Caesarforum
51 v. Chr. begonnen. Erste rechtwinkelig konzipierte Marktanlage Roms, von Caesar zur Entlastung des Forum Romanum errichtet. Der Grundgedanke eines langgestreckten, von Säulenhallen eingefaßten Platzes, in dessen Achse der Tempel steht, wurde bei den späteren Kaiserforen von hier übernommen.

[2]   **Augustus**
31 v.–14 n. Chr.

Augustusforum
Weihe 2 v. Chr. Keine Marktanlage, sondern ein Kaiserforum mit politischem Repräsentationscharakter. In den Säulenhallen und Exedren eine große Zahl von Ehrenstatuen für verdiente Männer der römischen Republik.

[3]   **Vespasian**
69–79 n. Chr.

Nervaforum
auch *Forum Transitorium* genannt
70 n. Chr. von Kaiser Vespasian begonnen, 98 n. Chr. von Kaiser Nerva eingeweiht. Kein eigentliches Forum, sondern eine zum Platz erweiterte Straße. An Stelle begleitender Säulenhallen, für die hier der Platz fehlte, frei vor die Wand gestellte Säulen ohne tragende Funktion.

[3a]   **Vespasian**

Vespasiansforum
auch *Forum des Friedens* genannt
Noch nicht ausgegraben, doch an Hand eines hier gefundenen antiken Marmorstadtplanes in den Grundzügen bekannt.

[4]   **Trajan**
98–117 n. Chr.

Trajansforum
107–112 n. Chr., Trajanssäule 113 n. Chr. geweiht. Das letzte und zugleich größte Kaiserforum, eine gewaltige Anlage mit großer Basilika, Bibliotheksbauten, Grabsäule und Triumphbogen. Architekt: Apollodorus von Damaskus.

[5]   **Trajan**

Marktanlage des Trajan
Im Zusammenhang mit dem Trajansforum errichtet. Sehr gut erhalten bzw. wiederhergestellt. Terrassenartig gestaffelte Bauten, die sich an den künstlich abgetragenen Hang als dessen Substruktionen anlehnen und in verschiedener Höhe von Straßen begleitet werden.

[6]   **Hadrian**
117–138 n. Chr.

Trajanstempel
Von Kaiser Hadrian vorgenommene Erweiterung des Forums, doch hatte vermutlich schon Trajan an dieser Stelle einen Tempel geplant. Eine Besonderheit bildet der im Halbkreis schließende Säulenhof.

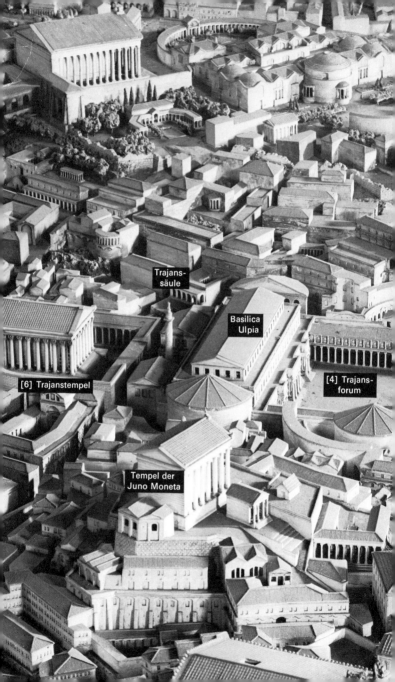

Zur Orientierung im Bereich der Kaiserforen

Das Gebiet der einstigen Kaiserforen durchschneidet heute die *Via dei Fori Imperiali*, eine unter Mussolini (1932) gebaute Prachtstraße zwischen dem Denkmal für Vittorio Emanuele II. und dem Kolosseum. Das Caesarforum liegt südlich dieser Straße, auf der Seite des Forum Romanum; alle anderen Ausgrabungsstätten befinden sich auf der gegenüberliegenden Straßenseite.

Eintrittskarten: Für das Augustusforum, das Trajansforum sowie für die sehenswerte Marktanlage Trajans, die durch einen unterirdischen Gang miteinander verbunden sind, werden gemeinsame Eintrittskarten verkauft. Die Zugänge befinden sich bei der *Trajanssäule* und in der *Via Quattro Novembre*. Öffnungszeiten unregelmäßig.

Die geringen Reste des Nervaforums sind meist nicht zugänglich, doch ist Einblick von oben möglich und lohnend. Das angrenzende Vespasiansforum ist noch nicht ausgegraben.

Die Kaiserforen sind Ausdruck der Weltmachtstellung Roms. In ihrer achsialen Symmetrie und Regelmäßigkeit (ausgerichtet auf einen Tempel und wie ein Tempelbezirk von hohen Mauern umschlossen) gehen sie auf hellenistisch-orientalische Vorbilder zurück und machen deutlich, in welchem Umfang das römisch-kaiserzeitliche Denken von östlichen Vorstellungen beeinflußt war.

Der kunstgeschichtlich interessanteste Aspekt liegt in der systematischen Entfaltung großer Platzanlagen. Der Grundtypus ist mit dem Caesarforum gegeben: ein länglicher, von Säulenhallen eingefaßter Hof; in der Hauptachse der Tempel. Das Augustusforum bereichert diesen Typus durch große halbkreisförmige Räume *(Exedren).* Das Nervaforum reduziert aus Platzmangel die begleitenden Hallen auf illusionistisch vor die Wand gestellte Säulen ohne tragende Funktion. Beim Trajansforum tritt an die Stelle des Tempels die quergestellte »Basilika«, an die sich Grabsäule und Bibliotheksbauten anschließen.

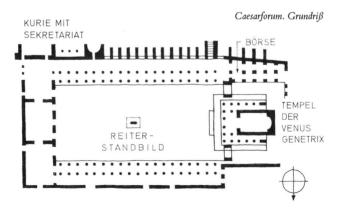

Caesarforum. Grundriß

Ruinen des Caesarforums

Caesarforum **Nr. 13**

In der späten Republik, als das Römische Reich längst zur Weltmacht aufgestiegen war, herrschten auf dem Forum Romanum noch immer so beengte Verhältnisse, daß sich Caesar entschloß, durch großzügige Baumaßnahmen Abhilfe zu schaffen. Die Errichtung der Basilica Iulia auf der Südseite des Forums, der Neubau der Kurie und die Verlegung der Volksversammlungen auf das Marsfeld waren in dieser Hinsicht wichtige Schritte. Als sehr viel schwieriger erwies sich das Vorhaben, im Anschluß an die Kurie ein neues, für Handelszwecke bestimmtes Forum zu errichten. Das Gebiet war dicht bebaut, so daß zuerst die Grundstücke aufgekauft und die bestehenden Häuser abgerissen werden mußten, was riesige Geldsummen verschlang. 46 v. Chr., zwei Jahre vor seiner Ermordung, konnte Caesar sein Forum einweihen. Es war die erste, streng rechtwinkelig konzipierte Marktanlage Roms; ein epochemachendes Werk auch insofern, als sie wie ein sakraler Bezirk angelegt war, eingefaßt von einer hohen Mauer und an zwei Seiten von doppelten Säulenhallen umgeben, beherrscht von einem weit in den Hof hineinragenden Tempel auf hohem Podium. An diesem Bauschema haben sich dann die späteren Kaiserforen orientiert.

Nur weniges hat sich erhalten: Aus Caesars Zeit stammen noch die tonnengewölbten Ladenbauten an der Südseite, die ursprünglich bis zur Kurie reichten (heute unterbrochen durch eine das Forum durchquerende Straße), sowie die »Börse« mit ihren hohen Rundbogen. – Die drei korinthischen Säulen stammen von einem Tempelneubau Domitians; die kleineren Säulen von einer spätantiken Halle.

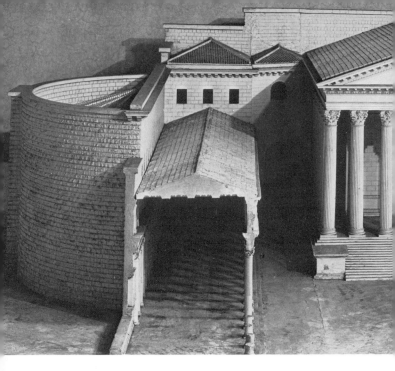

Augustusforum Nr. 13

In der Mitte stand der große Marmortempel, der in Erinnerung an den Sieg über die Mörder Caesars dem *Mars Ultor*, dem strafenden Kriegsgott, geweiht war. Hier sollten künftig die wichtigsten Staatsakte stattfinden: Verhandlungen des Senats über Krieg und Frieden, Empfang auswärtiger Potentaten, Opferzeremonien bei der Abreise von Beamten in die Provinz, Niederlegung der Insignien nach einem Triumphzug – Handlungen, die bis dahin vorwiegend auf dem Kapitol vollzogen worden waren.

Die Frontseite des Tempels mit acht korinthischen Säulen (Achtzahl wie beim Parthenon) entsprach dem Ideal des augusteischen Klassizismus und erfüllte das Bedürfnis nach staatlicher Repräsentation. Das Giebelfeld des Tempels zeigte *Mars Ultor*, doch nicht als Kriegsgott mit gezogenem Schwert, sondern im Sinne der augusteischen Politik als Friedensstifter (vgl. die Ara Pacis als Friedensaltar). Zur Rechten standen *Venus* (als Mutter des *Aeneas*) und die Stadtgöttin *Roma*, zur Linken die Schicksalsgöttin *Fortuna* und der Stadtgründer *Romulus*. *Kapitol* und *Tiber* waren durch allegorische Figuren dargestellt.

Das Innere des Tempels war ungewöhnlich prachtvoll: Säulenreihen begleiteten die seitlichen Wände und über Stufen erhöht stand in der großen Apside noch einmal die Figur des *Mars Ultor*.
Vor dem Tempel bildete die Mitte des annähernd quadratischen Platzes ein vom Senat gestiftetes Viergespann, das Augustus im Triumph zeigte. Die Sockelinschrift trug seinen Ehrentitel *Pater Patriae*.

In die Staatssymbolik waren auch die Säulenhallen und Exedren einbezogen. Hier standen Statuen und Büsten von siegreichen Feldherren und verdienten Beamten, aber auch von Königen, mythischen Gestalten und Dichtern. Im Sinne der augusteischen Friedensidee waren sie ohne Rücksicht auf ihre frühere politische Parteinahme als verehrungswürdige Zeugen römischer Geschichte aufgestellt. Zwei Inschrifttafeln nannten jeweils Name, Amt und Verdienst des Dargestellten. Aeneas und Romulus standen in den Hauptnischen der *Exedren*. An den Außenseiten der Säulenhallen verkörperten sechzig *Karyatiden*, langgewandete weibliche, das abschließende Gebälk tragende Stützfiguren, die Unterwerfung fremder Völker.

Nervaforum. Figurenfries

Nervaforum (Forum Transitorium) Nr. 13

Von seiner städtebaulichen Funktion her war dieses Forum eine zum Platz erweiterte Straße von 120 m Länge, die sich bis zur Kurie am Forum Romanum erstreckte. Sie war zu schmal, um von überdachten Hallen eingefaßt zu werden. Man begnügte sich mit frei vor die Wand gestellten Säulen, von denen zwei noch aufrecht stehen. Zusammen mit dem vorspringenden Gebälk und dem darüber gelegenen Wandabschnitt hatten sie eine rein ästhetische Funktion im Sinne einer Scheinarchitektur, eine Auffassung, die die Barockarchitektur beeinflußte.

Außerordentlich reich war der *Reliefschmuck* des Nervaforums. Rekonstruiert man die ursprünglichen Verhältnissse (36 Wandabschnitte mit zusammen 38 Säulen), so kommt man auf eine Figurenzahl von nahezu 1600. Die bald darauf errichtete Trajanssäule kennt 2500 Figuren. Ein Zusammenhang liegt nahe. Die Unterschiede: Hier die mythologische Thematik (Minerva-Szenen) in der Art griechischer Tempelfriese mit weit auseinandergezogenen Figuren, so daß der Reliefgrund mitspricht; bei der Trajanssäule der dichtgedrängte, römisch empfundene Bericht historischer Ereignisse in der ganzen Fülle seiner Details.

Überreste: Man sieht die rechts neben dem ehemaligen Tempel verlaufende Durchfahrt, die man sich rundbogig vorzustellen hat; daneben die Trennmauer zum noch nicht ausgegrabenen Vespasiansforum mit den beiden noch aufrecht stehenden Säulen. Nach links folgt das ehemalige Tempelpodium, dessen Unterbau aus mehreren Lagen riesiger Tuffsteinquader besteht. Die Gesamtbreite des Forums reichte bis zur dritten Laterne der modernen Brüstung. Hinter dem Tempel ehemals eine halbkreisförmige Pfeilerarkade mit der Durchfahrt zu den **angrenzenden Stadtteilen.**

Trajansforum. Modell

Trajansforum Nr. 13

Man betrat das Trajansforum durch einen Triumphbogen, der den Kaiser in einem sechsspännigen Wagen zeigte. In der Mitte des von Säulenhallen eingefaßten Platzes erhob sich das Reiterstandbild Trajans. Den Abschluß bildete die quergestellte *Basilica Ulpia*; mit 170 m Länge war sie eines der größten Gebäude im antiken Rom. Die Trajanssäule blieb durch sie verdeckt. Erst wenn man die Basilika durchschritten hatte und wieder ins Freie trat, stand man unvermittelt vor ihr. Zwei seitlich anschließende Bibliotheksbauten bildeten hier einen Hof. Das letzte Gebäude war der erst später hinzugefügte, von Kaiser Hadrian erbaute Trajanstempel.

Architekt des Trajansforums war der berühmte *Apollodorus von Damaskus*, der den Kaiser auf seinen Reisen und Kriegszügen als Militäringenieur begleitete. Apollodorus hatte auch die am Esquilin über den Resten der Domus Aurea erbauten Trajansthermen entworfen, die den späteren Caracallathermen zum Vorbild dienten. Seine Bauten zeichnen sich durch Gedankenreichtum und klare Disposition aus.

Überreste des Forums auf der Seite der Marktanlage: Man sieht die fast in voller Länge rekonstruierten Stufen der ehemals 100 m langen Säulenhallen. Quadratische Felder bezeichnen die Stellen von 28 Säulen (drei teilweise wieder aufgerichtet). Man erkennt Reste vom alten Marmorfußboden. Erstaunlich ist die Tiefe dieser Hallen. Zu erkennen ist ferner der Verlauf der Forumsrückwand (dunkler Tuffstein), hinter der die Marktanlage begann. Die halbkreisförmige Ausbuchtung der Exedra zeichnet sich deutlich ab. Ihre Hauptnische war von zwei Säulen flankiert (eine wieder aufgerichtet). In der Exedra und wohl auch in den Säulenhallen standen die Ehrenstatuen für verdiente Heerführer, Beamte und Dichter.

Inneres der Basilica Ulpia: Die von uns abgebildete Rekonstruktion kann in den Einzelheiten keine Authentizität beanspruchen, dürfte aber doch ein ungefähr zutreffendes Bild vom Inneren der Basilika geben. Vor allem wird die Zweistöckigkeit der übereinandergestellten Säulenordnungen deutlich, die in ähnlicher Weise schon den augusteischen Neubau der *Basilica Aemilia* auf dem Forum Romanum charakterisierte. Fraglich muß bleiben, ob der Raum tatsächlich einen offenen Dachstuhl besaß oder nicht doch mit einer Kassettendecke abschloß.

Unzutreffend ist der in unserer Zeichnung eingetragene Rundbogen, mit dem sich hier die Exedra unmittelbar zum Hauptraum hin öffnet. Die *Exedren* waren praktisch selbständige Gebäude mit eigenen Fenstern an der zur Basilika gewandten Seite. Lediglich in ihrem unteren Teil standen sie mit dem Hauptraum in Verbindung, so daß der hier gezeigte Durchblick durch die quergestellte Säulenstellung den ursprünglichen Verhältnissen entsprechen dürfte.

Das nach dem Vorbild des Pantheons rekonstruierte Bodenmuster mit seinen abwechselnd rechteckigen und kreisförmigen Feldern entspricht den Baugewohnheiten der trajanisch-hadrianischen Zeit; man findet es ähnlich auch beim hadrianischen *Doppeltempel für Venus und Roma* (zwischen Titusbogen und Kolosseum gelegen).

Einen wenigstens annähernd vergleichbaren Raumeindruck bietet in Rom die Kirche *San Paolo fuori le mura*, wenn dort auch die Zweistöckigkeit fehlt und die Säulenreihe zur Bogenarkade ergänzt ist. Verwandt sind gleichwohl das Raumvolumen, die Strenge der Säulenfolge und das Fußbodenmuster.

Das Innere der Basilica Ulpia. Rekonstruktionsversuch

Reste der Basilica Ulpia und Trajanssäule

Überreste des Forums auf der Seite der Trajanssäule: Die beiden heute aufrecht stehenden Säulenreihen entsprechen nur etwa der Hälfte der ursprünglichen Breitenausdehnung der Basilica Ulpia (heute 10 bzw. 12 Säulen, ehemals 22 in einer Reihe), die sich darüber hinaus noch in zwei großen, halbkreisförmigen Exedren fortsetzte. Von den drei Säulenportiken der Hauptfront (der mittlere ehemals mit vier, die beiden seitlichen mit je zwei Säulen) sieht man noch die Spuren der Unterbauten. – Die ehemalige Umbauung der hinter der Basilika errichteten Trajanssäule durch zwei Bibliotheken deutet eine moderne Backstein-Einfassung an.

Die Trajanssäule und ihr Reliefschmuck   Nr. 13

Daten: 110–113 n.Chr. vom römischen Senat errichtet. Material: Parischer Marmor. Höhe: 38 m, was nach Auskunft der Sockelinschrift die Höhe bezeichnet, bis zu der beim Bau des Forums das Gelände zwischen Kapitol und Quirinal abgetragen werden mußte. In antiker Zeit trug die Säule ein vergoldetes Standbild des Kaisers, seit 1588 eine Petrusfigur. Das 200 m lange Relief mit 2500 Figuren in 155 Szenen ursprünglich farbig gefaßt. Bildthematik: Die von Trajan in den Jahren 101/102 und 105/106 n.Chr. gegen die Daker (im heutigen Rumänien) geführten Kriege. Abgüsse der Reliefs im *Museo della Civiltà Romana, E. U. R.* Im Inneren der Säule eine Wendeltreppe mit 185 Stufen. Im Sockel einst die Urne mit der Asche des Kaisers.

Die Reliefs: Mit dem Bildschmuck der Trajanssäule erreicht das historische Relief der Kaiserzeit seinen Höhepunkt. Nach der Ara Pacis (9 v.Chr.) mit ihren feierlich-strengen, überlebensgroßen ›Gewandfiguren‹, die sich noch ganz an griechischer Plastik orientieren, verlieren die Figuren schon beim Titusbogen (81 n.Chr.) ihre idealisierende Größe, während umgekehrt die Bewegung zunimmt und sich das Interesse auf das historische Detail richtet. Dies findet seine Parallele in der römischen Geschichtsschreibung, die gerade in trajanischer Zeit mit Tacitus (55–120) zu höchster Vollendung kommt. Hier wie dort ist es nun das Bestreben, neben dem reinen Kriegsbericht auch eine Schilderung der Länder, ihrer Sitten und Gebräuche zu geben. So liest sich die Trajanssäule gleichsam wie eine antike Buchrolle, die sich spiralförmig um den Säulenschaft windet.

Die Erzählung beginnt über der Säulenbasis mit der Darstellung der Donau als Flußgott. Auf einer Pontonbrücke überschreitet das Heer den Fluß. Man sieht den Kaiser, wie er sich mit seinen Offizieren berät und zu seinen Soldaten spricht. Ein Militärlager wird gebaut, Reiterschwadronen setzen zum Angriff an, Gefangene werden eingebracht. – Daneben stehen die kulturgeschichtlichen Einzelheiten: Bekleidung, Geräte, Schiffstypen, Brücken, Tore und Türme. Man erkennt Ochsen- und Pferdegespanne, einfache Karren und komfortablere Wagen und beobachtet den Transport von Fässern in Kähnen. – Trotz der Vielgestaltigkeit bildet das Ganze eine Einheit; die einzelnen Szenen sind lediglich durch Bäume, Mauern oder Tore gegeneinander abgegrenzt; auf halber Höhe des Säulenschaftes trennt eine Siegesgöttin die beiden Kriege.

Der Darstellungsstil ist überraschend realistisch. Der Krieg wird nicht verherrlicht, sondern mit allen Schrecken gezeigt; selbst die Hinrichtung von Gefangenen nicht verschwiegen. Weit entfernt von jeder Idealisierung erscheint auch der Kaiser als ein von Strapazen gezeichneter Mensch, wie überhaupt die menschlichen Tätigkeiten, die Anstrengungen und Leiden einen großen Raum einnehmen. – Bei der 70 Jahre später für Marc Aurel errichteten Ehrensäule (Piazza Colonna) verwandelt sich dieser Realismus in eine abstrahierende Verkürzung der Darstellungsform.

56

Die Marktanlage Trajans Nr. 13

Zugang: Von der *Via Quattro Novembre* oder vom *Trajansforum* aus. Öffnungszeiten unregelmäßig. Die Eintrittskarten gelten sowohl für das Forum wie für die Marktanlage; ein gewölbter Gang verbindet beide Komplexe.

Die Getreideversorgung Roms sicherzustellen, gehörte zu den vornehmsten Aufgaben der römischen Kaiser. Schon in republikanischer Zeit wurde an die in Rom lebenden Bürger kostenlos Getreide abgegeben. Im 1. Jh. v. Chr. waren mehr als 200 000 Personen auf diese Spende angewiesen. Einfuhren aus Ägypten, Sizilien und Nordafrika bildeten die Voraussetzung, ebenso Hafenanlagen, eigene Getreideflotten und Stapelplätze. Auch die Marktanlage Trajans *(Mercati Traiani)*, ein Gebäude des kaiserlichen Fiskus, diente mit seinen umfangreichen Lagerräumen der kostenlosen Abgabe von Öl, Wein und Getreide an die ärmere Bevölkerung. Bei seiner Errichtung konnte Trajan die durch den Forumsbau entstandene Situation insofern ausnützen, als durch die Abtragung des Geländes zwischen Kapitol und Quirinal umfangreiche Substruktionen notwendig geworden waren, um dem entstandenen Steilhang neuen Halt zu geben. So bot sich die Gelegenheit, die Geländeabstützung durch tonnengewölbte Räume vorzunehmen, die sich noch heute, terrassenartig übereinander gestaffelt, tief in den Abhang hineinschieben.

Die sechsstöckige Anlage ist in ihrem ganzen Umfang für Ladeneinbauten und Lagerräume genutzt. Auf gleicher Höhe wie das Trajansforum, aber von diesem durch die heute nicht mehr existierende hohe Forumsmauer getrennt, verläuft die unterste, bis zu 12 m breite Straße, deren Pflasterung teilweise noch existiert. An dieser Straße, die halbkreisförmig um die Exedra des Forums herumgeführt war, erhebt sich eine heute zweistöckige, ehemals ein drittes Geschoß umfassende Gebäudefront mit einer palastartig gestalteten Fassade. Zu ebener Erde lagen Läden mit halbkreisförmigen Oberlichtern; darüber verläuft im zweiten Geschoß ein durch Rundbogenöffnungen erhellter Korridor, den man über seitliche Treppenaufgänge erreicht. Hinter diesem Korridor befinden sich hangseitig Lagerräume. Das heute fehlende dritte Geschoß war leicht zurückgesetzt, so daß sich davor eine schmale Terrasse (eine Art Laufgang) bildete. Die auf dieser Höhe gelegenen Läden öffneten sich zu einer hinter ihnen verlaufenden zweiten Straße. Sie diente u. a. der Warenanlieferung für die drei folgenden Stockwerke. – Im vierten und fünften Geschoß liegt auf der linken Seite eine *zweigeschossige Verkaufshalle* mit fast vollständig erhaltenen Läden, Treppen, Gängen und Gewölben. Sie bildet heute den Eingang an der Via Quattro Novembre.

14 Das Forum Romanum

Politisches Zentrum des Römischen Reiches

Zur Orientierung: Geöffnet täglich, außer dienstags, im Sommer 9–19 Uhr, im Winter 9–17 Uhr. *Haupteingang* an der Via dei Fori Imperiali (die Eintrittskarten gelten für das Forum Romanum und den Palatin). Das ganze Gebiet eingezäunt. *Ausgänge* beim Titusbogen und in der Via di S. Gregorio (östliche Begrenzung des Palatin); dort ein zweiter Eingang mit Kartenverkauf.

Die Anfänge des Forum Romanum: Das ursprünglich sumpfige Gebiet wurde noch unter dem letzten etruskischen König, *Tarquinius Superbus,* um 510 v. Chr., durch den Bau der *Cloaca Maxima* entwässert (zunächst ein offener Kanal; Überwölbung erst im 2. Jh. v. Chr.). Es ist die Zeit, in der Rom auch seinen ersten Tempel erhält: etruskische Baumeister errichten ihn auf dem kapitolinischen Hügel für den personifizierten *Jupiter Maximus.* Bald darauf entstehen auch am Forum Romanum (das noch nicht diesen Namen trägt) die ersten, noch aus Holz und Lehmziegeln gebauten Tempel: 497 für *Saturn,* 480 für *Castor und Pollux.* Markthallen, Verkaufsläden und politische Einrichtungen folgen, ohne daß im einzelnen ein fester Plan zu erkennen wäre.

Das politische Zentrum mit Kurie, Rostra und Volksversammlungsplatz lag jahrhundertelang im Winkel zwischen der heutigen Kirche SS. *Luca e Martina* und dem *Carcer.* Hier war auch 184 v. Chr. unter dem Censor *Marcus Porcius Cato* (auf Staatskosten) die erste ›Basilika‹ errichtet worden, von der sich allerdings keine Reste erhalten haben. Sie brannte 52 v. Chr. ab.

Das erste Bauwerk, mit dem sich ein neuer Maßstab für die staatlichen Einrichtungen ankündigt, war das von Sulla um 80 v. Chr. errichtete, zum Forum hin orientierte *Tabularium.* Mit ihm vollzieht sich zugleich der Wechsel zur Steinarchitektur. Rund 30 Jahre später erfolgt dann die *Neuordnung des Forums durch Caesar,* dessen Bauten (Kurie, Rostra, Basilica Iulia) teilweise erst *Augustus* vollenden konnte, der seinerseits die Neubauten der Basilica Aemilia und des Castortempels, den Caesartempel und den nach ihm benannten Augustusbogen hinzufügt. Damit waren die heute noch bestimmenden Grundzüge festgelegt. Spätere Kaiser mußten bei ihren Neubauten über den engeren Bezirk des Forum Romanum hinausgreifen. Ihre Tempel lagen zum größten Teil an der *Via Sacra* bis hin zum *Kolosseum.*

Die Tempelbauten auf dem Forum Romanum müssen vor dem Hintergrund römischer Religionsvorstellungen gesehen werden. Staat und Religion sind im Römischen Reich so eng miteinander verknüpft, daß man zu allen Zeiten bestrebt war, die staatlichen Einrichtungen mit Tempeln und Göttern zu verbinden und ihnen so eine sakrale Würde und Unantastbarkeit zu geben. So erinnert der *Castor- und Polluxtempel* an den Sieg über die Etrusker, der *Concordiatempel* an die politische Einigung zwischen Patriziern und Plebejern, der *Caesartempel* an den ermordeten Diktator; mit dem *Saturntempel* war die Aufbewahrung des Staatsschatzes verbunden, und der *Castortempel* war Sitz einer Kontrollbehörde über Maße, Gewichte und Geldsorten. Die Tempel dienten ferner der Rechtsprechung, dem Empfang ausländischer Gesandtschaften, auch besonderen Zusammenkünften und allgemein der staatlichen Repräsentation.

Auch die antiken Basiliken waren keine Gebäude, die im heutigen Sinne aus Zimmerfluchten oder getrennten Sälen bestanden. Dem Klima entsprechend war ihr Sinn erfüllt, wenn sie vor Sonne und Regen schützten. Im Grunde waren es nur große überdachte Hallen mit umlaufenden Gängen. Ihre Benützung vollzog sich in zwangloser Form. Bänke und gelegentlich auch Vorhänge dienten der Abgrenzung, Beamte oder Redner standen auf erhöhten Podesten.

60

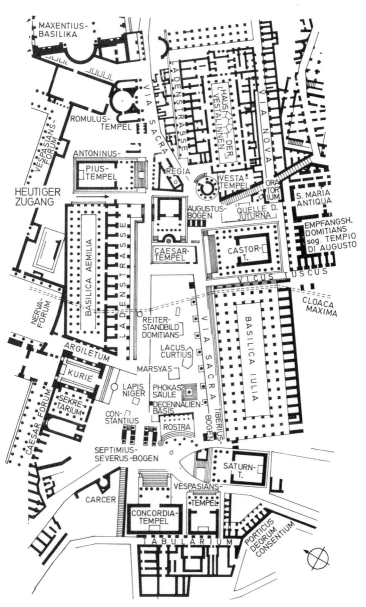

Forum Romanum. Orientierungsplan. Nach Stützer

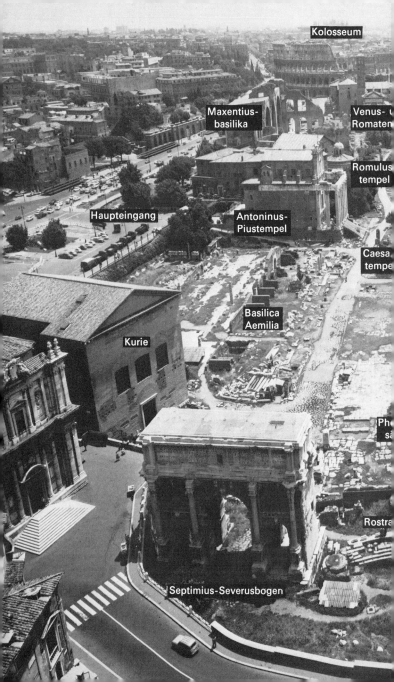

Titus-
bogen

Farnesische Gärten

Sog. »Tempio
di Augusto«

Vesta-
tempel

Castor-
tempel

Basilica
Iulia

Saturn-
tempel

Kurie und Basilica Aemilia. Modell

Die Basilica Aemilia   Nr. 14

Daten: 179 v.Chr. durch den Censor *Marcus Aemilius Lepidus* wohl noch überwiegend als Holzbau mit Lehmziegeln errichtet, in sullanischer Zeit (78 v.Chr.) durch vorgesetzte Ladenbauten aus Tuffstein erweitert, 14 n.Chr. durch Brand zerstört. Die heutigen Überreste (farbige Marmorsäulen) im wesentlichen von einem Neubau unter Kaiser Augustus. Der Fußboden 410 n.Chr. vollständig erneuert und höher gelegt. Die Sockelplatten der Säulen stecken seither im Boden. Im Marmorboden patinagrüne Überreste geschmolzener Münzen.

Die Basilika hatte ungefähr die Höhe der heutigen Kurie. Von ihrem Äußeren gibt das Modellfoto eine Vorstellung. Man erkennt die den Ladenbauten vorgestellte Säulenhalle, deren Stufen sich noch zu großen Teilen erhalten haben. Einige Säulen stehen heute wieder aufrecht. Von den Ladenbauten sieht man heute vor allem Teile der Tuffsteinmauern, dahinter die Wand der Basilika mit fünf rundbogenförmigen Eingängen, von denen einer restauriert wurde.

Im Inneren war die Basilika zweigeschossig. Eine vordere und zwei rückwärtige Säulenreihen lassen noch ihre räumliche Einteilung erkennen. Auch Reste der Rückwand sind noch zu sehen. Die zweifach übereinandergestellte Säulenordnung folgte griechischen Vorbildern (im Gegensatz zur Basilica Iulia fand hier der römische Rundbogen keine Anwendung). Fundstücke, die heute in der NO-Ecke aufgestellt sind, erlauben ein genaues Studium der Einzelformen. Man sieht dort Teile eines mächtigen Gebälks, das zur unteren Säulenreihe gehörte und dessen Fries den Raub der Sabinerinnen zeigt; daneben eine kleinere Säule und weniger monumentale Gebälkstücke von der oberen Säulenkolonnade.

Argiletum: Zwischen Kurie und Basilica Aemilia verlief in römischer Zeit eine zu den nördlichen Stadtteilen führende Straße, der sog. »Argiletum«, den Kaiser Vespasian in seinem oberen Teil zum Nervaforum ausbauen ließ. Die bogenförmige Rückwand dieses Forums berührte die Rückseite der Basilica Aemilia. Am Ende der noch erhaltenen, leicht ansteigenden Pflasterung sieht man rechts deutliche Spuren dieser Wand. Der auf der gegenüberliegenden Seite (links) gelegene, heute offene Platz gehört schon zum einstigen Caesarforum. Hier lagen überdachte Räume, zu denen man von der Kurie aus (durch zwei noch sichtbare Türöffnungen) direkten Zugang hatte.

Die Kurie (Curia Iulia) **Nr. 14**

Die Kurie war das offizielle Sitzungsgebäude des römischen Senats, doch trat der Senat gelegentlich auch in Tempeln zusammen. Es galt die Rechtsvorschrift, daß Beschlüsse nur dann gültig waren, wenn sie in geschlossenen Räumen und unter dem Schutz einer Gottheit (hier der Göttin Viktoria) gefaßt wurden. – In den fünf Jahrhunderten der römischen Republik lösten sich mehrere Senatsgebäude ab; sie lagen durchweg westlich (links) der heutigen Kirche *SS. Luca e Martina*. Der heutige Standort dagegen geht auf eine Entscheidung Caesars zurück, der mit dem 51 v. Chr. begonnenen Bau eine Neuordnung des Forum Romanum verband. – In ihrer jetzigen Form (wiederhergestellt 1934–39) geht die Kurie allerdings auf einen Neubau Diokletians (303 n. Chr.) zurück. – Wie unsere Modellaufnahme zeigt, setzte sich in antiker Zeit das Gelände nach Westen (links) eben fort, so daß sich an die Kurie noch ein Säulenhof und ein Sekretarium anschließen konnten (heute ein Teil der Kirche *SS. Luca e Martina*).

Der Innenraum (25,20 × 17,60 m) beeindruckt in erster Linie durch seine ungewöhnliche Höhe. Sie erklärt sich vielleicht aus der Absicht, der Kurie ein ihrer Bedeutung entsprechendes Volumen zu geben, mit dem sie sich neben der benachbarten Basilica Aemilia auch äußerlich behaupten konnte. – Der heutige Fußboden mit seinen ornamentalen Mustern ist spätantik und stammt aus der Zeit Diokletians. Zu sehen sind ferner die Stufen, auf denen die Bänke für annähernd dreihundert Senatoren standen. Architektonisch gerahmte Nischen (sog. »Ädikulä«) schmückten die ursprünglich marmorverkleideten Wände. Die beiden rückwärtigen Türen verbanden die Kurie mit dem Caesarforum.

Die beiden Marmorschranken, die heute im Inneren der Kurie aufgestellt sind, stammen aus trajanischer Zeit und gehörten vermutlich zur Rostra, deren Seitenwangen sie möglicherweise bildeten. Die Reliefs zeigen u. a. die Ansprache des Kaisers an das Volk, ein feierliches Sühneopfer (*Souvetaurilia*) mit Eber, Widder und Stier sowie Szenen kaiserlicher Milde, u. a. auch mit der Darstellung der Forumsbauten.

65

Lapis Niger: Wenige Meter vor der Kurie, unter einer Verdachung gelegen, befinden sich sechs Reihen schwarzer Steine, unter denen man lange Zeit, der Legende folgend, das Grab des Stadtgründers Romulus vermutete. Es handelt sich jedoch wahrscheinlich um ein Sühnemal. Bei den Ausgrabungen stieß man auch auf eine pyramidale Grabsäule (der obere Teil fehlt) mit der ältesten lateinischen Inschrift, die bisher bekannt geworden ist. Ihre Entzifferung ist bis heute nicht gelungen.

Decennalienbasis: Ein zwischen Lapis niger und Rostra aufgestellter, durch seinen Reliefschmuck auffallender Säulensockel. Er gehört zu einer für Kaiser Diokletian (303 n.Chr.) errichteten Ehrensäule aus Anlaß seines zehnjährigen Regierungsjubiläums. Die Darstellungen zeigen den Kaiser beim Opfer sowie den Opferzug mit Eber, Widder und Stier.

Die Rostra   Nr. 14

Die von Caesar errichtete Rednertribüne, die eine ältere, an anderer Stelle gelegene ersetzte, bestand aus einer heute eingestürzten, über das Niveau des Forums um etwa 3 m erhöhten Terrasse, die bei öffentlichen Staatsakten, bei Ansprachen, Empfängen oder Deklarationen Platz für den Kaiser und sein Gefolge, für Redner und Senatoren bot. Der Aufgang erfolgte von der konkav eingezogenen Rückseite her, deren Stufen sich teilweise erhalten haben. An der geraden Frontseite waren die in der Seeschlacht von Antium (338 v.Chr.) erbeuteten Schiffsschnäbel (lat. *rostrum*) angebracht, von denen das Bauwerk seinen Namen hatte. Die Plattform selbst war von Balustraden eingefaßt und mit Statuen geschmückt, auch mit derjenigen des Augustus. Unter der Rostra lagen gewölbte Räume. Auch verlief hier ein Durchgang, von dem noch Teile der Marmorverkleidung sichtbar sind.

Triumphbogen für Septimius Severus   Nr. 14

Unter *Septimius Severus* (193–211), dem ersten der *Soldatenkaiser*, entstehen auf dem Forum Romanum noch einmal drei eindrucksvolle Bauten: der *Vestatempel*, das *Haus der Vestalinnen* und der *Septimius-Severusbogen*. Es sind für lange Zeit die letzten Denkmäler dieser Art, da Rom und sein Imperium in der Folgezeit in ernste Krisen gerät und schwer erschüttert wird. Selbst die Maxentiusbasilika und der Konstantinsbogen, die ein Jahrhundert später entstehen, können nicht darüber hinwegtäuschen, daß ab 326 Konstantinopel die Hauptstadt des Reiches geworden war. Septimius Severus, dem Rom auch die Caracallathermen verdankt und der seine nordafrikanische Heimatstadt Leptis Magna zur glanzvollen Metropole ausbaute, feierte sein 10jähriges Regierungsjubiläum, als ihm der Senat (203 n.Chr.) einen Triumphbogen errichtete, der seitdem die Westseite des Forum Romanum beherrscht.

Der dreitorige *Ehrenbogen für Septimius Severus*, der die vergleichbaren Monumente für Augustus, Tiberius und Titus an Größe und Schmuckreichtum zu übertreffen versucht, zeigt den inzwischen eingetretenen Stilwandel. Vor allem der Vergleich mit dem heute noch aufrecht stehenden Titusbogen ist aufschlußreich. Dort die klassisch-schlichte Form mit nur einer Bogendurchfahrt und der Beschränkung auf zwei groß-figurige Reliefs im Inneren der Durchfahrt; hier die Erweiterung zur Dreibogigkeit mit vorgestellten Säulen über hohem Sockel und die Ausweitung des plastischen Schmuckes an den Frontseiten, die so zu regelrechten »Fassaden« werden. Nicht mehr der Bogen als solcher (der einmal als verselbständigter Teil der Stadtmauer entstanden war) prägt das Erscheinungsbild, vielmehr ist es die mannigfaltig durchgebildete, ebenso prunkvolle wie unruhige Oberfläche, die nunmehr die Blicke auf sich zieht. Selbst die Widmungsinschrift (ursprünglich vergoldet) verliert ihre lapidare Kürze, wird langatmig und beansprucht – ohne eine Gliederung der Attika zuzulassen – die volle Breite des Bauwerks. Zu ergänzen ist auch hier (wie bei allen römischen Triumphbögen) die Bekrönung des Bogens durch ein ehernes Standbild: ein sechsspänniger Wagen mit dem Kaiser und seinen Söhnen Geta und Caracalla.

Zum plastischen Schmuck: Der mittlere Bogen zeigt auf der Scheitelvolute den Kriegsgott Mars und versinnbildlicht mit den Siegesgöttinnen, die die Bogenzwickel füllen, den Triumphgedanken; eine ähnliche Symbolik kommt den vorgestellten ›Triumphsäulen‹ zu, denn ihre Postamente zeigen römische Soldaten, die (wie es beim Triumphzug geschah) Gefangene mit sich führen: hier Orientalen in persischen Hosen und mit phrygischer Mütze. Die Darstellung wird mehrmals ›schematisch‹ wiederholt, ein deutlicher Hinweis auf die absinkende Kunstqualität jener Zeit.

Die Reliefs über den seitlichen Bogenöffnungen berichten von den Geschehnissen der Partherkriege. Sie sind ohne die vorausgegangenen Ehrensäulen für Trajan (113) und Marc Aurel (176), die bis zu 2500 Figuren kennen, nicht denkbar. Das Kompositionssystem fortlaufender Reliefstreifen wird hier auf rechteckig begrenzte Felder übertragen. Im Detail wird allerdings ein auffallender Formverfall deutlich (Übergang zur Spätantike): »die Figuren werden plump und untersetzt, die Bewegung ausdrucksarm« (Heinz Kähler).

Reiterstandbild für Kaiser Constantius: Von dem verlorenen Bildwerk hat sich nur der Sockelkern erhalten, aus dem man immerhin noch die Stellung des Denkmals vor dem rechten Seitendurchgang des Septimius-Severusbogens erkennt. Man denke in diesem Zusammenhang an das Reiterstandbild für Kaiser Marc Aurel auf dem Kapitol, um eine Vorstellung vom möglichen Aussehen zu gewinnen.

Umbilicus Romae: Ein kleines Monument auf der Rückseite des Septimius-Severusbogen, neben der Rostra. Ein im 4. Jh. n. Chr., also erst sehr spät errichteter Steinbau von zylindrischer Grundform, mit dem man den symbolischen Mittelpunkt Roms und damit auch den Mittelpunkt des Römischen Weltreiches andeuten wollte.

Miliarium aureum: Marmorfragment zu Füßen des Saturntempels. Das mit Blüten- und Blattmustern ornamentierte Stück gehörte vermutlich zu einer unter Augustus errichteten Marmorsäule, auf der die Entfernungen zu den wichtigsten Städten Italiens und des römischen Imperiums angegeben waren.

67

Der Tempel für Saturn **Nr. 14**

Acht Granitsäulen bezeichnen die Stelle, an der einer der ältesten Tempel Roms stand, 498 v. Chr. für Saturn errichtet, und wie der kurz zuvor begonnene kapitolinische Tempel noch ein Holzbau. Durch viele Jahrhunderte hindurch wurde hier der römische Staatsschatz aufbewahrt.

Heute fällt vor allem das hohe Podium auf, in dessen Innerem gewölbte Räume lagen. Es schob sich unterhalb der Tempelstufen weit nach vorne und enthielt in einem Einschnitt eine schmale Treppe, die vom Forum aus den Zugang bildete (man sieht noch den gewölbten Treppenunterbau). Alle diese Teile stammen von einem kurz nach Caesars Tod errichteten Neubau (42 v. Chr.), der die künftige Gestalt des Tempels festlegte. Zu seinen Merkmalen gehörte eine zehnsäulige Vorhalle und die Gliederung der seitlichen Cellawände durch je zehn Halbsäulen. Die heute noch aufrecht stehenden Teile (sechs graue Granitsäulen, die die Frontseite bildeten sowie zwei Säulen aus rötlichem Granit) gehören zu einer spätantiken Erneuerung aus dem 4. Jh. n. Chr.

Basilica Iulia **Nr. 14**

Verschiedene Brände, Erneuerungen oder gar Neubauten machen es schwer, über das Aussehen der Basilica Iulia präzise Angaben zu machen. Caesar, der den Bau im Jahre 54 v. Chr. als Gerichtsbasilika begann, konnte ihn nicht mehr vollenden; Augustus, der ihn zu Ende führte, sah sich nach einem Brand zur Erneuerung gezwungen; dasselbe wiederholte sich noch einmal unter Diokletian, 284 n. Chr. Was erhalten blieb, beeindruckt auch heute noch durch seine Größe (101 × 49 m) und läßt das Bauwerk wenigstens in seinen Grundzügen, an denen sich offenbar wenig änderte, erkennen.

Man betrat die Basilika vom Forum aus über die noch erhaltenen Stufen, die einen den Geländeunterschied ausgleichenden Gebäudesockel bilden. Hier, also noch vor der Fassade, standen auf hohen Postamenten Statuen. Die Fassade selbst war zweistöckig. Wie schon beim Marcellustheater, waren auch hier zwei offene Bogenarkaden übereinandergestellt (17 an der Längsseite, 7 an der Schmalseite), eine Lösung, die später das Kolosseum in dreifacher Übereinanderstellung wiederholte. Heute läßt nur noch ein rekonstruierter Pfeiler die einstige Gliederung ablesen und auch den Bogenansatz erkennen. Um eine Vorstellung von der Fassadenhöhe zu gewinnen, muß man etwa die gegenüberstehende Phokassäule zum Maßstab nehmen.

Im Inneren bestand das Gebäude aus zweistöckig umlaufenden Pfeilerhallen. Den Kern bildete ein großer Mittelsaal, der sein Licht von einer höher gelegenen Fensterreihe erhielt (basilikaler Aufbau). An ihrer Rück-

Castortempel, Basilica Iulia, Saturntempel

seite erweiterte sich die Basilika durch Ladenbauten aus Tuffstein. Die heute zu sehenden Rundbogenarkaden aus Ziegelstein stammen im wesentlichen von der letzten Erneuerung durch Diokletian (284 n. Chr.).

Der Triumphbogen für Kaiser Tiberius, ehemals an die Basilika anschließend, stand am westlichen Ende der Via Sacra, nur wenige Meter vor dem Podium des Saturntempels (Orientierung: rötliches Pflaster). Er hatte sein Gegenstück im Augustusbogen, der die Via Sacra zwischen Caesar- und Castortempel überspannte. Ergänzt man dieses Bild noch durch die sieben Ehrensäulen, die entlang der Via Sacra der Basilika gegenüber standen (nur die Sockelreste haben sich erhalten), so mutet das Ganze wie eine Triumphstraße an, die sowohl durch ihre Architektur wie durch ihren plastischen Schmuck von prachtvoller Wirkung gewesen sein muß.

Die Phokassäule, das letzte antike Denkmal auf dem Forum Romanum, wurde 608 n. Chr. von Papst Bonifazius IV. zu Ehren des byzantinischen Kaisers Phokas errichtet, der der Kirche das Pantheon geschenkt hatte. Die Säule selbst stammt von einem Gebäude des 1./2. Jh. n. Chr.

Zwischen Phokassäule und Rostra bezeichnet eine rechteckige Fläche die Stelle, an der sich neben dem heiligen Feigenbaum, dem Ölbaum und dem Weinstock ein Standbild des Marsyas befand.

Beim Lacus Curtius (heute durch den Abguß eines Reiterreliefs gekennzeichnet) soll sich der Legende nach ein vornehmer Römer mit seinem Pferd in einen Erdspalt gestürzt haben, um so die Götter zu beschwichtigen, eine Sage, in der die Erinnerung an das ehedem sumpfige Gelände fortlebt.

Von den einstigen Reiterstandbildern für Kaiser Domitian und Konstantin haben sich zwischen Lacus Curtius und Caesartempel nur Spuren der Sockel bzw. der dafür notwendigen Bodenvertiefungen erhalten.

Tempel für Castor und Pollux   Nr. 14

Drei wieder aufgerichtete korinthische Säulen mit Gebälk bezeichnen heute den Platz, auf dem sich einst der Tempel für Castor und Pollux erhob – in seiner frühesten Form noch aus Holz und Lehmziegeln errrichtet und eines der ältesten Bauwerke auf dem Forum Romanum. Für die Römer war er in erster Linie ein geschichtliches Monument, mit dem sich die Erinnerung an ihren Sieg über die Etrusker (496 v. Chr.) verband. Castor und Pollux (auch die Dioskuren genannt) hatten als erste die Nachricht von dem erfolgreich bestandenen Kampf nach Rom gebracht – zwei Jünglinge, die den Menschen »wie Götter« erschienen. An der links vom Tempel gelegenen Quelle der Nymphe Juturna sollen sie ihre Rosse getränkt haben, eine Überlieferung, die erklärt, warum der Castortempel gerade an dieser Stelle errichtet wurde.

Die heutigen Überreste stammen aus verschiedenen Jahrhunderten. Vom ältesten Tempel (484 v. Chr.) fand man nur geringe Spuren des Fundaments. Das heute offenliegende Sockelmauerwerk gehört zum größten Teil schon zu einem spätrepublikanischen Neubau, den L. Caecilius Metellus 117 v. Chr. errichtete. Vielleicht zum erstenmal in der römischen Architekturgeschichte kam dabei das *Gußmauerwerk* zur Anwendung, eine die römische Baukunst in ihrem weiteren Verlauf revolutionierende Erfindung. An Stelle geschichteter Quadern verwendete man ein Gemisch aus Mörtel und Stein, das auf Grund seiner Festigkeit (es ist hart wie Beton) praktisch in jede beliebige Form gebracht werden konnte. Es war die Geburtsstunde des römichen Massenbaues und vor allem einer neuen Wölbungstechnik – Voraussetzung z. B. auch für die Raumschöpfung des Pantheons.

Zum dritten Mal wurde der Tempel im Jahre 7 n. Chr. errichtet, diesmal vollständig aus Marmor: ein Beispiel für die glanzvolle Erneuerung sakraler Bauten in augusteischer Zeit. Man überzog das alte Tempelpodium mit einer Schale aus Gußmauerwerk und stellte die Säulen auf hohe, heute noch zu sehende Travertinsockel. Die dazwischen entstehenden Kammern wurden durch Bronzetüren geschlossen und so die Räume als Aufbewahrungsort für Staatsdokumente sowie für Maße und Gewichte genützt, denn der Castortempel, der in erster Linie politischen Versammlungen diente, war auch Sitz einer Kontrollbehörde über Maße, Gewichte und Geldsorten.

Da an der Via Sacra der Platz für Tempelstufen fehlte, behalf man sich, wie schon beim Caesartempel, mit schmalen seitlichen Treppenaufgängen (Reste davon haben sich erhalten) und gewann so zugleich ein Podium für die öffentlichen Amtshandlungen.

In künstlerischer Hinsicht war dieser dritte Tempel ein Ausdruck des sich an griechischen Vorbildern orientierenden Klassizismus der augusteischen

Zeit. Wenn die Tempelfront aus acht korinthischen Säulen bestand – in der Regel waren es sonst sechs Säulen –, so lag in der Achtzahl eine Anspielung auf den Parthenon in Athen. Auch verwendete man hier wie dort den kostbaren, von der griechischen Insel Paros stammenden Marmor. Vor allem aber war die Cella (was beim römischen Tempel äußerst selten vorkommt) nach griechischer Art allseitig von Säulen umstellt: acht Säulen an beiden Schmalseiten, elf Säulen an den Längsseiten. Trotz dieser klassizistischen Züge blieben aber wesentliche römische Merkmale gewahrt: das hohe Podium, die tiefe Vorhalle und der nur von einer Seite aus mögliche Zugang, der den Baukörper zum Forum hin ausrichtete.

Straßen und Gebäude in der Nachbarschaft des Castortempels   Nr. 14

Vicus Tuscus und *Tempio di Augusto:* Der zwischen Basilica Iulia und Castortempel gelegene vicus tuscus war eine von Lagerhallen eingefaßte Straße, die das Forum mit dem Circus Maximus verband. Zwischen Tempel und Basilika beginnend, bot sie in ihrem ersten Teil einen prachtvollen Anblick, der geeignet erschien, sie zur Anfahrtsstraße für die Besucher des Palatins zu machen. Dies geschah durch Kaiser Domitian (81–96), der unmittelbar hinter dem Castortempel eine monumentale Empfangshalle erbauen ließ, die mit dem Palatin durch eine tonnengewölbte befahrbare Rampe verbunden war. Fälschlicherweise wird die Ruine *Tempio di Augusto* genannt.

S. Maria Antiqua (nach links sich anschließend): Ehemals Sitz der Palastwache (G. Lugli). Vermutlich schon im 6.Jh. n.Chr. in die Kirche S. Maria Antiqua umgewandelt. Bedeutende vorkarolingische Fresken:

Ältestes Gemälde (rechts von der Apsis): »Muttergottes«, Anfang 6.Jh. – Aus der Zeit von *Papst Johannes VII.* (705–707) im ›Presbyterium‹: An der Stirnwand eine der frühesten »Kreuzigungen« der christlichen Kunst; an den Seitenwänden 20 Szenen aus der Lebensgeschichte Jesu (Stil: abgeleitet aus der byzantinischen Mosaikkunst, doch im Ausdruck, den Mitteln der Malerei entsprechend, bewegter). – Ferner: »Kreuzigung« mit triumphierendem Christus (um 750); »Weltenrichter« und »Heilige« (griechische und lateinische Kirchenlehrer, in der Mitte Christus thronend), jeweils um 760.

Oratorium der 40 Märtyrer: Errichtet zu Ehren von vierzig Soldaten, die unter der Christenverfolgung Domitians starben. Fresken.

Das Quellheiligtum der Nymphe Juturna liegt der Längsseite des Castortempels gegenüber. Die Mitte bildet das marmorverkleidete Quellbecken mit einem in der Nähe gefundenen Altar, dessen Reliefs die beiden Dioskuren, ihre Schwester Helena als Göttin des Lichtes sowie Zeus und Leda zeigen. Im Hintergrund einige Zimmer für die heilungsuchenden Kranken. Im wiederhergestellten Tempelchen rechts stand das Bildnis der Göttin.

Rekonstruktion

Caesartempel und Augustusbogen   **Nr. 14**

Daten: 44 v. Chr. Ermordung Caesars; 42 v. Chr. Octavian, Antonius und Lepidus geloben die Errichtung eines Caesartempels; 29 v. Chr. Weihe des Tempels durch Octavian (Augustus) und Errichtung des ersten Augustusbogens, der infolge Geländesenkung später wieder abgetragen werden mußte; 20 v. Chr. zweiter Augustusbogen.

Nach der Ermordung Caesars mußte die Errichtung eines ihm geweihten Tempels wie ein politisches Programm wirken: Person und Werk wurden öffentlich rehabilitiert, und durch die jährlichen Kulthandlungen war die Erinnerung an den toten Diktator zu einem Bestandteil der römischen Staatsreligion geworden. Nicht zufällig finden wir unter den Initiatoren des Tempelbaues den damals erst 21jährigen Octavian, den nachmaligen Kaiser Augustus. Als Adoptivsohn Caesars zeigte er sich entschlossen, dessen Werk fortzusetzen und die Kontinuität der römischen Politik zu betonen. Nichts konnte dies sinnfälliger zum Ausdruck bringen als das Nebeneinander von Caesartempel und Augustusbogen, die künftighin den östlichen Abschluß des Forum Romanum bildeten.

Das Podium des Caesartempels umschloß in einer bogenförmigen Einziehung einen Altar, der die Stelle bezeichnete, an der Caesars Leiche verbrannt worden war. Schiffsschnäbel erinnerten an den Sieg Octavians über Antonius in der Seeschlacht von Actium (31 v. Chr.). Der Tempel selbst, zu dem seitliche Treppen hinaufführten, besaß eine Vorhalle mit einer Front aus sechs ionischen Säulen.

Der Augustusbogen war um einige Meter zurückgesetzt, so daß sich zwischen Caesar- und Castortempel ein kleiner Platz bildete, dessen Travertinboden noch erhalten ist. Der dreiteilige Bogen trug über der mittleren Durchfahrt das Viergespann des Kaisers, während auf den seitlichen Anbauten Figurengruppen standen, die die Rückgabe der an die Parther verlorenen römischen Feldzeichen veranschaulichten, also jenes Ereignis zeigten, aus dessen Anlaß der Senat den Bogen für Augustus gestiftet hatte.

Vestatempel und Haus der Vestalinnen Nr. 14

Im Vestatempel brannte seit alters her das heilige Feuer, das nie erlöschen durfte. Das Feuer zu hüten war Aufgabe der Vestalinnen, die sich zur Jungfräulichkeit verpflichten mußten und in strenger Klausur lebten, eine Tradition, an der Rom durch alle Jahrhunderte hindurch festhielt. Doch verlor die Institution während der Kaiserzeit manches von ihrem religiösen Ernst und nahm mehr repräsentative Züge an. Dieser Wandel spiegelt sich u. a. auch in den palastartigen Bauten wider, die nach dem neronischen Brand (64 n. Chr.) und später in erneuerter Form unter Septimius Severus (193–211) für die Vestalinnen errichtet wurden.

Am rekonstruierten Vestatempel lassen sich die prunkhaften Züge der Severusarchitektur am besten ablesen. Man begnügte sich nicht mit einem hohen Podium, wie es römischer Baugewohnheit entsprach, sondern gab jeder Säule (wie am gleichzeitigen Septimius-Severusbogen) einen eigenen Sockel, was zu einer effektvoll durch Vor- und Rücksprünge gegliederten ›Fassade‹ führt, bei der nun auch die Licht- und Schattenwirkungen eine Rolle spielen.

1 *Haus der Vestalinnen, ursprüngliche Lage* 2 *Erweiterung unter Septimius Severus* 3 *Ladenstraße (nach van Deman)*

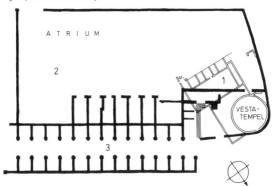

Die Via Sacra zwischen Vestatempel und Titusbogen   Nr. 14

Der Vestatempel bezeichnet ungefähr die Stelle, an der die Via Sacra einen Knick machte, um in leichter Krümmung hinauf zum Titusbogen zu führen. Das Haus der Vestalinnen, das ursprünglich dieser Richtung folgte, war nach dem großen Brand des Jahres 64 n. Chr. in wesentlich erweiterter Form neu errichtet worden und zwar als Teilstück der von Nero vorgenommenen Begradigung der Via Sacra, die sich nun in Verlängerung der Basilica Iulia und des Castortempels geradläufig bis zum Titusbogen fortsetzte. Zur Via Sacra hin lagen an der Außenseite des Vestalinnenhauses eine Reihe von Geschäften, während sich die Wohnräume um einen zweistöckigen, galerieartig von Säulen eingefaßten Hof gruppierten, an dessen einer Schmalseite ein tonnengewölbter Empfangssaal lag. Man sieht heute noch die einstigen Brunnenbecken und mehrere wieder aufgestellte Standbilder von Vestalinnen und erhält auf diese Weise wenigstens eine Ahnung vom aristokratischen Charakter dieser klösterlichen Residenz.

Die Regia Pontificis (zwischen dem Vestatempel und dem Tempel für Antoninus Pius gelegen) war seit republikanischer Zeit der Amtssitz des *Pontifex Maximus*, des obersten römischen Priesters, der wie jeder römische Beamte nur auf Zeit gewählt wurde. Auch Männer wie Pompeius oder Caesar hatten dieses Amt zeitweise inne; unter den Kaisern blieb es den Herrschern vorbehalten, und der offizielle Sitz lag auf dem Palatin.

Die auffallende Nachbarschaft der *Regia* zum Vestatempel und zum Haus der Vestalinnen erklärt sich aus dem engen kultischen Zusammenhang beider Institutionen. Der Pontifex Maximus war nicht nur stets zugegen, wenn die Vestalinnen ihr Amt in der Öffentlichkeit ausübten, sondern er besaß auch die Jurisdiktion, um im Falle von Zuwiderhandlungen gegen das Gelübde den Richterspruch zu fällen.

Der weitere Ausbau der Via Sacra zu einer monumentalen, von Tempelbauten eingefaßten Straße begann unter Kaiser Hadrian (117–138), der an ihrem oberen Ende, unmittelbar neben dem Titusbogen, den gewaltigen Doppeltempel für Venus und Roma errichtete, dessen Ausmaße alles bis dahin Bekannte übertraf und den auf beiden Längsseiten 150 m lange Säulenhallen begleiteten.

Der Tempel des Antoninus Pius (138–161), den der Kaiser zum Gedächtnis an seine früh verstorbene Gattin Faustina errichten ließ, war das zweite große Bauwerk, das nach dem Venus- und Romatempel der Via Sacra ein neues Gesicht gab. Er schloß sich rechts an die Basilica Aemilia an und besaß eine tiefe Vorhalle, deren zehn Säulen noch aufrecht stehen (der heutige Giebel aus barocker Zeit). Auch sieht man noch den in die hohen Tempelstufen eingelassenen Altarblock. Architektonisches Vorbild ist auch hier noch immer der griechische Tempel, doch zeigen am Fries die paarweise angeordneten Greifen, wie auch orientalische Einflüsse wirksam werden. (Die antike Cella wurde im 11. Jh. in die Kirche *S. Lorenzo in Miranda* umgewandelt, deren Eingang heute an der Via dei Fori Imperiali liegt).

Der Antoninus-Piustempel sollte für lange Zeit das letzte große Bauwerk sein, das an der Via Sacra errichtet wurde. Die beiden folgenden Monumente, der zierliche Romulustempel und die Maxentiusbasilika, entstanden rund 150 Jahre später. Dazwischen liegt das unruhige, von schweren Krisen erfüllte 3. Jahrhundert, die Zeit der Soldatenkaiser, in der sich das Römische Reich von außen bedroht sieht, die Herrscher rasch wechseln und für die großen Bauaufgaben die Auftraggeber fehlen. Als dann zu Beginn des 4. Jh. Maxentius die neue Basilika erbaut und bald darauf zu Ehren Konstantins der Triumphbogen beim Kolosseum errichtet wird, geschieht das in einer Phase, in der Rom seine Funktion als Hauptstadt verliert und Konstantinopel (ab 330 n. Chr.) an seine Stelle tritt.

Romulustempel Nr. 14

Daten: 307 n. Chr. von Kaiser Maxentius für seinen als Kind verstorbenen Sohn Romulus errichtet. Heute mit der Kirche der Heiligen Cosmas und Damian verbunden, die ein antikes Gebäude einnimmt, das vermutlich zum Vespasiansforum gehörte und vielleicht ein Bibliotheksbau war.

Der Romulustempel kombiniert einen zurückgesetzten Rundbau (die Laterne aus dem 17. Jh.) mit zwei seitlich vorspringenden, selbständigen Längsräumen, verbindet diese durch eine ehemals konkav zurückspringende Fassadenwand und betont die drei Baukörper jeweils durch ein vorgesetztes Säulenpaar: eine eher barock anmutende, in der römischen Architektur seltene Disposition. Zu erwähnen ist die originale antike Bronzetür des Mittelbaues mit noch funktionierendem Schloß. Sie bezeichnet zugleich die Höhe, auf der die Via Sacra zur Zeit des Maxentius verlief.

Maxentiusbasilika. Außenansicht

Maxentiusbasilika. Reste des Inneren

Die Maxentiusbasilika (Konstantinsbasilika)   Nr. 14

Daten: Von Kaiser Maxentius in den Jahren 306–310 n.Chr. errichtet und mit Vorhalle und gegenüberliegender Apside (Richtung zum Romulustempel) als Längsbau angelegt. Von Kaiser Konstantin (313) zur Via Sacra hin umorientiert: ein über Stufen erreichbarer Portikus bildete dort den Eingang; ihr gegenüber lag die neue, erst von Konstantin errichtete Apside. Maße: Gesamtlänge 80 m, Gesamtbreite 65 m; Mittelschiff 80 × 25 m.

Von dem einst gewaltigen Bauwerk stehen heute nur noch der rohe Mauerkern von drei tonnengewölbten Räumen, denen auf der Seite zur Via Sacra gleiche Räume entsprachen. Die Tonnengewölbe (Höhe 24,5 m) hatten die Aufgabe, die über das Mittelschiff gespannten Kreuzgewölbe (Höhe 35 m) abzustützen, deren Last scheinbar auf den vor die Wand gestellten Riesensäulen korinthischer Ordnung (eine steht heute vor *S. Maria Maggiore*) aufruhten. Das Konstruktionsprinzip war an römischen Thermenanlagen erprobt worden. Der eigentliche Stilwandel lag in seiner Übertragung auf den Typus der Basilika, deren Inneres nun zum erstenmal einen Einheitsraum bildete. Gleichzeitig verzichtete man nach außen auf die Symbolkraft der aus römischen und griechischen Elementen gebildeten Rundbogenarkade, die drei Jahrhunderte lang die römische Baukunst bestimmt hatte. Die neue Architektur war kraftvoll und konstruktiv kühn, im äußeren Erscheinungsbild aber nüchtern; Merkmale, die auch die christlichen Kirchen kennzeichneten, die bald darauf unter Kaiser Konstantin und seinen Nachfolgern entstanden. Die Wende zum Christentum hatte in der Basilika selbst gestalthafte Form gewonnen: Wer sie von der Via Sacra aus betrat, sah in der gegenüberliegenden Apside die marmorne Sitzfigur, die den Kaiser in zehnfacher Lebensgröße mit dem Kreuzeszeichen in der Hand zeigte (Reste im Hof des Konservatorenpalastes).

Der Titusbogen **Nr. 14**

Die klassische Form des römischen Triumphbogens

Daten: Ältester erhaltener Triumphbogen Roms, vermutlich erst nach dem Tode des Kaisers (81 n. Chr.) errichtet. Die Wiederherstellung (1821) zählt zu den frühesten Leistungen denkmalpflegerischer Archäologie. Originalteile pentelischer Marmor; Ergänzungen bewußt in dunklerem Travertin und formal vereinfacht. Die »Kompositkapitelle«, eine Verbindung des ionischen mit dem korinthischen Kapitell, sind die frühesten uns bekannten der römischen Kunst. *Korrekturen:* Ursprünglich alle Säulen mit Kanneluren, die Kapitelle sämtlich in der Kompositform, der Figurenfries allseitig umlaufend, die Profile durchgehend mit Blattornamenten geschmückt.

Zur Geschichte: Das Monument erinnert an die Niederwerfung des jüdischen Aufstandes in Palästina und die Besetzung Jerusalems durch Titus (70 n. Chr.), der damals Mitregent seines Vaters Vespasian (Erbauer des Kolosseum) war.

Allgemeines zum Triumphbogen: Die Errichtung von Ehrenbögen und Ehrensäulen für Feldherren und verdiente Bürger ist schon für das 2. Jh. v. Chr. überliefert, doch findet diese Gepflogenheit erst unter Kaiser Augustus ihren monumentalen Ausdruck, und der Triumphbogen bleibt von da an den Kaisern vorbehalten. Die Grundform ist vom römischen Stadttor abgeleitet, das sich zum freistehenden Siegesmal verselbständigt, wobei Inschriften, Bronzetafeln und Reliefs die Kriegstaten schildern, und eine eherne Nachbildung des Triumphwagens, meist ein Viergespann mit dem aufrecht stehenden Kaiser, das Denkmal krönt. Entgegen dem heutigen Eindruck waren die Triumphbögen sehr viel stärker von ihrem plastischen Schmuck her charakterisiert.

Die Formen sind anfangs noch sehr unterschiedlich. Triumphbögen aus der Zeit des Augustus und Tiberius zeigen noch unausgeglichene Verhältnisse, z. B. eine sehr breite Durchfahrt bei nur schmalen Wandpfeilern, oder Säulen von unterschiedlicher Höhe, die inneren nur den Bogen stützend; auch die das Bronzestandbild tragende Attika ist zuerst nur ein niedriger Mauerstreifen; ein Inschriftenfeld fehlt entweder überhaupt oder ist bandartig in die Breite gezogen; der Bogen selbst entweder zu schwach oder zu stark profiliert, der hohe Sockel noch nicht ausgebildet.

Beim Titusbogen kommt es formal zu einer Lösung von klassischer Ausgewogenheit: Die tonnengewölbte Durchfahrt und die steinerne Tafel mit der bronzenen Senatsinschrift werden als Hauptmotive – achsial auf die ehemals darüber stehende Quadriga bezogen – klar herausgestellt, bleiben aber eingespannt in eine Baumasse, deren körperhaftes Volumen dem Denkmal sowohl Größe als auch Selbständigkeit verleiht. Die Frontseiten werden durch Sockel- und Gesimsbänder, Halbsäulen und verkröpftes Gebälk zu reliefartigen Schmuckwänden. In den Bogenzwickeln aufschwebende Siegesgöttinnen verleihen dem Bauwerk eine sakrale Würde. Vom Triumphzug selbst berichtet der Figurenfries.

78

Das Relief auf der linken Seite der Bogendurchfahrt

Die Darstellung zeigt einen Ausschnitt aus dem Triumphzug, der am rechten Bildrand gerade einen Bogen durchzieht: Es ist die *Porta triumphalis*, die in antiker Zeit auf dem Marsfeld stand und deren Durchschreiten eine rituelle Reinigungshandlung darstellte. Dies konnte allerdings erst geschehen, wenn dem siegreichen Feldherrn nach oft langen Verhandlungen mit dem Senat ein Triumphzug zugebilligt wurde. War dies der Fall, so setzten sich die Truppen in Bewegung, und Rom erlebte ein sehenswertes Schauspiel. Denn im Triumphzug wurde alles gezeigt, was von den Ereignissen des zurückliegenden Krieges Kunde gab. Man sah die fremdländischen Gefangenen und ihre ungewohnte Kleidung, sah Könige, Fürsten und Stammeshäuptlinge, vor allem aber Beutestücke aller Art, wie sie auch das Relief des Titusbogens zeigt. Auf mitgeführten Tafeln waren Länder, Namen und Ereignisse festgehalten. Wer daher als Zuschauer vom Straßenrand aus den Zug verfolgte, der konnte z.B. lesen, daß der siebenarmige Leuchter, ebenso die silbernen Trompeten und die goldenen Tische für die Schaubrote, die unser Relief zeigt, vom Tempel in Jerusalem stammten.

Vergleicht man nun diese Darstellung mit den Reliefs der Ara Pacis aus augusteischer Zeit, so wird deutlich, daß an die Stelle idealisierender Größe der leidenschaftlich vorgetragene historische Bericht getreten ist. Die Figuren ordnen sich nicht in strenger Feierlichkeit zur Friedensprozession, sondern drängen in dichter Massierung ungestüm der Porta triumphalis entgegen.

Das Relief auf der rechten Seite der Bogendurchfahrt

Die Darstellung schließt sich inhaltlich an das Relief der linken Seite an, denn im Triumphzug marschierten vorweg die Truppen, denen erst am Schluß des Zuges der triumphierende Kaiser folgte. Das Relief zeigt ihn aufrecht stehend in einem von vier Pferden gezogenen Wagen. Seiner Bedeutung entsprechend wird er dem Betrachter frontal gegenübergestellt, bekleidet mit der Toga, in seiner Linken das Zepter, in seiner Rechten den Rechenschaftsbericht über den von ihm geführten Krieg (H. Kähler). In diesem Augenblick – während des kurzen Weges hinauf zum Kapitol, wo der Triumphzug vor dem Tempel des Jupiter endet – erscheint der Kaiser wie ein Gott, das Gesicht mit Purpur gefärbt, in der Hand das Adlerzepter, auf dem Haupt den goldenen Eichenkranz. Um die Symbolik zu steigern, steht hinter ihm im Wagen ein Sklave, der ihm zuruft: »Gedenke, daß du ein Mensch bist!«. Das Relief allerdings zeigt keinen Sklaven, sondern eine Siegesgöttin mit mächtigen Schwingen – nach Kähler vielleicht die erste allegorische Figur in einem römischen Relief. Davor die Personifizierungen der römischen Tugenden, des Volkes und des Senats. Stilistisch zeigen beide Reliefs, wie nun das Element des Räumlichen an Gewicht gewinnt, wie die Figuren sich in die Tiefe staffeln und auch ein Bauwerk wie die Porta triumphalis in perspektivisch-räumlicher Übereckstellung gesehen ist – Stilelemente, die durch die ursprüngliche Bemalung der Reliefs verstärkt hervorgetreten sein dürften.

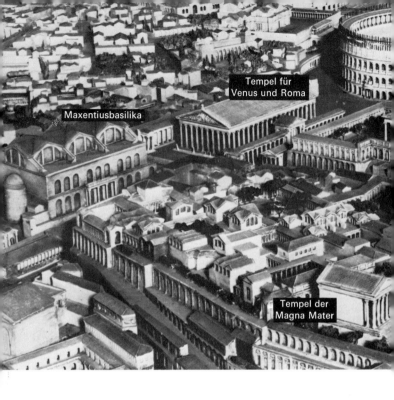

15 Der Palatin – Residenz der römischen Kaiser

Der Palatin, einer der sieben Hügel Roms, gehört zum ältesten Siedlungsgebiet der Stadt. In spätrepublikanischer Zeit lagen auf dem damals noch hügeligen Gelände neben einer Reihe von Tempeln vor allem die Villen von angesehenen und wohlhabenden Römern, unter ihnen Drusus, Cicero und Hortensius. Diese bevorzugten Herrensitze wurden allmählich aufgekauft und abgerissen, als sich die Kaiser auf dem Palatin niederließen. Augustus, der diese Tradition begründete, begnügte sich noch mit zwei aufgekauften Privathäusern. Doch schon sein Nachfolger Tiberius schuf sich einen Palast, der fast das ganze Areal der späteren Farnesischen Gärten einnahm. In monumentaler Form wurde der Palatin aber erst nach einem Brand des Jahres 80 n. Chr. ausgebaut. Kaiser Domitian ließ damals das Gelände einebnen und durch gewaltige Substruktionen so abstützen, daß eine Plattform von 160 × 200 m das Terrain für die künftigen Bauten abgab (daher liegen unter den heutigen Palastruinen noch die Reste republikanischer Gebäude). Unter Kaiser Hadrian (117–138) entstanden einige Erweiterungen, unter Septimius Severus (193–211) die Thermenanlagen entlang des Circus Maximus. Eine Wasserleitung bestand seit Neros Zeiten (54–68); es war dies eine Abzweigung der unter Kaiser Claudius (41–54) begonnenen *Aqua Claudia*, die später auch das sog. *Septizonium* (vgl. S. 101) versorgte.

Rundgang

Vom Titusbogen zum Domitianpalast: Der Weg vom Titusbogen über den *Clivo Palatino* hinauf zu den Palastbauten Kaiser Domitians war in antiker Zeit eine vielbewunderte Prachtstraße. Heute kann man sich nur noch an Hand von Rekonstruktionen eine Vorstellung vom mutmaßlichen Aussehen dieser Palastanfahrt bilden. An Ort und Stelle sind es lediglich noch Reste des antiken Pflasters, die eine Orientierung ermöglichen.

Folgt man dieser antiken Spur, so bezeichnet auf halber Höhe eine Marmortafel die Stelle, an der der Triumphbogen für Kaiser Domitian stand. Linker Hand, im Bereich der heutigen Kirche *S. Sebastiano*, lag ein von Kaiser Elagabal (218–222) geschaffener Tempelbezirk, errichtet für den heiligen Stein des syrischen Sonnengottes Elagabal, dessen Namen der Kaiser angenommen und dessen Kult er im Römischen Reich hatte einführen wollen, ein nicht zu übersehender Hinweis auf die stark orientalischen Einflüsse in der Zeit nach Caracalla.

83

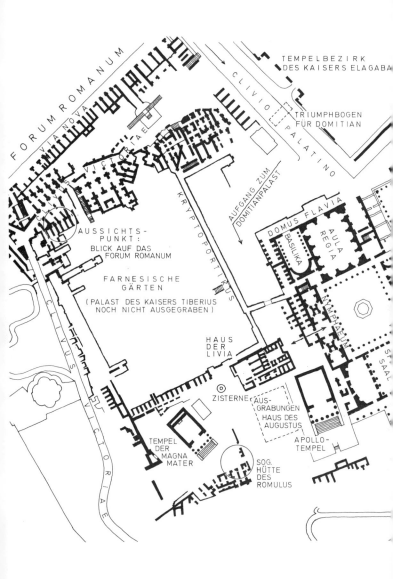

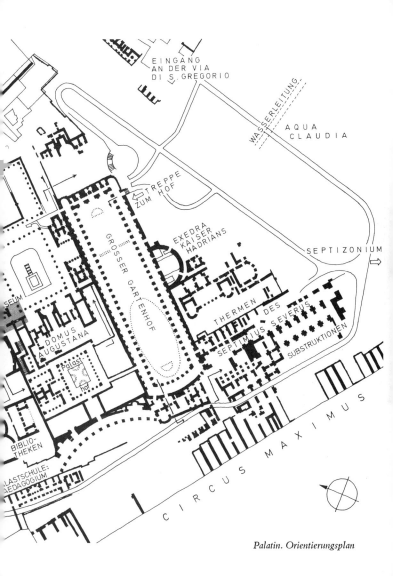

Palatin. Orientierungsplan

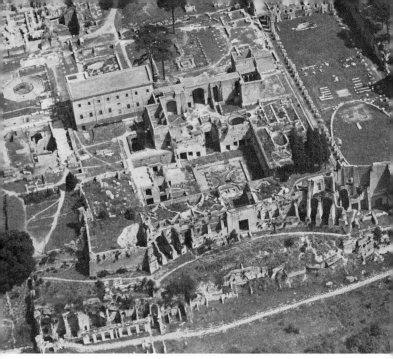

Ruinen des Domitianpalastes

Domitianpalast Nr. 15

Der Staatspalast des Kaisers

Die Eingangsseite des Domitianpalastes: Das noch aufrecht stehende Mauerstück bildet die rechte Ecke der antiken Palastfront. Wenn man dort die Säulenstümpfe und deren Durchmesser beachtet, so erhält man eine Vorstellung von der enormen Höhe des antiken Gebäudes. Die Säulenstellung umlief den Palast an zwei Seiten und bildete in Richtung Circus Maximus eine Kolonnade, die auf die Rückfront des Apollotempels zuführte.

An der Vorderseite des Palastes wurde die Säulenreihe dreimal durch einen vorspringenden Portikus mit übergreifendem Dreiecksgiebel unterbrochen: Drei Zugänge, die der Raumaufteilung des dahinter liegenden Palastes entsprachen: Basilika, Aula Regia und Hauskapelle.

Die Zerstörung in diesem Bereich ist so umfassend, daß es schwer fällt, sich die Anlage als Ganzes vorzustellen und ihre Größe und Schönheit zu erahnen.

Domitianpalast. Modell

Die sogenannte »Basilika«: Von ihr hat sich immerhin so viel erhalten, daß man die Raumgestalt erkennen kann. Die noch vorhandenen Säulenstümpfe und Basisplatten zeigen, daß sich entlang der Längswände eine vorgeblendete, freistehende Säulenarchitektur erhob und zwar – offenbar nach dem Vorbild der Basilica Aemilia auf dem Forum Romanum – zweistöckig. Denn die einzige, heute wieder aufgerichtete Säule kann auf Grund ihres geringeren Querschnitts – gemessen an den noch erhaltenen Basen – nur von einer oberen Reihe stammen. Hat man diesen Zusammenhang erkannt, so wird auch deutlich, daß sich die Säulenstellungen auf die Apsis beziehen und gleichsam deren Verlängerung darstellen. Die Apsis war dem Kaiser vorbehalten. Eine Marmorschranke betonte die Abgrenzung der herrscherlichen Sphäre. Beachtet man ferner die seitlich der Apside gelegenen Türen, die nicht unmittelbar auf den großen Hof, sondern in kleinere Nebenräume führten, die ihrerseits Verbindung zur Aula Regia (aber auch zu einer Treppe) hatten, so erscheinen die hinter der Säulenstellung verbleibenden Raumteile, die sog. Seitenschiffe, wie Korridore für die während den Verhandlungen zu- oder abtretenden Beamten.

Die sakrale Bedeutung der Apside wird vom heutigen Besucher meist nicht mehr erkannt; sie war indessen dem antiken Menschen geläufig, da in der Apsis seit jeher das Götterbild stand. Wenn nun in domitianischer Zeit der Kaiser selbst diesen für den Gott geschaffenen Raummantel beansprucht, so deutet sich hier ein tiefgreifender Wandel in den geistigen und politischen Vorstellungen an. Es vollzieht sich der Übergang zu einer göttlichen Verehrung des Herrschers, der auch von seinen Besuchern erwartet, daß sie in einer Geste der Huldigung seine Knice umfassen. Ein derartiges Hofzeremoniell wäre in republikanischer Zeit, als Rom noch von zwei jährlich gewählten Konsuln regiert wurde, nicht denkbar gewesen. Seine Einführung durch Domitian macht deutlich, daß man trotz des nach wie vor amtierenden Senats nicht mehr weit von der absoluten Monarchie entfernt war. Die Beanspruchung der Apside durch den Kaiser war im übrigen ein Schritt, der später nicht ohne Einfluß auf die bauliche Struktur der christlichen Kirchen blieb, die den apsidialen Gedanken aus der römischen Architektur übernahmen und an die Stelle des Kaisers den Bischof sowie die Geistlichen und die Gemeindevorsteher, die Presbyter, setzten (daher auch die Bezeichnung Presbyterium).

Aula Regia **Nr. 15**

Die Aula Regia, der große Thron- und Empfangssaal, übertraf hinsichtlich seiner Abmessungen wie seiner Ausstattung alle bis dahin bekannten Räume römischer Staatsarchitektur. Wer unten auf dem Forum Romanum die hinter dem Castortempel gelegene, noch heute durch ihre Größe beeindruckende Ruine des *Tempio di Augusto* gesehen hat – auch sie war eine Empfangshalle –, der kann sich vielleicht von den gewaltigen Dimensionen der noch größeren Aula Regia eine Vorstellung machen.

1724, als man hier mit Ausgrabungen begann, stand von den Überresten noch sehr viel mehr als heute, und man fand sogar zwei Statuen (die sich seitdem in Parma befinden). Heute muß man sich mit Rekonstruktionen behelfen, von denen die hier abgebildete (nach Tognetti) eine wohl annähernd zutreffende Vorstellung vermittelt.

Zwar ist es wissenschaftlich umstritten, ob der Raum tonnengewölbt war oder nicht, doch hat man in jüngster Zeit wieder Gründe für die Annahme einer Tonnenwölbung geltend gemacht.

Die mit farbigem Marmor verkleideten Wände waren durch frei vor die Wand gestellte Säulen gegliedert, eine Lösung, die wir vom gleichzeitigen Nervaforum her kennen. Dazwischen standen in großen Nischen (wohl ähnlich denen im Pantheon) zwölf Götterbilder, die der Aula Regia den Charakter eines Tempels gaben. Eingerahmt von diesen zwölf Statuen aus schwarzem Basalt nahm der Kaiser in der achsial gelegenen Apside selbst die Stelle eines Gottes ein.

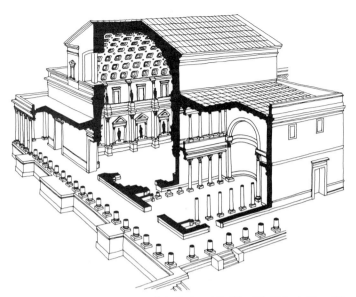

Aula Regia und Basilika. Schnitt (nach Tognetti)

Geschichtlicher Hintergrund: In der Erscheinung Domitians erfährt das Spannungsverhältnis zwischen Kunst und politischer Wirklichkeit eine exemplarische Zuspitzung. Der nach außen glanzvoll in Erscheinung tretenden Entfaltung des Römisch-Barocken steht ein fragwürdiges Persönlichkeitsbild des Kaisers gegenüber. Von seinem Vater *Vespasian* gegenüber seinem Bruder *Titus* zurückgesetzt, verfolgt Domitian nach dessen Tod eine autokratische Politik, erstrebt eine Anhäufung von Ämtern, erscheint im Senat in Triumphaltracht und führt im engeren kaiserlichen Amtsbereich die Formel »dominus et deus« ein. Auch dient ihm die Kunst in erster Linie zur persönlichen Selbstdarstellung. – Alle diese Momente führten zu einer starken Opposition, zu Aufständen und Anschlägen, denen Domitian im Jahre 96 n. Chr. schließlich auch zum Opfer fiel. Der Senat sprach damals die »damnatio memoriae« aus, was einer Erklärung zum ›Staatsfeind‹ gleichkam und neben anderem die Beseitigung von Statuen und die Tilgung des Namens aus Inschriften nachsichzog. – Unabhängig von diesen politischen Zusammenhängen ist die Zeit Domitians unter architekturgeschichtlichem Aspekt eine Phase geistvoller Entfaltung neuer Formen im Palastbau, wo jetzt gekurvte Wände, Durchblicke auf Fontänen und Helligkeitskontraste im Wechsel von offenen und geschlossenen Räumen eine Rolle spielen.

Der große Säulenhof (50 × 58 m) zwischen Aula Regia und Speisesaal bot Gelegenheit zu schattigen Promenaden. Seine Wände waren mit Marmor aus Kappadozien verkleidet, einem feinkörnigen, stark reflektierenden Material. Den größeren Teil des Hofes nahm ein Wasserbecken ein, dessen Mitte ein inselartiges, über Brücken zugängliches Oktogon mit einer achtstrahligen Fontäne bildete.

Speisesaal **Nr. 15**

Der Speisesaal, von dem unsere Rekonstruktionszeichnung eine Vorstellung zu geben versucht, gehörte zu den prunkvollsten Räumen des Domitianpalastes. Schon seine Bezeichnung »*Coenatio Jovis*«, also »*Speisesaal des jupitergleichen Kaisers*«, läßt erkennen, welcher Rang ihm innerhalb der repräsentativen Raumfolge zugedacht war.

Man betrat den annähernd quadratischen Saal (30 × 32 m) vom Säulenhof aus durch eine sechsteilige Kolonnade. Ihr gegenüber zeigt noch heute eine bogenförmige Ausbuchtung der Wand und eine erhöhte Estrade den Platz an, der einst vom Kaiser eingenommen wurde. Von dort aus sah man hinaus auf die Fontäne des großen Säulenhofes, hatte aber auch Einblick in die seitlich gelegenen Nymphäen, die zusammen mit dem Hauptsaal eine Querachse von 80 m Länge bildeten. Bei den Nymphäen handelte es sich um zwei kleine Höfe mit geschwungener Rückwand und Figurennischen. Von den Höfen aus erhielt der Speisesaal im wesentlichen sein Licht, von dort her vernahm man das Plätschern des Wassers, von dort strömte frische, kühlende Luft in den überdachten Saal. Die Höfe selbst waren durch seitliche Öffnungen zugänglich und boten so Gelegenheit zum Umhergehen, sei es vor oder nach den Mahlzeiten. Marmorstatuen belebten die Nischen der Rückwände und luden zur Betrachtung ein. Reizvoll waren die Durchblicke durch die Fensteröffnungen des Saales in die Helligkeit des gegenüberliegenden Hofes.

Nur weniges hat sich erhalten. Man sieht Teile des farbigen Marmorfußbodens (davor die heute freiliegende Fußbodenheizung), erkennt noch die kaiserliche Estrade mit der dazugehörigen Wandnische, hat auch Gelegenheit, in einen der Höfe einzutreten, wo sich noch Reste eines ovalen Zierbrunnens befinden, und kann sich von dort aus den ehemaligen Durchblick zum Speisesaal klarmachen. – Ein wieder freigelegter, tiefer liegender Fußboden gehört zu älteren Palastteilen aus der Zeit Neros.

Rundgang: Man geht vom Speisesaal zum Nymphäum an der Westseite des großen Säulenhofes, verläßt dann vorübergehend den Palastbereich, um das Haus der Livia und das Gebiet zwischen Apollotempel und Tempel der Magna Mater kennenzulernen. Anschließend kehrt man wieder zum großen Speisesaal zurück, um in Richtung Circus Maximus weitergehend die Besichtigung des kaiserlichen Palastes fortzusetzen. – Die *Farnesischen Gärten* (außerhalb der Führungslinie) bieten einen lohnenden Ausblick auf das Forum Romanum.

Die Farnesischen Gärten (Mitte 16. Jh.): Gestaltung nach Plänen von *Vignola* (1507–1573), errichtet für Kardinal *Alessandro Farnese*, den späteren *Papst Paul III.*, einem der letzten großen Mäzene der Spätrenaissance (u. a. Aufträge an Michelangelo, Neugestaltung des Kapitols mit Aufstellung des Reiterstandbildes für Kaiser Marc Aurel, Prunkgemächer in der Engelsburg). – Die Gartenanlagen mit Terrassen, Fontänen, kleinen ›Wäldern‹ und einem Nymphäum sollten ein ›Arkadien‹ darstellen, ein symbolisches Hirten- und Schäferland. Im 17. Jh. befand sich hier der Sitz einer literarischen Akademie, die zur Einfachheit des Geschmacks zurückzuführen suchte und deren Mitglieder griechische Schäfernamen trugen.

90

*Großer Speisesaal.
Grundriß und
Rekonstruktionsversuch*

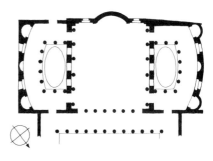

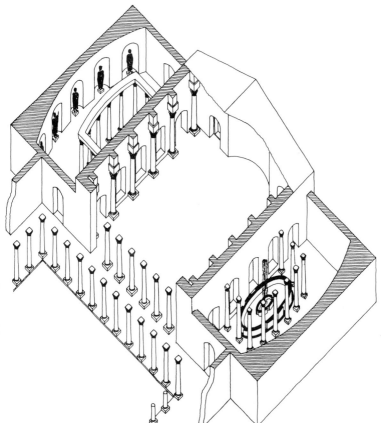

91

Das Nymphäum an der Westseite des großen Säulenhofes   Nr. 15

Die 60 m lange Raumfolge wird wegen ihres ruinösen Zustandes leicht übersehen. Doch handelt es sich um eine der bezauberndsten baukünstlerischen Erfindungen aus domitianischer Zeit: Eine verspielte Architektur, deren intimer Charakter an Raumfolgen des Rokoko erinnert. Die antike Architektur, durch Material und Technik eher zur Schwerfälligkeit verurteilt, erprobt hier gleichsam am Modell, d. h. im kleinen Maßstab, die künstlerischen Effekte optisch ineinandergreifender Räume von meist halbkreisförmiger Gestalt. Was noch in augusteischer Zeit lediglich durch Wandmalerei an architektonischen Durchblicken suggeriert wurde, das versucht man hier zu bauen: eine Architektur, die ein irrationales Element enthält und bewußt mit der Täuschung des Auges rechnet.

Gehen wir von der Mitte der spiegelbildlich konzipierten Anlage aus und betreten *Raum 1*, so umschließt uns ein regelmäßiges Achteck, in dessen diagonal gelegenen Figurennischen man sich Standbilder (vielleicht Nymphen) vorzustellen hat.

Dieser achteckige Raum überraschte den Eintretenden durch weite Durchblicke in zwei Richtungen. In der Längsachse sah man jeweils bis zu Raum 4, vor dessen Rückwand eine im Tageslicht aufleuchtende Fontäne den optischen Zielpunkt bildete. Doch schien der Weg dorthin verschlossen. Betrat man nämlich *Raum 2*, so geriet man aus einem Halbkreis in eine Nische mit Fenster. Ein Weitergehen war hier nicht möglich. Man sah sich auf zwei seitliche Durchgänge verwiesen, die jedoch in die beiden *Räume 3* mündeten, deren ebenfalls halbkreisförmige Grundfigur den Richtungssinn erneut irritierten, zumal sich die Hauptöffnung zum großen Säulenhof hin orientierte. *Raum 4* blieb dem Blick zunächst völlig entzogen. Erst im Weitergehen durch die schmalen Durchgänge wurde schließlich ein letzter, abermals halbkreisförmiger Raumteil erreicht, von dem aus man in die Helligkeit eines offenen Hofes mit der schon genannten Fontäne sah. Wandte man sich hier um, so sah man durch die ganze Anlage hindurch auf die am gegenüberliegenden Ende sich im Licht des dortigen Hofes abzeichnende Fontäne.

Die Kenntnis dieser Raumfolge kann dem Besucher römischer Ruinen helfen, auch aus geringen Resten eine Raumvorstellung zu gewinnen: Niedrige Mauerbänke deuten meist auf Fenster; Maueröffnungen, die bis zum Boden reichen, auf Türen. Gerundete Wandnischen waren fast immer für Statuen bestimmt. Rechteckige, bis zum Boden reichende Raumnischen deuten in der Regel auf Alkoven für Ruhebetten hin. Kurze Wandvorsprünge haben häufig die Funktion seitlicher Kulissen, die den Blick in einen zweiten Raumteil reizvoller machen sollen; nicht selten waren zwischen solchen Wandvorsprüngen auch Säulen eingestellt – zahlreiche Beispiele u. a. in Ostia antica und in der Villa Hadriana.

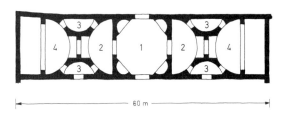

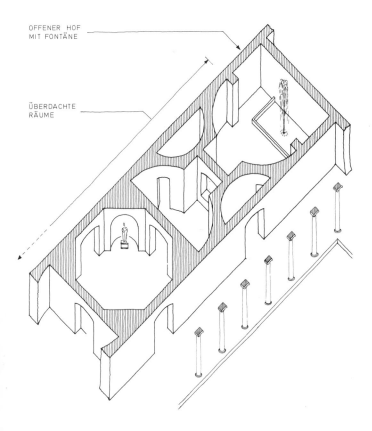

Sog. Nymphäum. Raumabfolge

Wandmalereien im Haus der Livia Nr. 15

Zur Orientierung: Beim *Haus der Livia* handelt es sich um eines der beiden Privathäuser Kaiser Augustus', die in unmittelbarer Nähe des Apollotempels lagen (vom zweiten sind die Ausgrabungen noch im Gange). – Man geht vom *Nymphäum* des Kaiserpalastes in nordwestlicher Richtung den Farnesischen Gärten entlang nach unten zu einem tiefer gelegenen, überdachten Ausgrabungsbereich, in dessen Hof man hineinsieht. Es handelt sich um das alte Atrium, an dessen einer Seite drei ausgemalte Zimmer liegen (große Rundbogenöffnungen). Sie werden als *Tablinum* (Empfangsraum) und *Triclinium* (Speiseraum) bezeichnet, doch ist ihre wahre Funktion nicht eindeutig geklärt.

Römische Wandmalerei kennt man erst seit Beendigung der Punischen Kriege, als Rom nach der Zerstörung Karthagos (146 v. Chr.) zur Weltmacht aufstieg und auch kulturell zu den griechisch-hellenistischen Metropolen, wie Alexandria oder Pergamon, in Konkurrenz trat. Damals begann sich das Wohnhaus des wohlhabenden Römers zu verändern, indem man anfing, die Quadermauern hellenistischer Paläste in Stuck und Malerei nachzuahmen *(erster pompejanischer Stil).*

Die Malereien im Haus der Livia zählen schon zur Endphase des *zweiten pompejanischen Stils* (etwa 80–15 v. Chr.), dessen größte Leistung auf dem Gebiet der perspektivischen Architekturmalerei lag. Aus Sockel, Säulen und Gebälk bildet man dreiteilig gegliederte Fassaden: keine Abbilder wirklicher Architektur, sondern kulissenartige, der Phantasie der Künstler entsprungene Gebilde.

Der Aufbau ist in der Regel dreischichtig. Die vordersten Säulen, hervorgehoben durch einen perspektivischen Sockel, sind Teile einer ersten bis zum Gewölbeansatz reichenden Architektur. Dahinter erhebt sich wandartig geschlossen eine zweite Schicht mit Säulen, die optisch kleiner erscheinen. Schließlich erlauben gemalte Öffnungen einen Ausblick ins Freie auf Häuser und Menschen.

In diesen architektonischen Rahmen wurden mit Vorliebe mythische Bilder (vielleicht mit Anspielungen auf lebende Personen) eingefügt. So zeigt das Mittelbild im Haus der Livia, wie der listige Hermes, im Auf-

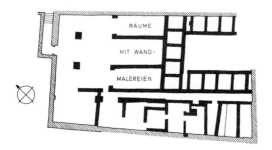

Haus der Livia. Grundriß

94

Haus der Livia. Wandmalerei

trage von Zeus, dessen von Argos bewachte Geliebte Io befreit. – Daneben bemerkt man die auf Gesimsen stehenden Bilderkästen: Es sind illusionistische Wiedergaben echter Klapptafelbilder, wie sie in römischen Häusern auf Gesimsen standen; auch sie ein Hinweis auf den hohen Bildungsgrad des Hausherrn, der sich mit solcher Malerei als Kenner der antiken Mythologie zu erkennen gibt.

In einem der Parallelräume lernen wir eine Variante kennen. Wieder wird die Illusion eines von Säulen umstellten Raumes erzeugt, doch verleihen ihm hier Girlanden, die zwischen den Säulen aufgehängt sind, einen ebenso festlichen wie heiteren Charakter, wobei sich das poetische Moment noch durch einen gelben Landschaftsfries verstärkt.

Tempel der Magna Mater, Haus der Livia und Apollotempel. Modell

Das Gebiet zwischen Apollotempel und Magna Mater　　　　Nr. 15

Die Häuser des Augustus: Die drei bemalten Räume im Haus der Livia dienten aller Wahrscheinlichkeit nach Repräsentationszwecken. Die restlichen zwölf, heute wieder freigelegten Zimmer haben wesentlich kleinere Abmessungen und weisen keine Bemalung auf. Sie bestätigen damit den Bericht des Sueton, wonach Augustus nur ein bescheidenes Haus bewohnt habe, das dem kurz zuvor verstorbenen Rhetor Hortensius gehört hatte. Die Zimmer seien klein und ohne Marmorschmuck gewesen, die Fußböden ohne besondere Muster. Auch als Augustus ein zweites Haus erwarb, änderte sich an den bescheidenen Verhältnissen wenig. Selbst das Mobiliar soll nach Sueton von auffallender Schlichtheit gewesen sein. Um so prunkvoller hatte Augustus den von ihm errichteten Apollotempel ausgestattet.

Der Apollotempel lag in unmittelbarer Nachbarschaft zum Hause des Augustus. Aus dem Weihedatum (30 v. Chr.) können wir schließen, daß er zu den frühesten, vom Kaiser begonnenen Bauwerken gehörte, was zugleich den programmatischen Charakter dieses Tempelbaues dokumentiert. Denn aus der Vorliebe des Kaisers für den griechischen Gott mit der Leier spricht nicht nur eine tiefe Verehrung für den griechischen Geist als solchen, sondern eine der Wesensart des Kaisers gemäße Übereinstimmung mit den Grundzügen dieses Gottes der Musen, der die Dichter und Sänger begeistert und den Menschen zu Harmonie und Ordnung verhilft.

Entgegen seiner offiziellen Religionspolitik, bei der der Kaiser auf eine Wiederbelebung der altrömischen Kulte hinarbeitete, folgte Augustus hier ganz seiner persönlichen Neigung und schuf gleichsam ein Gegenstück zum alten Jupitertempel auf dem Kapitol, dem hier der wahrheitskündende Gott, der Lichtgott Apoll, gegenüberstand.

Griechische Originalwerke hoher Qualität gaben dieser Geisteshaltung sichtbaren Ausdruck. Auf dem Dach des Tempels stand neben anderen Figuren der vergoldete Sonnenwagen des Gottes; im Inneren des Tempels eine Apollofigur von *Skopas von Paros* (dem neben Praxiteles und Lysipp berühmtesten Bildhauer des 4. Jh. v. Chr.). Vor dem Tempel standen die vier Kühe des *Myron*, ein nicht weniger berühmtes Werk der Parthenonzeit. Auch bewahrte man jetzt im Apollotempel die Sibyllinischen Bücher auf, eine Sammlung griechischer Orakelsprüche, die nach römischem Brauch nur in besonderen Situationen und auf ausdrücklichen Senatsbeschluß befragt werden durften. Augustus hatte sie vom Kapitol auf den Palatin bringen lassen, auch dies ein Hinweis auf die hohe Rangstellung des neuen Tempels.

Der Tempel der Magna Mater lag etwa 50 m in nordwestlicher Richtung von den Häusern des Augustus entfernt am äußeren Rande des Palatins (in diesem Abschnitt *Germalus* genannt). Von dem nach griechischem Vorbild errichteten Antentempel hat sich der Sockel vollständig erhalten, doch wird er zum größten Teil von einem Steineichenwäldchen verdeckt.

Der Kult der Magna Mater wurde während des 2. Punischen Krieges auf Weisung der Sibyllinischen Bücher (204 v. Chr.) in Rom eingeführt, der Tempel 191 v. Chr. erbaut. Die Verkörperung der Göttin bestand in einem Meteorstein. Die Römer hatten ihn aus der kleinasiatischen Stadt Pessinus nach Rom geschafft und damit zum erstenmal eine orientalische Gottheit eingeführt. Als *Große Mutter der Götter* (auch *Kybele* genannt) sah man in ihr eine allgemeine Versinnbildlichung der Fruchtbarkeit und des Ursprungs allen Lebens. Infolge der befremdenden Eigentümlichkeiten des Kultes (ekstatische Tänze, barbarische Musik, freiwillige Selbstkastration der Tempeldiener) war den Römern die Teilnahme an den Kulthandlungen lange Zeit verboten. Nur orientalische Priester durften sie im Inneren des Tempels ausüben. Das änderte sich erst in der Kaiserzeit und vor allem mit dem 2. Jh. n. Chr., als das Interesse an orientalischen Religionsformen zunahm, bis schließlich im 3. Jh. n. Chr. die aus Syrien oder Afrika gebürtigen Kaiser selbst diesen Kulten anhingen.

Hütte des Romulus: Unter einer Holzverdachung sieht man größere Partien des dort anstehenden Tuffgesteins, in das mit einer gewissen Regelmäßigkeit tiefe Löcher eingehauen sind. Es handelt sich dabei um Vertiefungen für die Stützpfosten von Wohnhütten des 8. Jh. v. Chr., deren Wände aus einem mit Lehm ausgefüllten Weidengeflecht bestanden. Drei Pfosten bezeichnen in der Regel die Längsseite einer solchen Hütte; ein Mittelpfosten stützte den Dachfirst; die Eingangsseite war durch zwei zusätzliche Pfosten verstärkt, auf denen ein kleines Vordach aufruhte. In den Tuff gehauene Bodenrinnen leiteten das Regenwasser ab. Dies ist die Wohnform des Römers zur Zeit der Stadtgründung, die von der Sage in das Jahr 753 v. Chr. gesetzt wird. Damals sollen auch Romulus und Remus in einer solchen Hütte aufgezogen worden sein – eine mythologische Aussage, in der sich die frühe Siedlungsgeschichte poetisch widerspiegelt.

Rundgang: Man geht wieder zurück zum Domitianpalast und hat dabei Gelegenheit, einen kurzen Blick in die Kryptoportikus zu werfen, die sich oberhalb des Hauses der Livia den Farnesischen Gärten entlangzieht und in Richtung Titusbogen verläuft. Zum Domitianpalast zurückgekehrt geht man zwischen dem Speisesaal und dem Museumsbau in Richtung Circus Maximus weiter.

Kryptoportikus: Unterirdische Gänge dieser Art durchzogen fast alle römischen Palastanlagen, so z. B. auch die Villa Hadriana in Tivoli, wo sie eine Länge von vielen Kilometern hatten. Der Kryptoportikus auf dem Palatin stammt aus der Zeit Kaiser Neros (54–68) und verband die Bauten von Tiberius und Caligula mit der Domus Aurea. Sehenswert sind vor allem Teile der ehemaligen Stuckdekoration, deren sorgfältige Ausführung ebenso überrascht wie ihre heitere Thematik (kleine Erosfiguren) und die Gefälligkeit der Felderaufteilung. In ähnlicher Weise waren auch die Tonnengewölbe des Kolosseums stuckiert.

Domus Augustana – Privatpalast des Kaisers   Nr. 15

Die überraschende Zweistöckigkeit dieser Palastteile erklärt sich aus der Geländestruktur des Palatin, dessen Einschnitte auf der Seite zum Circus Maximus überbaut wurden. Von der Aula Regia, dem Nymphäum und dem Speisesaal herkommend, befindet man sich daher im Obergeschoß des Palastes und hat Einblick in einen sehr viel tiefer liegenden Hof, um den sich die ebenerdig gelegenen Räume gruppieren.

Zweistöckigkeit war in der römischen Palastarchitektur jener Tage nichts Neues. Doch war es ungewöhnlich und galt als bautechnisch gewagt, daß die Grundrisse der beiden Geschosse voneinander abwichen. Die Räume des Obergeschosses waren relativ großzügig bemessen; die des Untergeschosses waren nicht nur kleiner, sondern teilweise von bizarrer Gestalt. Es wechselten kreisrunde Formen mit ovalen, langgestreckte mit quadratischen, apsidiale mit kreuzförmigen. In der Mitte lag der schon erwähnte Hof, dessen zweistöckige Säulenstellung die beiden Geschosse formal zusammenschloß – eine Lösung, die auf die Innenhöfe der italienischen Renaissance nicht ohne Einfluß blieb.

Auf der Seite zum Circus Maximus bietet sich vom oberen Geschoß der Palastruinen ein lohnender Blick auf die ehemalige Arena (links sieht man hinter dem hellen Komplex des Postministeriums die Ruinen der Caracallathermen). In antiker Zeit genoß man den Blick auf die Albaner Berge (links), den gegenüberliegenden Aventin (Mitte) und die Abhänge des Gianicolo (rechts) von einer zweistöckig vorgebauten, schattigen Säulenkolonnade aus, deren konkave Einziehung es erlaubte, sich seinen Standpunkt je nach Tageszeit und persönlichem Geschmack nach der einen oder anderen Seite hin zu wählen. Die untere Kolonnade bot darüber hinaus noch die Möglichkeit zu Spaziergängen in einem ihr vorgebauten Terrassengarten.

Der kaiserliche Gartenhof (Hippodrom): Im östlichen Teil der Domus Augustana stößt man auf einen tiefer liegenden Hof von über 150 m Länge, der wie eine Arena anmutet und daher fälschlicherweise als Hippodrom bezeichnet wird. Es handelt sich um einen Palastgarten, der auf allen vier Seiten von tonnengewölbten Umgängen eingefaßt und von zweistöckigen Säulenkolonnaden begleitet war. Von einer Arena kann nicht die Rede sein, wohl aber war der Gartenhof durch seine Größe für Festlichkeiten und Vorführungen durchaus geeignet, zumal dabei die umlaufenden Kolonnaden als Zuschauertribüne dienen konnten.

Die große Exedra, die noch heute als eindrucksvolle Ruine die Mitte der östlichen Langseite beherrscht, stellte eine durch Kaiser Hadrian (117–138) vorgenommene Veränderung dar. Hadrian verwirklichte hier eine seiner architektonischen Lieblingsideen, der wir auch in seiner Villa in Tivoli in verschiedenen Varianten begegnen: die halbkreisförmige, nach vorne offene, als Raumkörper verselbständigte Apside, die mit einer kassettierten Halbkuppel abschließt. Mit Rücksicht auf den gegenüberliegenden Palast liegt sie hier auf der Höhe des zweiten Wohngeschosses, mit dem sie durch die obere Säulenkolonnade verbunden war.

Unsere Vorstellung von der dekorativen Ausgestaltung der Exedra orientiert sich am besten am Pantheon, das Hadrian etwa zur gleichen Zeit errichten ließ. Hier wie dort dürfen wir dieselben Stilmittel erwarten: einen großgemusterten Marmorfußboden, eine umlaufende Nischenarchitektur (hier über hohem Sockel, in den die Türen einschneiden), die Wände marmorverkleidet, darüber die kassettierte Wölbung. Das Ganze bildet einen prunkhaften, freiräumlichen Saal, der durch seine Ausrichtung nach Nordwesten jederzeit Schatten bot und so den Aufenthalt in ihm angenehm machte.

Spätere Einbauten: Verschiedene Restaurierungsmaßnahmen fallen in die Zeit Septimius Severus' (Sicherung der Gewölbe, Hinzufügung von Pfeilern an der Umfassungsmauer). In die späte Kaiserzeit (ohne exakte Datierung) gehört eine den Gartenhof durchquerende Säulenhalle, deren Reste man deutlich erkennt. In dem abgetrennten, kleineren Hofteil scheint man damals Statuen aufgestellt zu haben. Aus frühmittelalterlicher Zeit stammt die heute so stark ins Auge fallende Ovalmauer, deren Zweckbestimmung noch immer unklar ist (Gartenanlage, Reitschule?).

Die Thermenanlage Kaiser Septimius Severus' (193–211) grenzte unmittelbar an die hadrianische Exedra und erstreckte sich in einer Länge von rund 100 m nach Südosten. Es war die letzte große Baumaßnahme im Bereich des Kaiserpalastes; doch hatte schon Domitian die Errichtung von Thermen geplant, zumal eine den Palatin versorgende Wasserleitung, die *Aqua Claudia*, bereits seit Neros Zeiten bestand. Die Thermen selbst erforderten jedoch gewaltige Substruktionen, die noch heute auf der Seite zum Circus Maximus das Bild des Palatin bestimmen. Von den eigentlichen Bädern haben sich nur geringe Reste erhalten.

Abschluß des Rundganges: Man geht von der Exedra zur Nordostecke des Gartenhofes zurück. Von dort führt ein kurzer Weg direkt zum Ausgang an der Via di S. Gregorio. Will man den Gartenhof und die Substruktionen der Thermenanlage kennenlernen, so benützt man die in der Nordostecke des Hofes gelegene, nach unten führende Treppe, durchquert den Hof in seiner ganzen Länge, geht durch einige Räume, bis man den Circus Maximus sieht, und anschließend nach links unter den Substruktionen hindurch. Man kommt dann ebenfalls auf einen Weg, der zum Ausgang in der Via di S. Gregorio zurückführt.

Septizonium, ehemals am Ende der palatinischen Thermen gelegen, war eine von Septimius Severus als Abschluß der Via Appia gedachte, die Thermensubstruktionen verdeckende Brunnenarchitektur in der Höhe eines antiken Bühnenhauses: eine reine Schauwand mit mehrfach übereinandergestellten Säulenkolonnaden und Nischen für die Wasserspiele. Noch im 16. Jh. waren von dieser einst berühmten Anlage große Teile erhalten; heute ist davon nichts mehr zu sehen.

16 Der Circus Maximus

Der archäologisch nur durch Probegrabungen erforschte, in seiner Grundform jedoch gut zu erkennende Circus Maximus erreichte in spätantiker Zeit eine Längsausdehnung von nahezu 600 m und soll damals ein Fassungsvermögen von rund 380000 Zuschauern gehabt haben; schon zur Zeit Caesars bot er 150000 Personen Platz. Nach Caesar waren es die römischen Kaiser, die zur Vergrößerung und Verschönerung der Wettkampfstätte beitrugen. Überblickt man die verschiedenen Ausbaustufen des Circus seit der Begründung der Spiele, die wohl noch in die etruskische Königsherrschaft fällt, so spiegelt sich darin wider, was für die römische Architektur im allgemeinen gilt: Die anfangs noch einfachen Holzbauten werden eines Tages durch Tuffsteinbauten (hier seit Caesar) und schließlich durch solche aus Marmor (hier seit Kaiser Claudius) abgelöst.

Die Spiele, vor allem die Wagenrennen, hatten in der Zeit ihrer Begründung wohl ausschließlich religiöse Bedeutung und wurden auch später zu Ehren bestimmter Gottheiten, unter ihnen Jupiter, Ceres, Apollo (von Augustus bevorzugt) oder der Magna Mater veranstaltet. Auch Gladiatorenkämpfe und gymnastische Spiele fanden im Circus statt. Erst nach Erbauung des Kolosseums und anderer, nach Spielarten getrennter Stadien wurden sie in diese verlegt.

Zur Form: Die Zuschauerreihen lagen an beiden Längsseiten sowie im Halbrund auf der Seite zur Via Appia, wo seit Titus (79–81 n. Chr.) ein Triumphbogen die Mitte einnahm. Ihm gegenüber lag am anderen Ende der Arena das Gebäude mit den Startboxen für die Rennwagen. Die *Spina,* ein etwa 6 m breit aufgemauerter Sockel, der die Arena in zwei Bahnen teilte, mußte siebenmal umfahren werden. Die Mitte bezeichnete ein Obelisk (heute auf der Piazza del Popolo). Um die Zahl der Runden anzuzeigen, die noch gefahren werden mußten, verwendete man am einen Ende sieben hölzerne Eier, am anderen sieben Delphine.

101

17   Das Kolosseum

Monumentale Manifestation des flavischen Kaiserhauses

72 n.Chr. von Kaiser Vespasian als dreigeschossiger Bau begonnen, von seinem Sohn Titus durch ein viertes Geschoß erhöht und 80 n.Chr. mit hundert-
tägigen Spielen eingeweiht.
Material: Travertin. Fassungsvermögen etwa 50000 Zuschauer. In römischer
Zeit *Flavisches Amphitheater* genannt. Erst das Mittelalter spricht vom *Kolosseum*,
abgeleitet von einer Kolossalstatue Kaiser Neros in der Nähe des Theaters.

Politischer Aspekt: Nach dem Aussterben des julisch-claudischen Kaiserhauses (Caesar, Augustus, Tiberius, Caligula, Claudius, Nero) ist das
Kolosseum der erste monumentale Großbau der Flavier. In kluger Be-
rechnung erstellen sie das für Gladiatorenkämpfe bestimmte Theater
über den ehemaligen Gartenanlagen Kaiser Neros, dort, wo sich zuvor
ein künstlicher See befand. Die Veranstaltung von Gladiatorenkämpfen
war seit republikanischer Zeit ein Mittel, sich der Gunst des römischen
Volkes zu versichern. Damals freilich kannte man nur provisorische
Brettergerüste, die man nach den Kämpfen wieder abbrach. Selbst das
von Augustus auf dem Marsfeld errichtete Amphitheater (29 v.Chr.)
war noch ein Holzbau. Kein Kaiser hatte es bisher gewagt oder für nötig
befunden, für Gladiatorenkämpfe einen Steinbau, zumal in solchen
Dimensionen, zu errichten. Der Vorgang war in der Tat einmalig.

Baulicher Aspekt: Durch Dreigeschossigkeit hatte das Bauwerk ursprünglich andere Proportionen, war mehr breit als hoch. Formbestimmend
war ausschließlich das Arkadenmotiv, noch nicht die später hinzugefügte Hochwand. Mit der Aufstockung wurden aber weitere Sitzplätze
gewonnen. Allerdings erforderte dies einen komplizierten Umbau des
dritten Geschosses, zahlreiche neue Treppen und Substruktionen. Eine
technische Raffinesse waren die Sonnensegel zum Schutze der Zuschauer. Die noch heute am Außenbau sichtbaren Konsolen der Hochwand trugen Holzmasten, die weit über das Gebäude hinausragten und
durch Taue miteinander verbunden waren. Das Aufziehen der horizon-
tal gespannten Segel besorgten Marinesoldaten.

Kunstgeschichtlicher Aspekt: Zum ersten und einzigen Male erscheint in
Rom am Kolosseum das römische Arkadenmotiv in dreifacher Übereinanderstellung (3 mal 80 Bögen), wobei die Kapitelle der Halbsäulen
von unten nach oben die dorische, die ionische und die korinthische
Ordnung repräsentieren, ein typisch römischer Gedanke, der später von
den Renaissance- und Barockarchitekten wieder aufgegriffen wurde.
Umstritten ist, ob in den heute leeren Arkadenöffnungen Statuen standen, vielleicht sogar diejenigen aus Neros Gärten. Römische Vorliebe für
massenhaft aufgestellte Plastik spricht dafür. Das Bild vom Kolosseum
muß auch insofern korrigiert werden, als z.B. alle tonnengewölbten

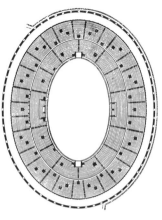

Kolosseum: Links Wandaufriß mit rekonstruierter Statuenaufstellung in den offenen Bogenarkaden der beiden oberen Umgänge (nach Koepf)
Rechts Einteilung der Arena mit Zugängen zu den Rängen (nach Koepf)

Räume ehemals kleinteilig und mit figurenreichen Szenen farbig stuckiert waren; nur geringe Reste haben sich erhalten.

Gladiatorenkämpfe: Von den Etruskern 264 v. Chr. übernommen, waren sie ursprünglich Bestandteil von Leichenfeiern: Das in den Boden sickernde Blut sollte den Verstorbenen neue Lebenskraft geben. So feiert sie noch Caesar für seine Tochter. Allmählich verliert sich jedoch der religiöse Zusammenhang, und schon 105 v. Chr. gestattet der Senat ihre Abhaltung unabhängig von der Leichenfeier. Die Kämpfer waren Kriegsgefangene, Sklaven, zum Tode verurteilte Verbrecher, aber auch Berufskämpfer (vgl. die Gladiatorenschulen beim Kolosseum, Abb. S. 143, Nr. 4/5). Gekämpft wurde teils unbedeckt, teils mit Schild und Helm. Der Unterlegene konnte durch ein Handzeichen um Gnade bitten; über Leben und Tod entschied dann meist die Volksmenge. Kritik an den Gladiatorenkämpfen setzte schon früh ein. Die letzten Kämpfe fanden 404 n. Chr. statt, Tierhetzen gab es bis ins 6. Jh. n. Chr.

Der Doppeltempel für Venus und Roma Nr. 17

Der knapp zehn Jahre nach dem Pantheon geweihte Tempel (136 n. Chr.) soll von Kaiser Hadrian (117–138 n. Chr.) selbst entworfen worden sein. Wir kennen die Bauleidenschaft dieses Kaisers und die oft eigenwilligen Projekte aus seiner Villa in Tivoli. Auch der Tempel für Venus und Roma war hinsichtlich Idee und Grundrißgestaltung nicht alltäglich. Es handelte sich im Grunde um zwei selbständige Tempel (jeder mit Vorhalle, mit innerem Säulenschmuck und großer Apside), deren Rückseiten aneinanderstießen und die lediglich durch die allseitig umlaufende Säulenstellung und das gemeinsame Dach eine bauliche Einheit bildeten. Der westliche Tempel, mit dem *Kultbild der Roma*, war zum Forum Romanum hin ausgerichtet; der östliche, mit dem *Kultbild der Venus*, in Richtung zum Kolosseum.

Dieser Doppelgesichtigkeit entsprach die exponierte Stellung des Tempels auf dem höchsten Punkt der Via Sacra, die vom Forum Romanum her unmittelbar auf den Romatempel zuführte und in dessen zehnsäuliger Front ihren Abschluß zu finden schien. Eine vorgelagerte Freitreppe von

Doppeltempel für Venus und Roma. Situationsplan. Vgl. Modellfoto S. 74

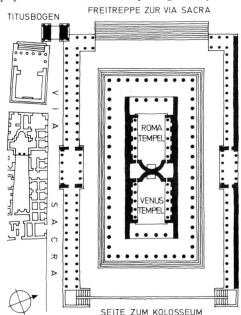

104

Doppeltempel für Venus und Roma. Heutiger Zustand

fast 70 m Breite machte hier den Tempel zum eigentlichen Zielpunkt dieser Achse. Man sah ihn wie einen erhöhten Architekturprospekt, eingefaßt von seitlich abgewinkelten Säulenhallen, zwischen denen man wie durch eine weite Raumöffnung hinaufschritt. – Da das Gelände auch auf der Seite zum Kolosseum abfiel, bildete sich auch dort eine hohe, über Treppenaufgänge zu erreichende Terrasse.

Die Gesamtanlage übertraf in ihren Abmessungen selbst das Augustusforum. Schon allein das Säulenverhältnis des gewaltigen Doppeltempels mit 10 Säulen an den beiden Stirnseiten, 19 Säulen an den Langseiten, war absolut ungewöhnlich, denn die Regel waren 6säulige Fronten, und nur der Tempel des Augustusforums und der Castortempel besaßen solche mit acht Säulen. Hinzu kam, daß der Tempel von mehr als 140 m langen *Säulenhallen* begleitet wurde, eine ästhetisch prunkvolle, aber zutiefst ungriechische Konzeption, da diese Hallen zwangsläufig dem Tempel seine freie körperhafte Erscheinung nehmen mußten; er blieb eingespannt in ein System repräsentativer Säulenstraßen.

Von architekturgeschichtlicher Bedeutung ist die Beobachtung, daß beim Tempel für Venus und Roma (vielleicht zum erstenmal) der sakrale Innenraum tonnengewölbt wurde. Dies und die immer mächtiger werdenden Apsiden zeugen von einer monumentalen, echt römischen Baugesinnung, die Jahrhunderte später auf die Architektur der Renaissance und des Barock (vgl. in Rom St. Peter) nachhaltig eingewirkt hat.

Der Konstantinsbogen beim Kolosseum   Nr. 17

Daten: 312–315 n. Chr. vom Senat zur Erinnerung an den Sieg Konstantins über seinen Rivalen Maxentius errichtet. Letzter erhaltener Triumphbogen im antiken Rom. Der plastische Schmuck nur teilweise neu geschaffen; größere Teile stammen von anderen antiken Bauten und wurden hier wiederverwendet.

Der Konstantinsbogen charakterisiert nach Anlaß, Form und Ausführung die krisenhafte Situation des römischen Reiches zur Zeit seiner Errichtung. Zwar wiederholt er noch einmal die prunkvolle Gestaltung des dreibogigen Septimius-Severusbogens, der seit 203 n. Chr. auf dem Forum Romanum stand; doch feiert der Bogen nun nicht mehr den Triumph Roms über fremde Völker, sondern den Sieg eines römischen Kaisers gegen seinen ihn bekriegenden Rivalen, ist also letztlich ein Denkmal der inneren Zerrissenheit des Reiches. Hatte Diokletian im Jahre 293 n. Chr. das römische Reich in vier Herrschaftsgebiete aufgeteilt, so daß es seither zwei regierende Augusti und zwei ihnen zugeordnete Caesares gab, so trat eine schwere Krise in dem Augenblick ein, als 305 n. Chr. Diokletian und sein Mitregent Maximian zurücktraten. Aus den nun entstehenden Machtkämpfen ging schließlich Konstantin in der Schlacht an der Milvischen Brücke (312 n. Chr.) als Sieger gegen Maxentius hervor. Nichts charakterisiert die verworrene Situation besser als die wenige Jahre zuvor (306) von Maxentius errichtete Basilika an der Via Sacra, mit der er seinen Machtanspruch auf eindrucksvolle Weise dokumentierte. Konstantin baute sie kurzerhand um. Seitdem barg sie die in zehnfacher Lebensgröße gearbeitete Sitzstatue des Kaisers, die in ihren Attributen zugleich den Sieg des Christentums verkörperte. Konstantinsbogen und Maxentiusbasilika müssen somit als spannungsreiche architektonische Ausdrucksformen des zu Ende gehenden Römischen Reiches gesehen werden: Ab 330 n. Chr. ist Konstantinopel die neue Hauptstadt.

Wiederverwendung plastischer Architekturteile: Übernommen wurden die Reliefs der mittleren Durchfahrt sowie die an den Schmalseiten der Attika (vermutlich vom Trajansforum); die kreisförmigen Reliefs (Tondi) über den seitlichen Durchfahrten (von einem späthadrianischen Denkmal); die acht Reliefs der Attika (von einem Ehrenbogen für Marc Aurel, wobei die Köpfe überarbeitet wurden); das Hauptgesims (von einem Bau der Antoninenzeit); die Kapitelle und Säulenschäfte (von einem Bau vom Ende des 2. Jh.); schließlich die auf den Säulen stehenden Dakerfiguren (wohl vom Trajansforum), deren Köpfe man ergänzte.

Originale Teile aus konstantinischer Zeit sind: die historischen Reliefs über den seitlichen Durchfahrten, die Tondi an den Schmalseiten des Bogens, die Büsten an den seitlichen Durchfahrten, vom Hauptgesims nur die Verkröpfungen, d. h. die vorspringenden Teile, von den Säulen nur die Sockel mit ihren Reliefs, die Wandpilaster, sämtliche Archivolten mit Zwickelfiguren und Schlußsteinen.

18 Die Umgebung des Kolosseums in antiker Zeit

Unsere Abbildung zeigt einen Teil jenes Gebietes, das ehemals von den Palastgärten Kaiser Neros (54–68) eingenommen wurde. Diese erstreckten sich vom Palatin (außerhalb unserer Abbildung vorne links) über das spätere Kolosseum [1] bis hinauf zum Esquilin [3], an dessen Hängen der Kaiser sein *Goldenes Haus*, die *Domus Aurea* hatte errichten lassen.

Unmittelbar nach Neros Tod begann das neue Kaisergeschlecht der Flavier (Vespasian, Titus, Domitian) mit der Überbauung dieses Geländes, wohl nicht zuletzt in der Absicht, die Erinnerung an den wenig geliebten Herrscher möglichst rasch zu tilgen.

[1] Das Kolosseum, von Vespasian (69–79), dem ersten der Flavierkaiser, errichtet, entsteht an der Stelle eines von Nero künstlich angelegten Sees.

[2] Nördlich vom Kolosseum, angelehnt an den Abhang des Esquilin, erbaut Vespasians Sohn Titus (79–81) eine Thermenanlage.

[3] Die restliche Überbauung des ehemals neronischen Geländes am Esquilin erfolgt unter Kaiser Trajan (98–117), der hier die größten, bis dahin bekannten Thermen anlegen läßt und dafür als Substruktionen große Teile der Domus Aurea wiederverwendet, die er zumauern und zuschütten läßt. Architekt der Thermen war der berühmte Apollodorus von Damaskus, dessen System noch den späteren Caracallathermen zum Vorbild diente. Erhalten haben sich nur geringfügige Reste, so z.B. einige Apsiden, deren roher Mauerkern heute noch in den Anlagen am Esquilin aufrecht steht; man vermutet in ihnen ehemalige Bibliotheksräume.

[4] Im Zusammenhang mit dem Kolosseum errichtete man in flavischer Zeit auch eine Reihe von Gladiatorenschulen, deren größte, *Ludus Magnus* genannt, 1960 teilweise freigelegt werden konnte. Den Mittelpunkt dieser Anlagen bildete in der Regel eine kleinere Arena für Übungskämpfe, während die rechteckige, hofartige Umbauung die Wohn- und Unterrichtsräume aufnahm.

[5] Kleinere Gladiatorenschule.

[6] Aus der Zeit vor Kaiser Nero stammt der große Tempelbezirk im Süden des Kolosseums. Er war für Kaiser Claudius (41–54) bestimmt gewesen, doch unter Nero in dessen Gärten einbezogen worden, wobei die erst begonnenen Bauten unfertig liegenblieben oder wieder beseitigt wurden. Die glanzvolle Wiederherstellung dieser umfangreichen Anlage – im Grunde ein völliger Neubau – erfolgte unter Vespasian, also zur selben Zeit, als man das Kolosseum errichtete.

[7] Im Vordergrund der Abbildung erkennt man die *Aqua Claudia*, die aus einer Entfernung von 68 km Wasser nach Rom führte. Ein Nebenzweig dieser Leitung versorgte seit neronischer Zeit auch den Palatin und eine damals von Kaiser Nero errichtete Thermenanlage mit dem notwendigen Wasser. Aquädukte dieser Art gibt es seit 312 v. Chr.

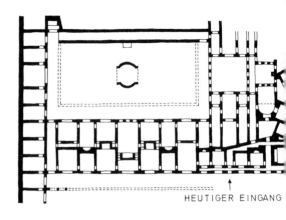

HEUTIGER EINGANG

Domus Aurea – das Goldene Haus Kaiser Neros   Nr. 18

Zur Orientierung: Die heute am südlichen Rande des Esquilin unter der Erde liegenden Palastreste erreicht man vom Kolosseum aus auf der *Viale della Domus Aurea*, einem leicht ansteigenden Weg, der zu den Parkanlagen des Esquilin hinaufführt. Auf halber Höhe sieht man links, leicht zurückgesetzt, ausgedehnte Reste von Backsteinbauten mit großen Rundbogenöffnungen. Hier befindet sich der heutige Zugang zur Domus Aurea. Die Besichtigung ist nur in Gruppen und in Begleitung eines Wärters möglich. *Eintrittskarten* erhält man im Wärterhaus. *Öffnungszeit:* In der Regel täglich von 9 Uhr bis eine Stunde vor Sonnenuntergang. Dauer des Rundgangs etwa eine halbe Stunde.

Die Gesamtanlage: Nach dem verheerenden Stadtbrand des Jahres 64 n. Chr., der auch Teile des Palatin und eines angrenzenden Wohnviertels vernichtete, ließ Kaiser Nero (54–68 n. Chr.) zwischen Palatin und Esquilin einen Park anlegen, der beide Hügel miteinander verband. Dort, wo heute das Kolosseum steht, wurde ein künstlicher See geschaffen und die angrenzenden Ufer als bukolische Ideallandschaft gestaltet. Das neue Hauptgebäude, die eigentliche *Domus Aurea*, lag am Südhang des Esquilin, mit Blick auf die künstlich geschaffene Natur, ihre Gehöfte und Pavillons und die dort gehaltenen Tiere, die freien Auslauf hatten.

Die Idee, den kaiserlichen Palast mit einer Ideallandschaft zu verbinden, entsprach ganz der musischen Veranlagung Kaiser Neros, der von *Seneca* im Geiste der Philosophie erzogen worden war. Der Kaiser trat öffentlich als Sänger und Rezitator auf, beteiligte sich an Wettkämpfen und Wagenrennen, versuchte sich auch in Dichtung, Malerei und Bildhauerei und war erfüllt vom Gedanken einer über das ganze Römische Reich auszubreitenden Kultur – ein tragischer Widerspruch zur Politik der letzten Regierungsjahre: Das erste Jahrfünft eine Zeit der Gerechtigkeit und Milde, danach Verbrechen und Verstöße gegen die römische Tradition, die schließlich zur Ermordung und Ächtung führten.

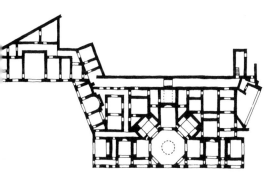

Domus Aurea, Grundriß

Kunstgeschichtlich war die Regierungszeit Neros von nachhaltiger Wirkung. Die klassizistischen Tendenzen der augusteischen Ära erweisen sich als überwunden, und das eigentlich Römisch-Barocke, das sich schon in claudischer Zeit mit der Porta Maggiore angekündigt hatte, bricht sich endgültig Bahn. An die Stelle der griechischen Säule tritt der römische Pfeiler, und in ganz ungriechischer Weise richtet sich das Interesse auf den Innenraum, der durch Tonnengewölbe, überwölbte Apsiden oder gar durch eine Kuppel monumentalisiert wird, Konstruktionen, die das römische Gußmauerwerk zur Voraussetzung haben. Typisch römisch sind auch die spiegelbildlichen Entsprechungen bei der Grundrißbildung: eine durch Asymmetrie aufgelockerte Symmetrie.

Zum Rundgang: Die heute noch erhaltenen Räume bildeten das Untergeschoß des Palastes, in das man sich bei allzu großer Hitze zurückzog. Die eigentlich repräsentativen Raumfluchten, deren vergoldete Stukkaturen (Sueton) zu der Bezeichnung »Goldenes Haus« geführt haben, lagen darüber. Von ihnen hat sich nichts erhalten. Doch auch in den unteren Räumen ist der heutige kellerartige Eindruck irreführend. Die Räume waren einst zum Garten hin geöffnet, man trat hinaus in eine schattige Pfeilerhalle und genoß den Blick auf Kornfelder und Weingärten. Erst als Kaiser Trajan (98–117 n. Chr.) seine berühmte Thermenanlage über der Domus Aurea errichtete, wurde das Untergeschoß vermauert und mit Schutt aufgefüllt. – Zu Beginn des 16. Jh. wurden die Ruinen von Michelangelo, Raffael, Giulio Romano und Giovanni da Udine wiederentdeckt, und die hier gefundenen Malereien lebten in der *Groteskendekoration* der Renaissance neu auf. Auch fand man hier 1508 im Beisein von Michelangelo die berühmte *Laokoongruppe* (Vatikanische Museen): ein Beispiel für die kostbare Ausstattung der Räume mit Skulpturen.

Zur Ausmalung der Domus Aurea

Die Wandmalereien in den Räumen der Domus Aurea gehören dem *vierten pompejanischen Stil* an, einer typischen Spätphase, mit der die römische Wandmalerei nach einer rund 200jährigen Entfaltung langsam zu Ende geht, um von der *Inkrustationstechnik* (Verkleidung der Wände mit Steinplatten) abgelöst zu werden. Der Wechsel vollzieht sich ziemlich rasch nach Neros Tod (68 n. Chr.). Waren die Malereien im Hause der Livia (Palatin) noch durch die sorgfältig ausgearbeiteten Architekturperspektiven des *zweiten pompejanischen Stils* charakterisiert, so begnügt man sich nun mit einer sehr viel einfacheren, linear angelegten Wanddekoration. Die Grundhaltung ist verspielt, und der eigentliche Reiz liegt in den oft überraschenden Details, in lustigen Einfällen und ungewöhnlicher Formenkombinatorik: Auf schmalen Stegen bewegen sich Steinbock und Widder, von zerbrechlicher Art sind die Kandelaber, hauchdünne Blütenstengel tragen schwere Lasten. Dazwischen stößt man auf Landschaftsbilder und Meereswesen, wie überhaupt die Naturelemente vorherrschen. Ornamental sich hinziehende Blüten und Blätter erwecken den Eindruck gemalter Lauben; lichtes Grün sowie Braun- und Ockertöne sind bestimmend.

Domus Aurea, Ausschnitt aus einer Gewölbemalerei

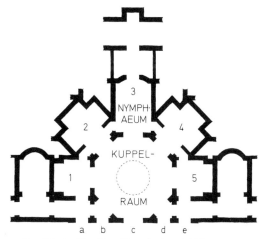

Grundriß des achteckigen Kuppelsaales mit Nebenräumen

Achteckiger Kuppelsaal: Zum erstenmal in der römischen Architektur begegnen wir hier der differenzierten, dynamischen ›Raumgruppe‹, bei der sich mehrere kleinere Räume auf einen größeren, dominierenden Zentralraum beziehen, ein epochemachendes Prinzip, von dem sich letztlich noch unsere Barockarchitektur ableitet. Erst die Römer entdecken die künstlerischen Möglichkeiten des Innenraumes und schaffen damit eine auf den Menschen bezogene, subjektiv erlebbare Architektur mit wechselnden Raumfolgen. Hier: die überraschende Weite im zentralen Kuppelsaal (14 m), verbunden mit großer Lichtfülle und ehemals dreiseitigem Ausblick auf den Garten (b, c, d); die Nebenräume (1–5) niedriger und kreuzgewölbt, zum Teil mit indirektem, von der Kuppelschale verdecktem Lichteinfall; die Wandnischen für Ruhebetten bestimmt. Ferner: reizvolle achsiale Durchblicke, z.B. von Raum 1 zu Raum 5 über 28 m hinweg, oder in der Hauptachse von Raum 3 aus *(Nymphaeum)*, durch den Kuppelsaal hindurch, zum Garten. Zu den Überraschungen gehört ferner, daß die kleineren Räume untereinander in Verbindung stehen und so der Mittelsaal ringförmig umgangen werden kann (Öffnungen in den Pfeilern).

Die heute rohen Backsteinwände hat man sich mit verschiedenfarbigem Marmor verkleidet vorzustellen; die oberen Wandteile und vor allem die Wölbungsflächen waren mit Stuck überzogen und bemalt. So war der Gesamteindruck in farblicher Hinsicht außerordentlich reizvoll, zumal, wenn man den verschiedenartigen Lichteinfall berücksichtigt, der den einzelnen Raumteilen je nach Tageszeit und Sonnenstand eine wechselnde Helligkeit verlieh.

19   Diokletianthermen und Servianische Mauer

Daten: 298 n. Chr. von Kaiser Diokletian begonnen, 305 n. Chr., im Jahre seiner Abdankung, eingeweiht. Gesamtfläche ursprünglich 356 × 316 m, was annähernd den Abmessungen der Caracallathermen (207–217 n. Chr.) entsprach. Nachdem die Goten 536 n. Chr. die Wasserzufuhr *(Aqua Marcia)* unterbrochen hatten, begann der Verfall der Anlage. Verschiedene, während des Mittelalters gefaßte Pläne, die noch erhaltenen Reste für eine Klostergründung zu verwenden, kamen nicht zur Ausführung. Erst in der Mitte des 16. Jh. gelang *Papst Pius IV. Medici* die Einrichtung einer Kirche, die seitdem der Verehrung Mariens und der Erzengel geweiht ist. Mit der Umgestaltung begann man 1563; die Pläne dazu lieferte *Michelangelo* (1475–1564).

Zur Orientierung: Die ehemaligen Diokletianthermen liegen an der heutigen *Piazza della Repubblica,* dem Endpunkt der *Via Nazionale.* Die hier im 19. Jh. errichteten Kolonnadenbauten folgen in ihrem halbkreisförmigen Verlauf einer zur Thermenanlage gehörenden Zuschauertribüne, mit der die äußere Umfassung des Hauptgebäudes abschloß. An der Stelle des heutigen Brunnens erstreckte sich eine quergelegte Arena für sportliche Veranstaltungen. Heute sieht man im Schnittpunkt der Via Nazionale das einstige *Frigidarium* (Kaltbad), dessen basilikal erhöhte »Thermen«-Fenster (mit der charakteristischen Dreiteilung) sich noch erhalten haben. Der Raum bildet die Mitte der Kirche *Sa. Maria degli Angeli.* In Richtung zur *Piazza della Repubblica* schloß sich in antiker Zeit das nach Süden orientierte *Caldarium* (Heißbad) an, von dem heute nur noch die halbkreisförmige Rückwand einer mittleren Apside zu sehen ist; ehemals war es ein weit vorspringender Gebäudeteil, der bis nahe an den heutigen Brunnen heranreichte. Zurückgesetzt lagen rechts und links davon die stark durchfensterten *Schwitz- und Massageräume:* saalartige Bauten, die nach dem Vorbild der Caracallathermen die sonnenintensive Südseite einnahmen.

Weitere Orientierungspunkte: Auf der linken Seite bezeichnet die heutige *Via Parigi* die nordwestliche Begrenzung des Thermengebäudes. Das dort gelegene *Planetarium* mit noch erhaltenem Kuppelraum (!) bildete die Gebäudeecke. Es war der erste von vier Schwitzräumen innerhalb einer auf das Caldarium ausgerichteten Raumfolge. Weiter links, in Richtung zur heutigen Kirche *S. Susanna,* bezeichnet an der *Piazza S. Bernardo* die gleichnamige Kirche die NW-Ecke der äußeren Thermenumbauung: ein pantheonähnlicher, überkuppelter Rundbau von 22 m Durchmesser mit kassettierter Wölbungsschale und acht großen Wandnischen, die heute von Heiligenstatuen (um 1600) eingenommen werden. Diesem Rundbau entsprach über eine Distanz von 300 m hinweg an der Ecke der heutigen *Via Viminale* ein Gegenstück (Reste im heutigen Ristorante Andrea).

Sa. Maria degli Angeli: Michelangelos Plan sah eine kreuzförmige Kirche vor, bei der das ehemalige Frigidarium mit seinen eindrucksvollen antiken Resten die Hauptachse gebildet hätte: acht riesige Granitsäulen als Stützen der drei mächtigen Kreuzgewölbe (30 m hoch). Diese Konzeption erfuhr indessen im 18. Jh. grundlegende, die ursprüngliche Idee zunichte machende Veränderungen (1700, 1725, 1749). Der von Michelangelo an die Schmalseite des Frigidariums (Richtung Stazione Termini) gelegte, mit einem prächtigen Barockportal versehene Haupteingang wurde zugemauert; die von Michelangelo an der gegenüberliegenden Schmalseite errichtete Apside wieder abgerissen; die aus vier antiken Nebenräumen gebildeten Kapellen wurden geschlossen und die kürzere Querachse zur neuen Hauptachse gemacht, wodurch das ehemalige Frigidarium zum ›Querschiff‹ wurde. – Da der Fußboden zur Trockenlegung um 2 m erhöht werden mußte, liegen die antiken Säulenbasen seit Michelangelos Umbau im Boden; die jetzigen sind neu hinzugefügt.

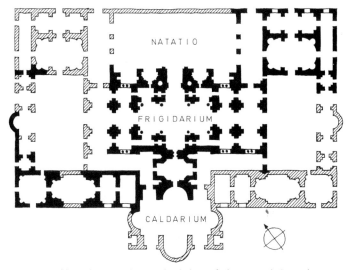

Diokletianthermen. Thermengebäude (Raumfunktionen nach Stützer)

Die Diokletianthermen wiederholen im wesentlichen noch einmal die Grundrißbildung der Caracallathermen: Das querrechteckige Badehaus war an allen vier Seiten von Gartenanlagen und sportlichen Einrichtungen umgeben und bildete die Mitte einer annähernd quadratischen Gesamtanlage (356 × 316 m), deren Ummauerung sich in apsidialen Nebenräumen, in Rundbauten, Tribünen, offenen Höfen und rechteckigen Sälen erweiterte. Auch das Fassungsvermögen lag wie bei den Caracallathermen bei rund 3000 Besuchern. Die spiegelbildliche Anordnung der Auskleide-, Schwitz- und Massageräume, der Korridore und Durchgangshallen zu beiden Seiten einer die Badeeinrichtungen umfassenden, repräsentativen Mittelachse geht auf *Apollodorus von Damaskus* zurück, der diese Anordnung (100 Jahre vor den Caracallathermen) schon bei den Thermen Kaiser Trajans (98–117 n. Chr.) getroffen hatte. Sie galt seither als vorbildlich.

Museo Nazionale Romano o delle Terme: 1898 begründet und 1901 mit der *Sammlung Ludovisi*, die schon Goethe bekannt war, vereinigt. Untergebracht in einigen Thermenräumen mit noch erhaltenen Gewölben sowie im einstigen Kartäuserkloster und dessen Kreuzgang. Bedeutender Bestand an Werken antiker Kunst, darunter erstklassige griechische Originale, u. a. der *Ludovisische Thron* (vgl. S. 164: Sammlung Ludovisi).

Servianische Mauer (Reste u. a. vor *Stazione Termini*): Mitte 4. Jh. Umschloß alle sieben Hügel der Stadt. Gesamtlänge 8 römische »Meilen« (1 Meile = 1,48 km), Tuffstein. Ursprüngliche Höhe bis zu 10 m, Mauerstärke zwischen 3 und 5 m.

20   Auditorium des Maecenas

Lage: Am nordöstlichen Rande des *Esquilin*, an der Kreuzung der *Via Merulana*, die von *S. Maria Maggiore* zum *Lateran* führt, mit der *Via Leopardi*.

Maecenas, der seine Herkunft aus etruskischem Königsgeschlecht ableitete, war Vertrauter des Kaisers Augustus, zeitweilig sein Stellvertreter und häufig für diesen in diplomatischer Mission tätig. Er besaß Palast und Gärten auf dem Esquilin, hatte reiche Besitzungen in Ägypten und verfügte über ein hohes Vermögen, das er später Augustus vermachte. Als einer der bedeutendsten Kunstliebhaber der Antike war er auch der Freund und Gönner von Horaz, Vergil und Properz. Mit seinem Namen verbindet sich bis heute der Begriff des Mäzenatentums.

Beim Auditorium des Maecenas handelt es sich um einen geräumigen, langgestreckten Saal, an dessen einer Schmalseite halbkreisförmig sieben hohe Stufen ansteigen, über denen die verbleibende Wand fünf Nischen aufweist. Die ursprüngliche Bestimmung blieb bis heute unklar. Man vermutet teils ein Nymphäum, teils einen Festsaal. Reste von Malerei deuten auf eine ehemals vorhandene illusionistische Gartendekoration nach Art des zweiten pompejanischen Stiles hin. Vielleicht standen ergänzend dazu auf den Stufen Blumen, während gleichzeitig aus den Nischen Wasser herabfloß.

21   Tempel der Minerva Medica

Daten: Reste eines antiken Kuppelbaues (3. Jh. n. Chr.) aus den ehemaligen Gärten des *Licinius*; an der *Via Giovanni Giolitti*, knapp 300 m von der *Porta Maggiore* entfernt, gelegen. Die Bezeichnung, die auf ein hier gefundenes Standbild der Minerva zurückgeht, ist irreführend. Vermutlich hat es sich um ein Nymphäum gehandelt. Die erst 1828 eingestürzte Kuppel (von der noch Reste stehen) war von großem Einfluß auf die Architektur der Renaissance und des Barock.

Die Grundform bildet ein zehneckiger Backsteinmantel, der in seinem unteren Teil durch neun nach außen tretende Nischen und einen Portalbau, in seinem oberen Teil durch zehn Fenster durchbrochen ist. Die verbleibenden Wandstücke sind aus statischen Gründen verstärkt, was zur Ausbildung von nach außen sichtbaren Strebepfeilern führte, vielleicht die frühesten in der Geschichte der Architektur.

Die Durchfensterung des unter der Kuppel gelegenen Wandabschnittes ist architekturgeschichtlich von erheblicher Bedeutung. War der Raummantel des hadrianischen Pantheon (120 n. Chr.) noch geschlossen, so zeigten Nachfolgebauten wie das Caldarium der Caracallathermen (206 n. Chr.) schon eine erste Durchfensterung, die allerdings noch nicht den ganzen Baukörper, sondern nur die aus dem übrigen Thermengebäude herausragenden Teile erfaßte. Im Tempel der Minerva Medica setzt sich diese Tendenz zunehmender Mauerdurchbrechung fort, und es entsteht unterhalb des Kuppelansatzes ein regelrechter Lichtgaden, der im Inneren als schon zur Kuppelschale gehörend empfunden wird. Damit aber deutet sich bereits die durchfensterte Kuppel an.

Porta Maggiore. Modell

22 Porta Maggiore

Die antike Situation zur Zeit der Erbauung (38–54 n. Chr.) zeigt das Modellfoto: Das mächtige Doppeltor aus Travertinquadern bildete ein Teilstück der beiden von *Caligula* begonnenen und von *Claudius* vollendeten Wasserleitungen (*Anio Novus* und *Aqua Claudia*), die hier zwei wichtige Straßen, die *Via Labicana* und die *Via Praenestina*, überquerten. Die übereinanderliegenden Wasserkanäle bildeten eine Attika, deren Flächen man für Inschriften nutzte. Drei von Säulen eingefaßte Nischen mit Dreiecksgiebeln geben den Pfeilerfronten ein repräsentatives Aussehen. – Kunstgeschichtlich relevant ist die betont antiklassische Haltung dieser Architektur (eine Reaktion gegenüber der augusteischen, am griechischen Formenkanon orientierten Ära): Die Steine sind zum großen Teil absichtlich unbehauen gelassen *(Bossenquader)*, um einen kraftvollen, rustikalen Effekt zu erzeugen. Einen ähnlichen Effekt beobachtet man kurze Zeit später am Terrassenunterbau für den *Claudiustempel* auf dem Caelius (Reste an der beim Kolosseum beginnenden *Via Claudia*).

Grabmal des Eurysaces: Grabmal eines Bäckers und seiner Frau in Form eines altrömischen Backofens. Travertin. *Relieffries:* Vorgänge beim Backen.

Basilica di Porta Maggiore – Basilica Subterranea (1.Jh. n. Chr.): Ein 14 m unter dem Boden liegender Raum, der in Grundriß und Dekoration Merkmale des christlichen Kirchengebäudes vorwegzunehmen scheint: Vorhalle, Hauptraum durch Pfeiler in drei gleich hohe tonnengewölbte Schiffe geteilt, halbrunde Apsis. Mosaikfußboden. *Stuckdekoration:* Neben Landschaften figürliche Szenen griechischer Mythologie. Gegenüberstellung von Diesseits und Jenseits (vermutlich Unsterblichkeitsglaube einer neupythagoräischen Sekte).

23 Die Caracallathermen

Daten: 206 n. Chr. von Septimius Severus (193–211) begonnen, von seinem Sohn Caracalla (211–217) 216 n. Chr. eingeweiht. Eine der größten Thermenanlagen im antiken Rom. Etwa 1500 Menschen konnten gleichzeitig baden, eine noch größere Zahl die übrigen Einrichtungen benützen. Reichste Entfaltung an Raum- und Gewölbeformen. Prunkhafte Ausstattung.

Allgemeines zu den römischen Thermen: Schon im republikanischen Rom zählte man rund 170 Badeanstalten, doch waren das kleine, von privater Seite betriebene Unternehmen. Erst in der Kaiserzeit wird das Badewesen zu einer staatlich geförderten Einrichtung, und die Thermen selbst geraten zu umfangreichen Baukomplexen mit Bibliotheken, Lese- und Vortragssälen, mit Räumen für Unterricht und Spiel und mit Palästren, in denen Ringkampf, Wettlauf und Weitsprung, Speerwerfen und Diskuswerfen stattfanden.

Zur Severus-Architektur: An der Wende vom 2. zum 3. Jh. unternimmt die Architektur unter Kaiser Septimius Severus den Versuch, noch einmal alles zusammenzufassen, was zuvor an Raum- und Gewölbeformen, an Detailgedanken, Einzelerfindungen und Ausstattungsprunk entwickelt worden war. Wie auf dem Forum Romanum der Septimius-Severusbogen alle anderen Ehrenmonumente an Aufwand und formalem Reichtum übertraf, so sollten auch die Caracallathermen die letzte Steigerung der in der römischen Architektur angelegten Möglichkeiten bringen. Die größere Vollkommenheit lag nicht in der Einzelform, sondern in einer auch konstruktiv gewagten Kombinatorik zwischen Kuppel und Halbkuppel, Tonnengewölbe und Kreuzgewölbe bei wechselnden Raumgrößen und Raumhöhen.

Zum Grundriß: In der Hauptachse liegen die eigentlichen Baderäume, die mit dem halbkreisförmig nach Süden vorspringenden *Caldarium* (Heißbad) begin-

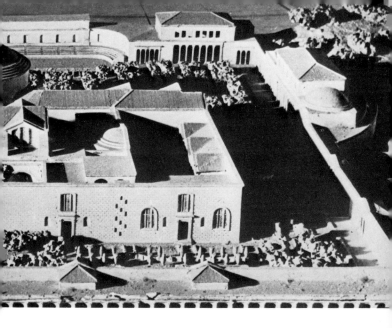

nen. Es folgen das *Tepidarium* (lauwarmes Wannenbad), das *Frigidarium* (Kaltbad) und die *Natatio* (ein offenes Schwimmbecken). Spiegelbildlich zu dieser Hauptachse liegen an der die Sonnenwärme ausnützenden Südseite die Schwitz- und Massageräume. Die verbleibenden Restflächen wurden (wiederum spiegelbildlich zur Hauptachse) von den An- und Auskleideräumen, von Verbindungsgängen, Hallen und Vortragssälen eingenommen.

Das Hauptgebäude war an allen vier Seiten von Gartenanlagen und sportlichen Einrichtungen umgeben, die ein Geviert von jeweils 330 m Seitenlänge bildeten. Hier lagen Säulenhallen, Übungssäle und Wandelhallen und, dem Caldarium gegenüber, eine 150 m lange Zuschauertribüne, deren Unterbau das große, in Kammern aufgeteilte Wasserreservoir einnahm. An der Eingangsseite der Thermen bildeten zweistöckige Laden- und Verwaltungsbauten eine über 300 m lange Fassadenfront mit offenen übereinandergestellten Rundbogenarkaden.

Rundgang:

Raum 1–3: Man benützt heute nicht mehr den in antiker Zeit gebräuchlichen Haupteingang (8), sondern kommt sofort in einige Durchgangsräume, die ehemals die Verbindung zwischen der *Schwimmhalle* (17) bzw. dem *Kaltbad* (16) und den *Ankleideräumen* (8) herstellten. In Raum 1 sah man links durch eine Säulenstellung hindurch in die offen Schwimmhalle (vgl. *Grundriß* S. 120/21). Raum 1 und Raum 2 waren kreuzgewölbt; die Gewölbeansätze noch zu sehen. Raum 3 gehört schon zu der großen *Querachse*, die die Thermenanlage in voller Länge durchzieht.

119

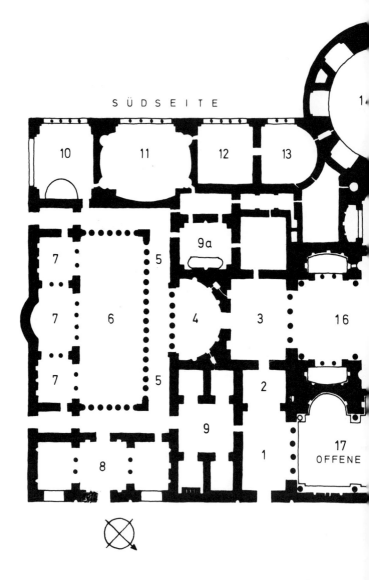

Caracallathermen. Orientierungsplan

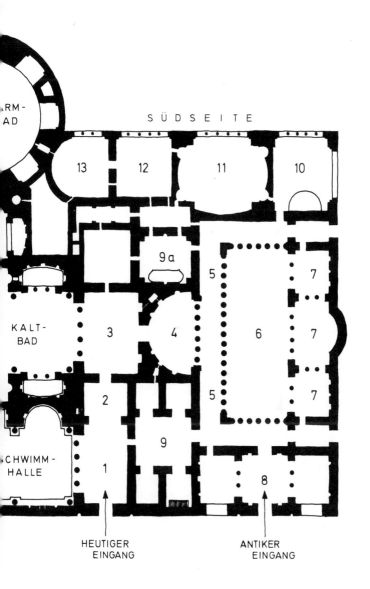

Raum 4: Teilstück der das Thermengebäude durchziehenden Querachse. Seiner Grundform nach einer jener typischen Repräsentationsräume römischer Staatsarchitektur, die schon das Augustusforum kennt: ein halbkreisförmiger Raum, die gekurvte Wand mit Nischen für Statuen; die gerade Seite durch eine Säulenreihe transparent gemacht: Öffnung und Verschluß in einem; der Raum vermutlich gewölbt, mit großem Lichtfenster über der Säulenreihe.

Raumteile 5: Ein dreiseitig umlaufender, tonnengewölbter Gang mit offener Säulenstellung zum Raum 6 (in ähnlicher Form teilweise noch erhalten in der Villa Hadriana in Tivoli). Dieser Gang hatte vor allem eine praktische Funktion. Er stellte die Verbindung her zwischen den im Eingangsbereich gelegenen Auskleideräumen (8) und den entgegengesetzten, nach Süden gerichteten Schwitz- und Massageräumen (10–13). Gleichzeitig kam man über diesen Gang zu den im Freien gelegenen Sportstätten, den Palästren.

Raum 6: Ein großer, nach neueren Forschungen (Zencker) überdeckter Mittelsaal mit zum Teil noch erhaltenem Mosaikfußboden, früher als Palästra angesehen. Gegenüber dem tonnengewölbten Umgang war der Saal basilikal erhöht, um genügend Wandfläche für Fensterreihen zu gewinnen. Der Lichteinfall war durch einen hinter den Fenstern verlaufenden, gangartigen Schacht gewährleistet. Gegen eine Deutung dieses Raumes als Palästra spricht vor allem der Steinfußboden. Die Annahme eines Daches stützt sich auf die wiederentdeckten Regenabflußrinnen im aufgehenden Mauerwerk. Ohne Dach wären bei starken Regenfällen die angrenzenden Räume rasch unter Wasser gestanden, da Abflußvorrichtungen auf Bodenniveau fehlen.

Raumteile 7: Drei hohe, tonnengewölbte, untereinander verbundene Vortrags- oder Unterrichtsräume, die sich zum Mittelsaal jeweils in einem großen Rundbogen öffneten. Die Wandnischen waren für Statuen bestimmt. Die apsidiale Ausbuchtung im mittleren Raum war wohl für ein größeres plastisches Werk gedacht, als künstlerischer Abschluß der den Thermenbau durchziehenden Querachse, dem am gegenüberliegenden Ende des Gebäudes, über mehr als 200 m hinweg, ein Gegenstück entsprach (vgl. die spiegelbildliche Gesamtanlage der Thermen).

Räume 8 und 9: Hier lag in römischer Zeit der Haupteingang. Man betrat zuerst einen quadratischen Vorraum, dann die seitlich angrenzenden, durch je zwei Säulen abgetrennten Auskleideräume. Von hier aus kam man über den tonnengewölbten Gang (5) zu den Schwitz- und Massageräumen (10–13). Wer sich dagegen in der Palästra sportlich betätigen wollte, für den standen Geräte, Öl und Sand zur Verfügung (9). Hatte man sich damit versorgt, so gelangte man – ebenfalls durch den tonnengewölbten Säulengang (5) – ins Freie. Kam man von der Palästra zurück, so nahm man ein Reinigungsbad (9a).

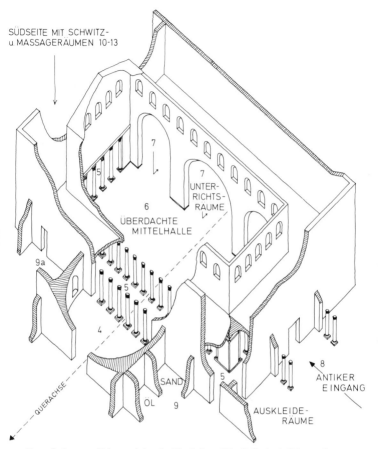

Caracallathermen: Rekonstruktion der überdachten Mittelhalle im östlichen und westlichen Bauteil der Thermenanlage (bisher als offene Palästra gedeutet)

Unsere Rekonstruktion zeigt das Ineinandergreifen der verschiedenen Räume und Raumteile innerhalb des Hauptgebäudes der Caracallathermen. Der gewählte Ausschnitt (hier die westliche Seite) umfaßt nur etwa ein Viertel der Gesamtanlage. Ihm entsprach auf der östlichen Seite eine spiegelbildliche Wiederholung. Charakteristisch für die Raumfolgen war der ständige Wechsel hinsichtlich Grundrißgestalt, Richtungstendenz und Wölbungsart. Auf schmale Säulengänge folgten halbkreisförmig sich weitende Exedren, neben kreuzgratgewölbten Sälen lagen solche mit offenem Dachstuhl und basilikal erhöhter Fensterreihe. Hinzu kam die Differenzierung im Material, in der fraglichen Behandlung der Wände, ferner die Bereicherung durch Statuen sowie die unterschiedliche Musterung der Marmor- und Mosaikfußböden.

Caracallathermen. Schnitt durch die Räume 14–16

Räume 10–13: Die an der Südseite gelegenen, die natürliche Sonnenwärme ausnützenden Schwitz- und Massageräume waren auffallend stark durchlichtet: im unteren Teil durch eine vermutlich verglaste Säulenstellung; darüber durch zusätzliche Fenster. Eine im Freien vorgelagerte Sonnenterrasse schloß sich an. Die ursprüngliche Raumhöhe ist ebenso erstaunlich wie der Wechsel in den Grundrissen. Es folgten nacheinander: Rechteck, angenähertes Oval mit diagonal gelegenen Türen, Quadrat und Halbrund. Höhe und Grundriß machen deutlich, daß die Räume über ihren praktischen Zweck hinaus einem ästhetisch-repräsentativem Bedürfnis genügen wollten, wie es dem Charakter römischer Staatsarchitektur entsprach. Vom Eingang herkommend, beobachtet man nach Größe und Form eine sich langsam steigernde Raumqualität, die mit einfachen, tonnengewölbten Räumen beginnt, sich in komplizierteren Raumorganismen fortsetzt und zuletzt mit den Baderäumen entlang der Hauptachse ihren Höhepunkt erreicht.

Raum 14 (Caldarium): Das halbkreisförmig nach Süden vorspringende Caldarium (Heißbad) war ein überkuppelter, nach dem Vorbild des Pantheons entworfener Rundbau, in dessen inneren Raummantel sieben geräumige Badenischen (je 4×8 m) eingelassen waren, während die achte Nische eine Wärmeschleuse beim Durchgang in das Tepidarium bildete. Darüber lagen in großer Höhe die Fenster, die aus statischen Gründen von großen, nach außen gerichteten Rundbogennischen eingefaßt waren, so daß die Außenmauer, anders als beim Pantheon, einer gegliederten Fassade glich.

Raum 15 (Tepidarium): Hatte man im Caldarium heiß gebadet, so konnte man sich durch ein kurzes lauwarmes Bad im Tepidarium den Übergang zum Kaltbad erleichtern. Der relativ kleine Raum, dessen bis zu 10 m dicke Mauern der Wärmedämmung dienten, hatte zu beiden Seiten große Wandnischen mit je einem länglichen Wasserbecken.

Raum 16 (Frigidarium): Das zentral gelegene Frigidarium (Kaltbad) bildete den Mittelpunkt der Thermenanlage und zugleich den künstlerischen Höhepunkt innerhalb der gesamten Raumfolge. Der über 50 m lange Saal war basilikal erhöht und erhielt sein Licht von dreiteiligen »Thermen«-Fenstern: an den Längsseiten je drei, je eines an den Schmalseiten. Darüber spannten sich in dreifacher Folge die größten damals bekannten Kreuzgewölbe, deren Last von acht freistehenden Kolossalsäulen getragen wurde und deren Wölbungsflächen prunkvoll kassettiert waren.

Kleinere Säulenstellungen bezeichneten die Zugänge zu vier großen Badenischen mit 14 m langen Badebecken, in die man über einige Stufen hinabstieg. Selbst diese Teilräume waren sorgfältig durchgebildet und verschwenderisch mit Nischen und Nischenfiguren ausgestattet.

In der Längsachse des Hauptraumes traf der Blick auf jeweils vier Säulen, zwischen denen man nach beiden Seiten bis in den letzten, jeweils 100 m entfernt liegenden Saal (7) und die dortige Apside mit ihrem Statuenschmuck sah. Solche Durchblicke – optische Achsen – gehörten seit domitianischer Zeit zu den Grundelementen der römischen Architektur. Durch diese Säulenstellung ging man hindurch, um zu den Ankleideräumen (8) zu kommen.

Caracallathermen. Fußbodenmosaik

Raum 17 (Natatio): Die große offene Schwimmhalle am Ende der Baderäume blieb vom Frigidarium aus zum größten Teil verdeckt. Einblick
und Zugang hatte man lediglich zwischen den beiden mittleren Kolossalsäulen. Ein großer Zierbrunnen bezeichnete die Stelle.

Die Rückwand der Schwimmhalle schmückte eine zweistöckige, vorgeblendete Scheinarchitektur mit Pilastergliederung und Figurennischen.
Frei vor die Wand gestellte Kolossalsäulen teilten sie in drei Abschnitte.
Jeder dieser Abschnitte bezog sich auf einen bestimmten Raumteil: der
mittlere auf den oben genannten Zugang, die beiden seitlichen auf die
gegenüberliegenden apsidialen Ausbuchtungen des Beckens. – War man
lange genug geschwommen und wollte zu den Ankleideräumen zurück,
so ging man durch die seitlichen Säulenstellungen hindurch in den Raum
1 und kam von dort auf kürzestem Wege zu Raum 8.

Die unterirdischen Heizungsanlagen (nur mit Wärter zugänglich) beeindrucken
durch ihre Größe, ihre vorzügliche Erhaltung und die Weitläufigkeit der Korri-
dorsysteme. Unter anderem befindet sich hier auch ein großes Mithrasheiligtum.

24   Die Cestiuspyramide

Lage: Am südlichen Rande des Aventin, angrenzend an die aurelianische Mauer.
Heute: Piazza Porta S. Paolo, Piazzale Ostiense. *Metro:* Cestiuspyramide.
Daten: 11 v.Chr. für den Volkstribun und Praetor C. Cestius auf Grund testa-
mentarischer Verfügung errichtet. *Material:* Tuffstein und Travertin. Basislänge
29,50 m, Höhe 36,40 m, Grabkammer im Inneren 4 × 6 m. – Ein zweites Grabmal in ähnlicher Form stand bis zum 16.Jh. in der Nähe der Engelsburg.

Die Errichtung eines römischen Grabmals in Pyramidenform findet seine Erklärung in ägyptisierenden Modeströmungen, die gerade in augusteischer Zeit, als Ägypten dem Römischen Reich neu eingegliedert wurde, zu bemerken sind. Es sei daran erinnert, daß Augustus zur selben Zeit
im Circus Maximus einen aus Heliopolis herbeigeschafften Obelisken
aufstellen ließ und daß schon Caesar verdächtigt worden war, er wolle
die Hauptstadt nach Alexandrien verlegen. Ägypten hatte für die Römer
wie schon für die Griechen immer eine besondere Anziehungskraft gehabt. Das Land galt auf Grund seiner Altertümer und seiner Bräuche als
geheimnisvoll. Das Verbot des Isiskultes durch Augustus zeigt im übrigen, wie sich Anziehung und Abstoßung die Waage hielten. Schon in
republikanischer Zeit hatte der Senat mehrfach die Zerstörung der Isis-
kultstätten angeordnet. Doch schon unter Caligula (37–41 n.Chr.) war
der Isiskult wieder populär, bis schließlich die römischen Kaiser selbst,
z.B. Domitian (81–96 n.Chr.) und Caracalla (211–217), große Isistempel errichteten. Einer dieser Isistempel stand auf dem Marsfeld, nicht
sehr weit vom Pantheon entfernt, in Richtung zur *Via Flaminia* (Corso),
an der Stelle der heutigen Kirche *S. Ignazio.*

25   Die Aurelianische Mauer

Daten: 272/279 n. Chr. unter Kaiser Aurelianus und seinem Nachfolger Probus errichtet. Gesamtlänge 19 km, 16 Tore, 380 Türme. Wurde vorbildlich für die spätere Befestigung Konstantinopels. Der Zinnenkranz ursprünglich nur 7,80 m hoch. Vermutlich unter *Stilicho* (Vandale, röm. Reichsfeldherr) in den Jahren 401–413 n. Chr. auf 10.60 m erhöht; aus dieser Zeit auch die heutigen Tore.

Die Aurelianische Mauer markiert einen Wendepunkt der römischen Geschichte. Nach einer 300jährigen Zeit militärischer Sicherheit sieht sich Rom zum erstenmal wieder unmittelbar bedroht. Das Imperium ist in seinen Grundfesten erschüttert. Gallien, Syrien und Ägypten gehen vorübergehend verloren, und die vom Norden andrängenden Alemannen und Juthungen kommen bis auf 100 km an die Stadt heran (258, 268, 270 n. Chr.). In fieberhafter Eile wird daher ein gewaltiges Befestigungswerk errichtet, das die Millionenstadt nahezu vollständig umfassen sollte. Zahlreiche Bauwerke, wie z. B. auch die Cestiuspyramide, werden kurzerhand in den Mauerring miteingeschlossen; ein großer Teil der vor der Stadt gelegenen Grabbauten (Via Appia) wird niedergerissen, um Baumaterial zu erhalten.

26   Grabstätte der Scipionen

Lage: Via Porta S. Sebastiano 12 (zwischen den Caracallathermen und der Via Appia Antica). *Eintrittskarten* beim nahegelegenen *Kolumbarium des Pomponius Hylas*, das gleichzeitig besichtigt werden kann.

Die Scipionengräber: Zweistöckige, in den Tuff gehauene Grabstätte mit einer Reihe von Sarkophagen, von denen derjenige des *L. Cornelius Scipio Barbatus* (hier nur die Kopie; das Original in den Vatikanischen Museen) der kulturgeschichtlich bedeutendste ist. Die dem dorischen Gebälk nachempfundenen Schmuckformen sind unmittelbar von griechischen Vorbildern abzuleiten – eine unbefangene Übertragung dorischer Architekturelemente auf die römische Grabkunst (um 298 v. Chr.).

Der Einfluß der Scipionen auf die römische Geschichte war außerordentlich. Im Gegensatz zu Männern wie dem alten Cato (234–149 v. Chr.), der die bäuerlichen Traditionen des Römertums verteidigte, zeigten sich die Scipionen griechischer Bildung gegenüber aufgeschlossen und eröffneten Rom, da sich ihre Haltung letztlich durchsetzte, den Weg zur Mittelmeerkultur. Vor allem in den Jahren 150–130 v. Chr. bildete der Freundeskreis der Scipionen, zu denen Philosophen, Historiker und Dichter gehörten, ein Zentrum fruchtbarer Begegnung zwischen römischer und griechischer Geisteswelt. Ihre Begräbnisform (Sarkophage) weicht von der sonst üblichen Totenverbrennung ab.

27 Via Appia Antica

Zur Orientierung: Die Via Appia Antica begann in römischer Zeit beim Circus Maximus und führte in südöstlicher Richtung an den Caracallathermen vorbei zum Drususbogen (Porta Appia) der Aurelianischen Mauer. Dort liegt heute ihr Beginn. – Zwischen Drususbogen und der Kirche *S. Sebastiano* (2,5 km) liegen die *Katakomben des hl. Calixtus* (Via Appia Antica 110), von allen römischen Katakomben die bekannteste (Bushaltestelle). Führungen in deutscher, englischer und französischer Sprache.

Der sehenswerte Teil der Via Appia Antica beginnt erst beim *Grabmal der Caecilia Metella.* Man erreicht diesen Punkt in einer knappen Viertelstunde mit dem Schnellbus Nr. 118, der beim Kolosseum abfährt. Von der Endhaltestelle (Restaurant) ist die weitere Besichtigung nur zu Fuß oder mit Taxi möglich.

Die Via Appia Antica, deren ursprünglicher Charakter durch die rigorose Bautätigkeit der Nachkriegszeit gefährdet war, soll nach einem 1965 verabschiedeten Gesetz in einen 2000 Hektar großen Park einbezogen und so vor weiterer Verbauung geschützt werden.

Die Via Appia Antica war der Überlieferung nach die älteste römische Straße. Das 312 v. Chr. unter dem Zensor *Appius Claudius Caecus* gleichzeitig mit der ersten römischen Wasserleitung, der *Aqua Appia* fertiggestellte Bauwerk hatte in erster Linie militärische Bedeutung. Es verband Rom mit dem in Kampanien gelegenen, 200 km entfernten *Capua,* mit dem seit 338 v. Chr. ein Bündnisvertrag bestand. Die Straße führte auf weiten Strecken durch das Gebiet der *Samniten,* die unter allen italischen Stämmen die für Rom gefährlichsten Gegner waren. Die Kämpfe mit den Samniten dauerten rund fünfzig Jahre (326–272). Rom ging als Sieger aus ihnen hervor und war damit der Beherrscher Italiens. Die Via Appia, an deren Verlängerung man ständig arbeitete, erreichte bald darauf (264 n. Chr.) den an der Adria gelegenen Seehafen von *Brundisium,* der für die Verbindungen nach Griechenland, Kleinasien und Ägypten von ausschlaggebender Bedeutung war. Die Stadt war 30 Jahre zuvor zur römischen Kolonie geworden.

Zur repräsentativen Gräberstraße wurde die Via Appia Antica erst, als sich Rom militärisch in Sicherheit wußte, und die *Campagna* zu einem bevorzugten Gebiet für Villen und Landsitze geworden war. Schon in spätrepublikanischer Zeit begann sich daher ihr Bild zu verändern, bis sich schließlich zur Kaiserzeit die oft kostspieligen und aufwendigen Grabbauten auf einer Länge von 20 km der Straße entlangzogen. – Der größte Teil dieser Bauten wurde 272 n. Chr., als sich die germanischen Angreifer bis auf 100 km der Stadt genähert hatten, kurzerhand abgerissen, um Material für die Errichtung der Aurelianischen Mauer zu gewinnen. Gleichzeitig entvölkerte sich auch die Campagna, die (während des Mittelalters malariaverseucht) zuletzt jenen herben Charakter annahm, den uns in poetischer Verklärung die Malerei und Dichtung des 16.–19.Jh. vor Augen führt.

128

Das Straßenstück zwischen der Kirche S. Sebastiano und dem Grabmal der Caecilia Metella (etwa 400 m): Man sieht links, in östlicher Richtung, eines der letzten großen Bauwerke der zu Ende gehenden Kaiserzeit, die Ruinen der von Maxentius 309 n. Chr. errichteten *Wagenrennbahn*, die rund 18000 Zuschauern Platz bot.

Grabmal der Caecilia Metella (augusteische Zeit): Auffallender hoher Rundbau. Von allen an der Via Appia noch erhaltenen Grabbauten die eindrucksvollste Ruine. Ziegelkern mit Travertinverkleidung, Durchmesser 20 m. Der Zinnenkranz im Mittelalter hinzugefügt, als das Grabmal Teil einer Burg war. Einziger Schmuck: Ein Fries mit Stierschädeln im Wechsel mit Girlanden. – Caecilia Metella war die Schwiegertochter eines unter Caesar kämpfenden, hochverdienten Offiziers. Über ihre Person ist sonst nichts bekannt.

Der malerischste Abschnitt der Via Appia Antica sind die folgenden 4 km vom Grabmal der Caecilia Metella bis zum *Castel Rotondo*. Die Straße verläuft schnurgerade durch die Campagna und gewinnt langsam die Höhe der Albaner Berge.

Zur Straßenbautechnik der Römer: Schon das Zwölftafelgesetz aus dem Jahre 450 v. Chr. legt für die römischen Straßen fest, daß sie nicht breiter als 4.80 m sein sollten. Gemeint waren wohl zunächst die Straßen innerhalb der Stadt, doch wurde dieses Maß auch sonst eingehalten. Es erlaubte, daß zwei Wagen gut aneinander vorbeikamen (antike Radspur 1,44 m). – Der Unterbau einer römischen Straße variierte je nach der Bodenbeschaffenheit. In der Regel war er 1 m bis 1.20 m tief und bestand aus zwei verschiedenen Schichten: Kalkmörtel mit groben und Kalkmörtel mit kleineren Steinen. Für die Straßendecke verwendete man das härteste aller Gesteine, den vulkanischen Basalt; polygonal bearbeitet wurde er mosaikartig zur Pflasterung zusammengesetzt. Die einzelnen Steine wogen zwischen 20 kg und einem Doppelzentner. Sie wurden ohne Zement in den Unterbau gesetzt. – *Die Straßenführung* war, soweit es irgend ging, geradlinig. Naturhindernisse wurden durch Dämme oder Schneisen, Tunnels oder Brücken überwunden. So durchlief z. B. die Via Appia auf einer Länge von 32 km die gefürchteten Pontinischen Sümpfe (bei Velletri) mittels eines aus Holzpfählen und Reisig gebauten, mit Steinen ausgefüllten Dammes. – In der Regel waren es römische Legionäre, die die Straßen bauten (Beschäftigung in Friedenszeiten). Jede Legion hatte ihren eigenen Straßenbauingenieur und einen Landvermesser. Spaten und Hacke, Säge, Beil und Sichel sowie Körbe gehörten zur regulären Ausrüstung. – Die römischen Meilensteine waren etwa 2.40 m hoch, hatten einen Durchmesser von 50 cm und wogen ungefähr zwei Tonnen; im Boden waren sie etwa 60 cm tief verankert. Sie waren im Abstand von 1000 römischen Schritten oder einer römischen Meile (1480 m) aufgestellt. Nach rund 500jähriger Bauzeit umfaßte das römische Straßennetz 80000 bis 85000 km.

28 Milvische Brücke (Ponte Molle)

Zur Orientierung: Die im Norden von Rom am Ende der Via Flaminia (Verlängerung des Corso) gelegene Brücke erreicht man von der Piazza del Popolo aus mit dem Omnibus in etwa 15 Minuten.

Die Milvische Brücke, 109 v. Chr. durch den Censor *Marcus Aemilius Scaurus* neu errichtet, gehört zu den frühen technischen Bauten Roms, bei denen das Tonnengewölbe Anwendung findet. Vorausgegangen waren die 144 v. Chr. erbaute *Aqua Marcia*, Roms erste Wasserleitung, und der 142 v. Chr. mit Steinbogen versehene *Pons Aemilius* (Ponte Rotto). Als Grundmaterial wurde Sperone verwendet, eine Art Tuff; die Einfassung der Bogen, die Widerlager und die Wasserteiler sind aus Travertin. Restaurierungen fanden seit dem 15. Jh. mehrfach statt. Erhalten haben sich vier Brückenbogen, die heute den mittleren Teil des *Ponte Molle* bilden. Die Barockzeit versah die Brücke mit Standbildern; 1805 fügte man einen Triumphbogen hinzu.

Die Schlacht an der Milvischen Brücke (312 n. Chr.) war von weltgeschichtlicher Bedeutung, weil sie die Anerkennung des Christentums zur Folge hatte. *Konstantin*, 306 in England vom Heer zum Kaiser ausgerufen, siegte hier gegen seinen Rivalen *Maxentius*, den zur selben Zeit in Rom die Praetorianer zum Kaiser erhoben hatten. Konstantin, dessen Schutzgott in früheren Jahren Apoll gewesen war, ließ vor der Schlacht an der Milvischen Brücke die Schilde seiner Soldaten mit dem Monogramm Christi bemalen und wertete seinen Sieg als Beweis für die Existenz des christlichen Gottes.

29 Tivoli und Villa Hadriana

Rund 30 km östlich von Rom. Gute Verkehrsverbindung durch die hellblauen Schnellbusse (Fahrzeit 50 Min.), die dem Haupteingang der Stazione Termini gegenüber, in der Via Gaeta, abfahren und meist halbstündlich verkehren. Man fährt über die Via Tiburtina, passiert nach etwa 20 km das Schwefelbad Bagni di Tivoli und anschließend die großen Travertinsteinbrüche, die schon das Material für das Kolosseum und den Petersdom lieferten, überquert den Aniene und steigt, wenn man zur Villa Hadriana will, an der zweiten Haltestelle nach Villanova aus. Von dort sind es noch 1,2 km zu Fuß durch die Strada di Villa Adriana (Busverbindung meist nur halbstündlich) bis zum Haupteingang.

Tivoli, berühmt durch die im 16. Jh. errichtete *Villa d'Este*, bewahrt aus römischer Zeit zwei Tempel: einen jüngeren (Mitte 1. Jh. v. Chr.) von dem sich nur geringe Reste erhalten haben, und einen älteren, vielleicht in sullanische Zeit (um 80 v. Chr.) zu datierenden *Rundtempel:* Über hohem Podium (wie es römischer Gewohnheit entsprach) erhebt sich die Cella, ehemals umstellt von 18 kannelierten Säulen mit italisch-korinthischen Kapitellen. Das Bedeutsame: Vielleicht zum erstenmal in der römischen Architektur wurde hier die Cella ganz aus Mörtelwerk aufgemauert, einem Material, dem man zuerst bei der Erneuerung des Castortempels (117 v. Chr.) auf dem Forum Romanum begegnet. Die Schmuckformen: Girlanden mit Tierschädeln, auf die Opferhandlung anspielend.

Villa Hadriana   **Nr. 29**

Der Archäologe Heinz Kähler nannte die Villa Hadriana »die schönste antike Ruinenlandschaft auf dem Boden Italiens«. Knapp 30 km von der Hauptstadt entfernt, den Abhängen von Tivoli gegenüber gelegen und durch das Tempetal von diesen getrennt, umfaßt sie ein Areal von nahezu anderthalb Quadratkilometern. Schon rein ausdehnungsmäßig ist sie mit dem landläufigen Begriff der Villa nicht zu fassen. Tatsächlich handelt es sich um ein vielfältiges Konglomerat unterschiedlichster Gebäudegruppen, die offenbar ohne einheitlichen Plan, aber letztlich doch zusammenhängend während der zwanzigjährigen Regierungszeit Kaiser Hadrians (117–138 n. Chr.) entstanden sind.

Die einzelnen Bauten tragen nicht selten die persönliche Handschrift des Kaisers, sind von ihm mitentworfen oder gehen auf seine Anregungen zurück. Im Grunde handelt es sich um die Verwirklichung von Architekturphantasien, um ein musisches Spiel mit Formen, Einfällen und Ideen, deren Nährboden die ausgedehnten Reisen dieses an griechischer und ägyptischer Kultur sich begeisternden Kaisers bildeten.

Nicht zufällig stoßen wir in der Villa Hadriana auf Baukomplexe, die sich in Erinnerung an Gesehenes die *Akademie von Athen* oder die *Poikile* nennen und im *Kanopos* einen Kanal nachbilden, der Alexandria mit einem ägyptischen Serapisheiligtum verband. Nicht der praktische Zweck diktierte die baulichen Maßnahmen, sondern der ästhetische Geschmack, die Freude an der schönen Form und die Neigung zum architektonischen Experiment.

Der Grundgedanke ist gleichwohl der einer Residenz, und die gewaltigen Dimensionen, die Festsäle, die Bibliotheken, die Thermen rechnen mit Besucherzahlen, wie sie einer kaiserlichen Hofhaltung entsprechen. In ihren fremdländischen Anspielungen verkörpern die Bauten zugleich Größe und Universalität des Römischen Reiches, dessen weitgespannte Grenzen alle diese Länder umschloß.

Daneben gibt es die kleinen, privaten Bezirke und das Zurückziehen auf sich selbst in philosophisch anmutender Absonderung. So läßt sich der Kaiser im *Teatro marittimo* eine kreisförmige Gebäudeinsel bauen, die, von einem Wassergraben umschlossen und durch einen tonnengewölbten Umgang gegen die Außenwelt isoliert, nur über drehbare Brücken erreicht werden konnte.

Was die hadrianische Architektur aber allgemein auszeichnet, ist die Verbindung des römischen Massenbaues (komplizierte Raum- und Gewölbeformen aus Gußmauerwerk) mit der griechischen Säulenstellung und der aus ihr resultierenden räumlichen Transparenz. – Vergleichbares hat in neuerer Zeit erst wieder die Barockarchitektur durch das Zusammenspiel von Säule und sphärischer Gewölbeform hervorgebracht.

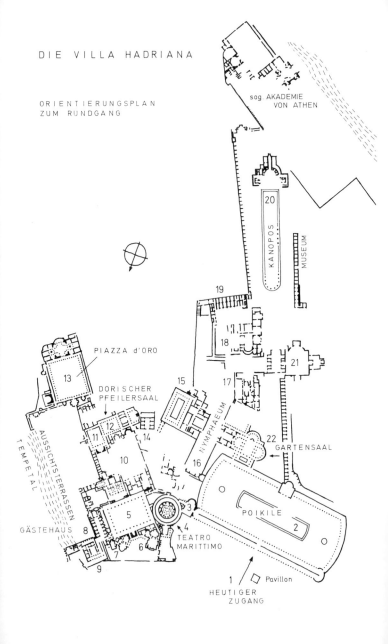

Erläuterung zum Orientierungsplan

[1] Pavillon mit dem Modell der Gesamtanlage. Das Modell ist unbedingt sehenswert und für die allgemeine Orientierung vor dem Rundgang von großem Nutzen.

[2] Sog. *Poikile*, ein großer Gartenhof mit umlaufenden Säulenhallen, benannt nach der Stoa Poikile in Athen.

[3] *Sala dei Filosofi*, ein Verbindungsbau zwischen Poikile und Teatro marittimo, als Bibliothekssaal genutzt.

[4] Sog. *Teatro marittimo*, eine Gebäudeinsel, von einem Wassergraben umgeben und ringsum von einem tonnengewölbten Säulengang eingefaßt. Berühmt und sehenswert.

[5] Rechteckiger Säulenhof als Mitte zwischen Teatro marittimo und Gästehaus; an der Längsseite Bibliotheksbauten.

[6] Sog. *lateinische Bibliothek*. Mehrstöckiges Gebäude mit kompliziertem Raumorganismus.

[7] Sog. *griechische Bibliothek*. Parallelgebäude zur lateinischen Bibliothek mit verwandten Raumgrundrissen.

[8] Ein als Gästehaus gedeutetes Gebäude mit Zimmern auf beiden Seiten eines langen Ganges. Besonders sehenswert durch die noch gut erhaltenen Mosaikfußböden.

[9] Vermutlich ein zum Gästehaus gehörendes Wirtschaftsgebäude mit einem oder mehreren Speiseräumen. Sehr schöne Lage oberhalb des ehemals reizvollen, heute jedoch verwilderten Tempetales.

[10] Teile des kaiserlichen Palastes, die noch nicht vollständig ausgegraben sind und deren räumlicher Zusammenhang noch geklärt werden muß.

[11] Säulenhof mit abschließendem Wandbrunnen (Nymphäum).

[12] Sog. *dorischer Pfeilersaal*, so benannt nach griechischen Architekturelementen, die seinen Aufbau bestimmen. Teilweise noch gut erhalten.

[13] Sog. *Piazza d'oro*, der architektonisch prunkvollste und baukünstlerisch bedeutendste Teil der Palastanlage, ein großer Hof mit doppeltem Säulenumgang und axsial gelegenen Prachträumen.

[14] Gebäude der Palastfeuerwehr.

[15] Sog. *Edificio sopra il Ninfeo*.

[16] Nymphäum

[17] Kleine Thermen

[18] Große Thermen

[19] Magazine

[20] Der sog. *Kanopos*, ein langgestrecktes Wasserbassin mit umlaufender Säulenarkade, ehemals reichem plastischen Schmuck und abschließender Nachbildung eines ägyptischen Heiligtums, dem sogenannten Serapeum.

[21] Sog. *Vestibül*, vielleicht ehemals der Haupteingang.

[22] Großer Gartensaal

Rundgang durch die Ruinen der Villa Hadriana

[1] Der heutige *Haupteingang* (Eintrittskarten) liegt unterhalb der Poikile. Dort Parkplatz und Gartenrestaurant. Von dort zur Poikile etwa 10 Minuten zu Fuß, ansteigend. Vor der Poikile kleinerer Parkplatz, Imbißstube und Pavillon mit dem Architekturmodell der rekonstruierten Gesamtanlage.

[2] *Die Poikile* (»bunte Halle«), benannt nach der mit Gemälden geschmückten Stoa Poikile in Athen, war ein ungewöhnlich großer Gartenhof (232 × 97 m), ursprünglich von Säulenhallen umgeben. In der Mitte das wiederhergestellte, mit Wasser gefüllte Fischbecken, an dessen Schmalseiten in antiker Zeit kleine, zurückgesetzte Rundtempel standen. Vom ehemaligen Umgang hat sich noch die 9 m hohe Nordmauer erhalten. An diese Mauer schlossen sich auf beiden Seiten flachgedeckte Säulenhallen an (die einstige Säulenstellung heute durch Büsche markiert). Der noch erhaltenen Rundbogenöffnung gegenüber lag auf der Südseite ein saalartiges Gebäude, dessen Säulenportikus die Querachse betonte. Von dort aus führte ein überdachter Gang zum *Vestibül* (21). An den Schmalseiten waren die Säulenhallen konkav geschwungen und nahmen so Bezug auf die Rundform der kleinen Tempel.

[3] *Sala dei Filosofi*: Der nahezu quadratische, viertürige Saal, der vermutlich flach gedeckt war, besticht durch seine harmonischen Proportionen (Höhe, Breite, Länge annähernd 1:1:1). In unmittelbarer Nachbarschaft zum Teatro marittimo und den anschließenden Bibliotheksbauten gelegen, andererseits mit den schattigen Wandelgängen der Poikile verbunden, gehörte dieses Bauwerk zum »geistigen« Bezirk der hadrianischen Anlage, ein Raum, der wohl am ehesten für Vorträge, kleinere Empfänge oder Symposien bestimmt war. Sofern die Wandnischen der überkuppelten Apside tatsächlich, wie angenommen wird, die Standbilder der sieben Weisen von Athen enthielten, würde das der Bestimmung des Saales durchaus gerecht werden. Seine Atmosphäre war ernst und würdevoll, andererseits war der Raum durch eine hohe Säulenstellung für den Blick in den Garten geöffnet.

Teatro marittimo. Schnitt durch die Gebäude-Insel

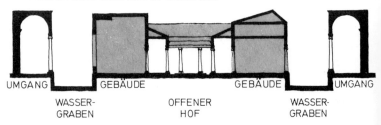

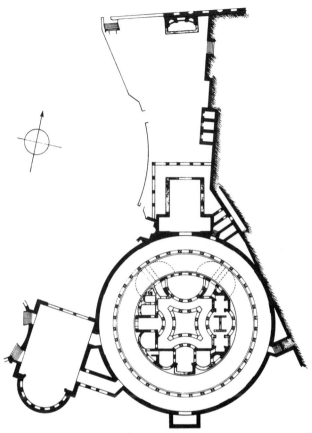

Teatro marittimo. Grundriß

[4] Das *Teatro marittimo*, das man vom Philosophensaal aus betritt, bildet einen von außen nicht einsehbaren, in sich selbst ringförmig geschlossenen Bezirk, der lediglich über abgewinkelte Treppengänge mit den höher gelegenen Bibliotheksbauten Verbindung hat. Von einem Wassergraben umschlossen, erhebt sich in der Mitte eine ehemals nur über drehbare Brücken zugängliche Gebäudeinsel. Dieser Bereich, in den man sich wie in ein architektonisches Gehäuse zurückziehen konnte, soll der Lieblingsplatz Kaiser Hadrians gewesen sein: eine Architekturschöpfung, die gleichsam modellhaft eine philosophische Daseinsform repräsentiert.

Teatro marittimo. Heutiger Zustand

Der Wille zur Absonderung spricht hier aus jeder Einzelheit. Vor allem ist es der tonnengewölbte, fensterlose Umgang, der dieses künstlich geschaffene Eiland hermetisch von der Außenwelt trennt. Dagegen richtet sich seine »Innenfassade«, eine aus 40 ionischen Säulen bestehende Kolonnade, ganz nach der Insel hin aus und reflektiert gewissermaßen deren innere Struktur.

Die Insel selbst bildet mit ihren Gebäuden einen vielseitigen, durchaus funktionsfähigen Organismus, der die Lebensbedürfnisse ihrer möglichen Bewohner in vollem Umfange berücksichtigt. In der Hauptachse, die sich optisch bis zu einem im Garten gelegenen Nymphäum fortsetzt, liegt der von Nebenräumen begleitete Hauptsaal; dann der von Säulen umstellte Innenhof mit einem Springbrunnen als Mitte; schließlich eine halbkreisförmige Säulenterrasse mit Blick zum Garten.

Auf der Seite zum Philosophensaal befand sich eine komplette Thermenanlage, bestehend aus Kalt-, Warm- und Wannenbad sowie einem Ausstieg in den Wasserkanal, der auf diese Weise die Funktion eines offenen Schwimmbeckens übernehmen konnte.

Auf der gegenüberliegenden Seite, den Bibliotheken zugewandt, waren Lese- und Liegeräume eingerichtet: kleine Alkoven, die es erlaubten, je nach Sonnenstand die Ost- oder die Westseite zu benützen. In den hier angrenzenden Seitenräumen vermutet man kleine Bibliotheken.

Zu den besonderen Reizen des Teatro marittimo gehörte der Wechsel zwischen geschlossenen, offenen und halboffenen Räumen sowie das kontrastierende Formenspiel von konkav und konvex geführten Architekturteilen. Ein weiteres Moment sind die achsialen Durchblicke, die trotz kurzer Distanzen eine die wahren Raumverhältnisse verschleiernde, kulissenhafte Wirkung zeitigen. – Architekturgeschichtlich gesehen handelt es sich dabei um eine geistvolle Synthese zwischen griechischer und römischer Form: Elemente des Gliederbaues (Säulen, Architrav) verbinden sich mit solchen des Massenbaues (Tonnengewölbe), ein Merkmal, das gerade die hadrianische Architektur häufig charakterisiert.

[5–7] Vom Teatro marittimo kommend, gelangt man über die erwähnten Treppengänge auf das höher gelegene Niveau eines ehemaligen Säulenhofes (heute aufgeschüttet und mit Olivenbäumen bepflanzt). An seiner Nordseite (links) stößt man auf die Reste der einstigen Bibliotheksbauten, die z. T. noch bis zum dritten Stockwerk reichen. An dieser Seite war der Hof von einer zweistöckigen Säulenkolonnade eingefaßt, die offenbar dazu diente, von den Bibliotheksbauten aus als Korridor benutzt zu werden.

Teatro marittimo mit Bibliotheksbauten. Modell

Bibliotheksbauten. Heutiger Zustand

Die *Bibliotheksbauten*, die nach römischer Sitte getrennt für griechische und lateinische Literatur bestimmt waren, orientieren sich mit ihren Haupträumen genau nach Norden. Sie besaßen große, durchfensterte Räume mit Türen in Richtung auf die angrenzenden Gärten mit ihren Wasserspielen. Deutlich zu erkennen ist noch der Verlauf einer zweifach abgewinkelten Säulenhalle, die den beiden Bibliotheksbauten auf der Gartenseite vorgelagert war. Beim Durchgang durch die Räume findet man an vielen Stellen noch Reste von bemaltem Stuck oder marmorner Wandverkleidung sowie Teile der ehemaligen Mosaik- bzw. Marmorfußböden.

In seinen Grundzügen am besten zu erkennen ist noch der Hauptraum der lateinischen Bibliothek: ein hoher, ehemals kreuzgewölbter Saal mit tonnengewölbten Nischen an drei Seiten und Wandvertiefungen für Statuen. In der Hauptrichtung ein großes Fenster mit Blick in einen zweiten Raum, der ähnliche Merkmale aufweist und der seinerseits mit einem großen Fenster zum Garten hin schloß. Die Eingangstüren, die Durchgänge und die Türen zum Garten liegen parallel zur Hauptachse jeweils an den Seiten.

[8] *Hospitalia.* Ein als Gästehaus gedeutetes Gebäude. An einem knapp 6 m breiten Gang, der auf einen großen Saal mit vier Figurennischen (vermutlich Teile einer älteren Anlage) zuläuft, liegen zu beiden Seiten je fünf gleichgeartete Zimmer, deren noch erhaltene Mosaikfußböden (eingeteilt in vier Felder) die Raumform widerspiegeln: quadratische Zimmer mit je drei Nischen für Liegebetten. Auch Gang und Saal sind mit Mosaikfußböden ausgestattet. Die Wände ursprünglich stuckiert und bemalt.

[9] Im anschließenden, tiefer gelegenen Wirtschaftsgebäude ein großer Speisesaal *(Triclinio detto Imperiale)*, der sich in einer Säulenstellung auf eine Vorhalle und zum Garten hin öffnete. Hier und in den seitlichen Gängen haben sich die Mosaikfußböden erhalten. Von einer angrenzenden Terrasse aus *(Padiglione di Tempe)* bot sich den Gästen ein schöner Ausblick auf das Tempetal und die sanften Hügelketten von Tivoli.

Man geht wieder zurück zum Säulenhof der Bibliotheken und kommt (nach links) über eine modern erneuerte Treppe auf das höhere Geländeniveau der südwestlichen Palastteile.

[10] *Teile des kaiserlichen Palastes*, die noch nicht vollständig ausgegraben sind und deren räumlicher Zusammenhang noch geklärt werden muß. Eine ungefähre Vorstellung vom möglichen Aussehen dieser Zwischentrakte vermittelt das Modellfoto.

[11] *Ninfeo di Palazzo* (Durchgang durch die wiederhergestellte Portalöffnung): Die halbkreisförmige, offene Apside ursprünglich gewölbt. Davor und seitlich im rechten Winkel ehemals Säulenhallen in Höhe der heutigen Mauerreste. Auf der gegenüberliegenden Seite vermutlich ansteigende Sitzreihen; darüber wohl Wasserspiele. Das Ganze vielleicht eine Art Aula für Gesangsdarbietungen, Vorträge oder Theater.

[12] *Sala dei Pilastri dorici:* Einer der großen Festsäle des Kaiserpalastes, dessen prunkvolle Ausstattung die erhaltenen Reste noch ahnen lassen. Das umlaufende Tonnengewölbe wird von kannelierten Pfeilern und einem »dorischen« Gebälk getragen: eine eigenartige Verbindung griechischer und römischer Formelemente.

Man geht von der Pfeilerecke aus durch einen tonnengewölbten Gang, biegt nach rechts ab und betritt die Piazza d'oro durch den achteckigen Kuppelsaal (Orientierung: große, wiederhergestellte Portalöffnung).

141

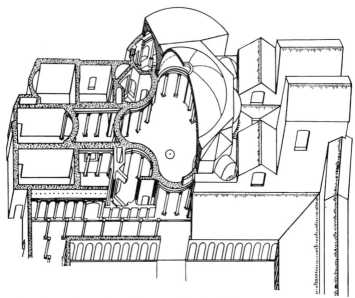

Sog. Piazza d'oro. Rekonstruktionsversuch (nach Kähler)

[13] *Piazza d'oro:* Ein großer, fast quadratischer Säulenhof, an den sich in der Hauptachse bedeutende Repräsentationsräume von hoher baukünstlerischer Qualität anschließen.

(a) Der achteckige Kuppelsaal (heutiger Zugang) besitzt ein zu großen Teilen noch erhaltenes Schirmgewölbe, dessen Kappen formal (ohne statische Funktion) von Säulen getragen wurden, die vor die Abwinkelungen der achtfach gebrochenen Wand gestellt waren. In den Diagonalen weitet sich der Raummantel durch vier große Wandnischen, in denen man sich griechische oder römische Standbilder vorzustellen hat. In der Querachse wird das System durch rechteckige, durchfensterte Nischen variiert, deren Tiefe sich aus ehemals dort befindlichen Zierbrunnen erklärt, die dem Raum zugleich den Charakter eines Nymphäums gaben. – Das Ganze erweist sich somit als geistvolle Kombination eines Achtecks mit variabler Ummantelung, repräsentativer Säulenstellung, gegliederter Wölbungsschale sowie querachsialer Lichtführung, wozu noch die Bereicherung durch Statuen und Wasserspiele kommen.

(b) Die gegenüberliegende östliche Raumgruppe beansprucht die volle Breite des großen Säulenhofes und stellt eine der erstaunlichsten Architekturerfindungen des Altertums dar. In ihrer Disposition erweist sie sich als ein

Ineinandergreifen unterschiedlichster Raumformen auf kompliziertester Konstruktionsgrundlage.

Die Ummantelung des zentralen Hauptraumes, von dem angenommen wird, daß er überkuppelt war, besteht lediglich aus einer Säulenstellung von wechselweise konkavem und konvexem Verlauf und erzeugt so eine nach allen Seiten wirksame Transparenz zu den benachbarten Sekundärräumen. In der Hauptachse schließt sich ein großes, bogenförmiges Nymphäum an; in den Diagonalen fällt der Blick auf sich verengende Nebenräume, deren Durchfensterung das Tageslicht kleiner Höfe einfing, vor deren geschwungener Rückwand sich Springbrunnen befanden. Auch in der Querachse folgten zunächst offene, an allen vier Seiten von Säulen umstellte Zierhöfe mit Springbrunnen. Diese Höfe erfüllten im Zusammenhang mit den Seiteneingängen die Funktion kleiner Empfangshallen; sie waren gleichzeitig eine zusätzliche Lichtquelle für die tonnengewölbten Binnenräume.

(c) Der große Säulenhof war an allen vier Seiten von einer breiten Halle eingefaßt, von deren kostbarem Marmorfußboden sich in der südlichen Ecke noch sehenswerte Spuren erhalten haben. Die Hallen waren durch eine innere Säulenreihe zweigeteilt, die Wände durch Halbsäulen mit Pilasterrücklagen gegliedert. In der Hauptachse des Hofes erstreckte sich in Richtung auf die oben beschriebene Raumgruppe ein breites Wasserbassin.

(d) Aussichtsterrasse (auf der Seite zum Tempetal gelegen, ehemals von den Säulenhallen verdeckt): architektonischer Akzent in einer asymmetrisch gelegenen, teilweise heute noch aufrecht stehenden Apside mit entsprechenden Nebenräumen. Von hier aus bot sich ein schöner Blick auf die Hänge von Tivoli.

Sog. Piazza d'oro. Grundriß der östlichen Raumgruppe (nach Kähler)

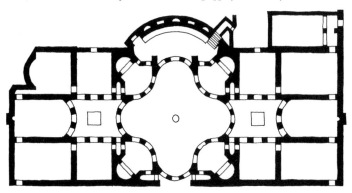

Sog. Kanopos. Wiederaufgerichtete Teile

[14–16] Von der Piazza d'oro aus führt in westlicher Richtung (links am achteckigen Kuppelsaal vorbei) ein Fußweg hinunter zur tiefer gelegenen Kaserne der Palastfeuerwehr *(Caserna dei Vigili)*. Von dort kommt man nach links in einen Kryptoportikus und über eine Treppe zu einem höher gelegenen, ehemals von einer Säulenhalle eingefaßten Wasserbecken von bedeutenden Ausmaßen. Dieser ganze Bereich, an den sich Räume von auffallend großen Dimensionen anschließen, ist in seiner Zweckbestimmung bis heute ungeklärt. Neuerdings bezeichnet man ihn als *Edificio sopra il Ninfeo*. Offenbar handelt es sich um prunkvolle Gesellschaftsräume, die ähnlich wie auf dem Palatin oberhalb eines langgestreckten Gartenhofes lagen. Man beschrieb ihn bisher als Stadion, während die heutige Forschung hier ein *Nymphäum* zu erkennen glaubt. Die hoch gelegenen Räume, deren Hauptsaal offenbar als Loggia ausgebildet war, boten einen prächtigen Ausblick auf diese mit Wasserspielen ausgestattete Gartenanlage.

[17–18] Auf der Höhe des Edificio sopra il Ninfeo nach Süden weitergehend, führt ein Fußweg oberhalb der *Kleinen Thermen* (die man rechts liegen läßt) hinunter zu den *Großen Thermen*, die zu den eindrucksvollsten Bauten der hadrianischen Villenanlage zählten. Noch heute sind die Überreste sehenswert, vor allem durch einige noch erhaltene Kreuzgewölbe von erstaunlicher Spannweite, von denen eines (was äußerst selten ist) noch Teile der ehemaligen Stuckierung aufweist: ornamentierte Felder mit eingelassenen Medaillons sowie figürliche Reliefs.

[19] *Magazine*: Man verläßt die Thermen in Richtung auf die hohen tonnengewölbten Substruktionen, die man fälschlicherweise als *Praetorium* bezeichnet hat. Es handelt sich um ehemals dreistöckige Vorratsräume, deren hölzerne Zwischenböden (die heute fehlen) über eine Treppe und balkonartig vorgebaute Laufgänge erreicht wurden.

[20] *Der Kanopos:* Nachbildung eines Kanales, der Alexandria mit der ägyptischen Stadt *Canopos* und ihrem *Serapisheiligtum* verband. Für Kaiser Hadrian verband sich mit dieser Reiseerinnerung zugleich das Andenken an seinen im Nil ertrunkenen Lieblingsknaben *Antinoos*. Die heute wieder aufgestellten Plastiken und die teilweise rekonstruierte Säulenkolonnade vermitteln eine gute Vorstellung von der ebenso festlichen wie heiteren Stimmung dieser dekorativen Kulisse, bei der die rhythmisch bewegte Architektur ebenso stark zum Beschauer spricht wie die schöne körperliche Erscheinung der Statuen. Die Plastiken sind Abgüsse von hier gefundenen Originalen, die sich heute im gegenüber gelegenen Museum befinden. Die an der Langseite aufgestellten *Koren* sind römische Nachbildungen der Gebälkträgerinnen vom Erechtheion in Athen und gehörten zu einem in der Nähe des Kanopos gelegenen Portikus.

[21] *Vestibül:* Beim Rückweg vom Kanopos zur Poikile auf der linken Seite gelegene Reste einer größeren Baugruppe, die möglicherweise den Haupteingang der Villa Hadriana bildete.

[22] *Großer Gartensaal:* Die Hauptachse des annähernd quadratischen Mittelsaales (flankiert von zweimal sechs Säulen) ist gegen die Poikile ausgerichtet, zu der seitliche Gänge (rechts und links von einem querrechteckigen Nymphäum) die Verbindung herstellten. Zu beiden Seiten der Hauptachse sowie im Rücken der kleinen Apside umschließen halbkreisförmige, von Säulenkolonnaden begleitete Gänge drei mit Springbrunnen besetzte, offene Binnenhöfe, in die man auch vom Hauptsaal aus durch ausgesparte Fenster Einblick hatte.

Großer Gartensaal. Grundriß

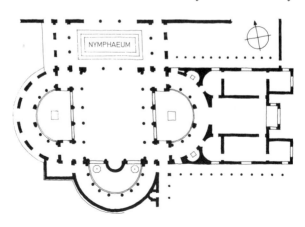

30 Ostia antica – Die antike Hafenstadt Roms

Öffnungszeiten der Ausgrabungsstätten: Täglich, außer montags, von 9 Uhr bis etwa 18 Uhr, im Winter bis eine Stunde vor Sonnenuntergang.

Kurzinformation: Ehemals an der Tibermündung gelegene Hafenstadt, die der Versorgung Roms mit Lebensmitteln diente. Sehr gut ausgegraben. Sehenswert: der antike Stadtorganismus mit Theater, Tempeln, Thermen und Heiligtümern. – Wohn- und Lagerhäuser, z.T. mit Mauern bis zum 2. Stock. – Zahlreiche Mithrasheiligtümer. – Ungewöhnlicher Reichtum an noch sehr gut erhaltenen Bodenmosaiken.

Anfahrt mit der Eisenbahn: Metro von Stazione Termini bis Piazza Ostiense (Cestiuspyramide). Dort umsteigen in den Vorortzug Richtung *Ostia Lido* (gesonderte Fahrkarten). Aussteigen bei Stazione *Ostia antica.* Fahrzeit ab Stazione Termini (mit Umsteigen, Wartezeiten, etc.) rund 1 Stunde. (In größeren Abständen gibt es auch durchgehende Metrozüge). – Von der Eisenbahnstation bis zu den Ausgrabungsstätten *(scavi di Ostia antica)* geht man etwa zehn Minuten zu Fuß (Fußgängersteg über die Autostrada).

Anfahrt mit dem Auto: Vom Kolosseum nach Süden über die *Via di Gregorio* (vom Konstantinsbogen aus dem Palatin entlang) und deren Fortsetzung (leicht rechts), die *Viale Aventino* zur *Piazza Porta S. Paolo* (Cestiuspyramide). Von

146

Ostia antica. Luftaufnahme des Ausgrabungsgebietes

dort führt die *Via Ostiense* (rechts am Bahnhof vorbei) nach Süden direkt zu den Ausgrabungsstätten.

Zur Beschriftung der Ruinen: Cardo: die im rechten Winkel zum Decumanus von Nord nach Süd verlaufende Hauptstraße; *casa:* das mehrstöckige Miethaus (im Unterschied zur herrschaftlichen, meist einstöckigen domus); *caupona:* Schenke, Wirtshaus; *cippus:* Grabaufsatz; *decumanus:* die von West nach Ost verlaufende Hauptstraße; *domus:* herrschaftliches, meist einstöckiges Haus, in der Regel aus republikanischer oder spätantik-konstantinischer Zeit; *faro:* Leuchtturm; *foce:* Mündung; *fullonica:* Färberei; *horrea:* Magazin, Lagerhaus, auch Kaufhaus, hier meist Getreidespeicher, Wein- oder Ölmagazin; *insula:* ein an vier Seiten von Straßen umgebener Häuserkomplex; *lararium:* Heiligtum der Hausgötter; *mitreo:* Mithrasheiligtum; *ninfeo:* Nymphäum, ein öffentlicher oder privater Zier- oder Prachtbrunnen; *Ostia:* von lat. os, Flußmündung; *portico:* Säulen- oder Pfeilerhalle, meist entlang einer Straße; *sacellum:* Heiligtum der Hausgötter, in Nischenform, als Tempelchen oder als Wandmalerei; *schola:* hier nicht Schule, sondern meist profane oder religiöse Vereinigung; *semita:* Fußweg, Seitenweg, Bürgersteig; *tempio:* Tempel; *terme:* Badeanlage; *tomba:* Grab; *via delle tombe:* Gräberstraße. Häusernamen, z.B. *Casa di Diana*, sind in der Regel Behelfsnamen, die man nach bestimmten Fundstücken so gewählt hat.

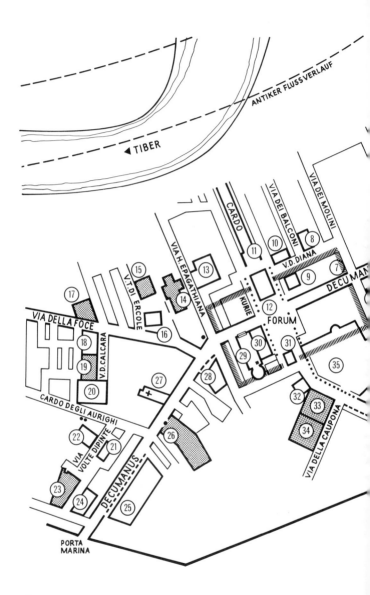

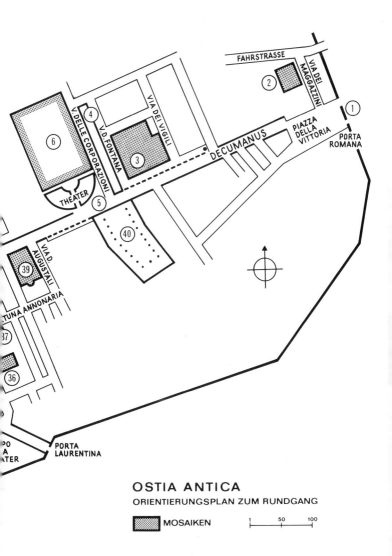

OSTIA ANTICA
ORIENTIERUNGSPLAN ZUM RUNDGANG

MOSAIKEN

Geschichtlicher Überblick: Ostia war im 4.Jh. v.Chr. noch ein befestigtes römisches Militärlager (ein *Castrum*) zum Schutze der nach Rom führenden Salzstraße. Die Mauern dieses Lagers (193 × 120 m) bezeichnen auch den Kern der späteren Stadt (Plan: gestrichelte Linie). Nachdem Ostia während des Bürgerkrieges (87 v.Chr.) zerstört worden war, wurde es von Sulla wiederaufgebaut und durch eine 4 km lange Mauer befestigt, deren Verlauf uns zeigt, daß Ostia schon damals nahezu dieselbe Flächenausdehnung besaß wie später unter den Kaisern. Die wenigen, aus der republikanischen Ära noch erhaltenen Überreste (Stadt- und Castrumsmauer) erkennt man leicht an den großen dunklen Tuffsteinquadern, einem Material, das hier wie auch in Rom vor allem seit Sulla Verwendung fand. Alles andere, was heute noch als Ruine aufrecht steht, ist fast ausnahmslos kaiserzeitlich.

Die Erneuerung von Ostia beginnt mit Kaiser Augustus, der das heute wiederhergestellte, am Decumanus gelegene Theater errichten ließ. Unter Kaiser Claudius (41–54) erhielt Ostia seinen damals berühmten Flußhafen, der als technische Meisterleistung, ausgestattet mit wellenbrechenden Molen und einem Leuchtturm, viel bewundert wurde (vorher hatten die Schiffe am natürlichen Flußufer anlegen müssen). Um das zunehmende Versandung des Tibers entgegenzuwirken, erweiterte Kaiser Trajan (98–117) die Anlagen durch ein landeinwärts gelegenes, sechseckiges Hafenbecken, an dem bis zu 40 Schiffe festmachen konnten.

Ostia erlebte unter Kaiser Trajan (98–117), Hadrian (117–138) und Antoninus Pius (138–161) seine größte Blütezeit. Dies erklärt auch den Reichtum an Bodenmosaiken, einer Dekorationsart, die sich erst herausgebildet hatte, nachdem seit Neros Tod (68) die römische Wandmalerei allgemein durch die Inkrustationstechnik (d.h. durch Verkleidung der Mauern mit Marmorplatten, wie z.B. beim Pantheon in Rom) ersetzt worden war. Zugleich ist diese Mosaikkunst ein Gradmesser für den Wohlstand Ostias im 2.Jh. n.Chr. Ganze Quartiere wurden umgestaltet, Straßen und Plätze durch Säulen- und Pfeilerhallen erweitert, Tempel und Thermenanlagen neu erstellt. Doch treten auch die negativen Folgen deutlich zutage. Denn das Anwachsen der Bevölkerung auf schließlich 80000 Menschen ließ den Boden knapp werden und zwang zur Aufgabe des traditionellen römischen Atriumhauses mit seinen ebenerdig gelegenen Räumen. An seine Stelle trat das mehrstöckige, uniforme Etagenhaus, das nun auch das Straßenbild veränderte.

Das spätere Schicksal der Stadt ist rasch skizziert: Im 3.Jh. mehren sich die außerrömischen, vor allem orientalischen Einflüsse (Zunahme der Mithrasheiligtümer); im 4.Jh. entzieht Kaiser Konstantin Ostia das Stadtrecht. Da ein Teil der Bevölkerung abwandert und der Boden an Wert verliert, erlebt das ebenerdige, einstöckige Haus, die herrschaftliche *domus*, noch einmal eine kurze Nachblüte. Doch ist der Verfall Ostias nicht aufzuhalten. Im 6.Jh. ist die Stadt endgültig entvölkert und das Gebiet von da an – bis ins 19.Jh. – malariaverseucht.

Zu den Mithrasheiligtümern: Der schon in republikanischer Zeit ins römische Bewußtsein getretene Mithraskult war seit dem 2.Jh. n.Chr. im ganzen römischen Reich verbreitet und wurde schließlich sogar der wichtigste heidnische Kult. In Ostia fand man allein 19 Mithräen. Ursprünglich vollzog sich der Kult in Naturgrotten, deren Gewölbe als Himmelszelt aufgefaßt wird. In den städtischen Heiligtümern ahmte man solche Grotten nach und ersetzte die fehlende Quelle durch künstliche Wasserzufuhr. Der Glaube selbst war mystischer Natur und vielen Wandlungen unterworfen. Ganz allgemein verkörpert Mithras das Gute im Kampf gegen das Böse, ebenso das Licht im Gegensatz zur Finsternis. Mithras tötet den heiligen Stier und wird dadurch zum Schöpfer der Pflanzen und Tiere, schließlich zu einem unbezwingbaren Gott, der seine Anhänger nach dem Tode in die Gefilde der Seligen führt.

Terme dei Cisiari. Mosaik, Ausschnitt

Rundgang durch die Ruinen von Ostia antica

Allgemeiner Hinweis: Unsere Führungslinie entspricht etwa einem Fußweg von 4 km. Man benötigt dafür gute vier Stunden. Getränke und kleineren Imbiß gibt es innerhalb des Ausgrabungsbereiches nur beim Theater. Dagegen befindet sich zwischen Haupteingang und Bahnstation ein gut geführtes Gartenlokal: Osteria »*Allo sbarco di Enea*«.

Im nachfolgenden Text werden alle im Stadtplan von Ostia antica hervorgehobenen und durchnumerierten Monumente behandelt. Sie ergeben zusammen ein nahezu lückenloses Bild von den Baulichkeiten der verschiedenen Jahrhunderte.

Die *Mithrasheiligtümer* werden im nachfolgenden Text nicht einzeln genannt. Zu ihrem Verständnis vgl. die vorausgegangene Erläuterung.

Zwischen Haupteingang und *Porta Romana* liegt (noch außerhalb der eigentlichen Stadt) die antike Gräberstraße *(Via delle Tombe)*. Hier sollte man sich nicht lange aufhalten, da man sonst kostbare Zeit für die sehenswerteren Dinge verliert.

[1] *Porta Romana:* Eines der drei Stadttore aus sullanischer Zeit (nach 87 v. Chr.). Erhalten haben sich nur Teile des Unterbaues, vor allem links die großen dunklen Tuffsteinquader; sie liegen tiefer als das Niveau des jetzigen, aus der Kaiserzeit stammenden Straßenpflasters (sämtliche Marmorreste von kaiserzeitlichen Bauten).

Die Porta Romana bezeichnet den Beginn des 2 km langen *Decumanus*, der parallel zum antiken Flußbett des Tibers in Fortsetzung der alten Lagerstraße verläuft. Die auffallende Straßengabelung im Westen der Stadt, wo der Decumanus nach Süden abbiegt, beruht auf einer vorrömischen Landstraße, an deren Verlauf man offenbar festhielt. Dasselbe gilt für den *Cardo*, der südlich vom Kapitol nach Westen abbiegt.

Die Statue der Minerva Victoria, die heute auf dem freien Platz neben der Porta Romana steht, schmückte vielleicht ehemals den heute zerstörten Torbau. Man datiert sie in die Zeit Kaiser Domitians (81–96).

[2] *Terme dei Cisiari* (Vom Decumanus nach rechts in die Via dei Maggazzini Repubblicani bis zur Straße; von dort guter Einblick in die während der Kaiserzeit zu Thermen umgebauten Magazine): sehenswertes Mosaik mit Szenen aus dem Leben von Ostia. Die äußere Umrandung zeigt in stilisierter Form die Mauern des Hafens, dessen Wasser durch Neptun, Delphine und andere Meereswesen dargestellt wird. Es folgen Maultierkarren, Eselsgespanne und Kinderszenen. Im Zentrum die Darstellung von Ostia: In der Mitte das Rechteck des alten Castrums mit der Andeutung von Decumanus und Cardo; außen die Stadtmauer mit drei Toren und einem gesonderten Torbau gegen den Hafen; ferner vier Ecktürme, die von Atlanten getragen werden.

Man geht wieder zurück zum Decumanus und folgt diesem nach rechts in Richtung Theater. Auf der rechten Seite (Orientierungshilfe: eine einzelne, hohe Säule) sieht man die Reste von 30 Ziegelpfeilern. Sie gehören zu einer annähernd 100 m langen, ehemals marmorverkleideten *Pfeilerhalle* mit dahintergelegenen Läden. Von dieser Pfeilerhalle aus kam man nicht nur in die Thermen des Neptun, sondern auch in zwei Querstraßen, die *Via dei Vigili* mit der Polizeikaserne (Mosaiken) und die *Via della Fontana*.

[3] *Terme di Nettuno* (von einer Terrasse aus gute Übersicht über die Ausgrabungen sowie Einblick in mehrere große Räume mit Mosaiken und Blick in den Säulenhof der Palästra): sehenswertes Mosaik vom ehemaligen Fußboden der Eingangshalle; Datierung in die Zeit Antoninus Pius (138–161). In der Mitte Neptun, von einem Viergespann gezogen. Die ihn umgebenden Tritonen, Nereiden, Delphine, etc. formieren sich zu einer Art Bordüre und sind so angeordnet, daß sich an jeder Seite annähernd symmetrische Entsprechungen ergeben. Trotz lockerer Fügung ist das Ganze systematisiert.

[4] *Via della Fontana:* Sie verläuft rechtwinkelig zum Decumanus und begrenzt die Thermen des Neptun. Eine typische Wohnstraße, u. a. mit dem öffentlichen Brunnen (rechts) und einigen Läden (links). Die Häuser ursprünglich etwa dreimal so hoch wie die jetzigen Reste: eine Straßenschlucht gleichgearteter Miethäuser – ein Bild, das die republikanische Zeit mit ihren meist einstöckigen, überwiegend noch aus Holz errichteten Atriumshäusern nicht kannte.

[5] *Das Theater:* Von Augustus (31 v. Chr. – 14 n. Chr.) gestiftet. Mit diesem frühesten der kaiserzeitlichen Bauwerke beginnt sich das Stadtbild von Ostia zu verändern. Das Theater überragte ursprünglich die Masse der einstöckigen Atriumshäuser – erst vom 2. Jh. an blieb es durch die inzwischen mehrstöckig gewordene Bauweise verdeckt. Im Vergleich zum augusteischen Marcellustheater in Rom (15 000 Zuschauer) ist das Theater von Ostia (3000 Zuschauer) von bescheidenen Ausmaßen; gleichwohl setzt es in dieser Stadt einen neuen baukünstlerischen Maßstab, nicht zuletzt durch seine im Laufe der Jahrhunderte verlorengegangene Marmorverkleidung. Auch die heute hinter der Bühne aufgestellten Säulen waren ursprünglich Teile des Theaterbaues. Sie gehören zu einer oberen, im jetzigen Zustand fehlenden Abteilung von Sitzreihen. Das Zuschauerrund schloß also, wie schon beim Marcellustheater in Rom und später beim Kolosseum mit einer Säulenkolonnade ab.

Die im Bereich der Bühne aufgestellten *Marmormasken* sind Abbilder der im römischen Theater üblichen Personentypisierung. Masken dieser Art durften bis zum 1. Jh. v. Chr. nur von freien Bürgern getragen werden, später auch von den Berufsschauspielern, die meist Sklaven oder Freigelassene waren.

[6] *Piazzale delle Corporazioni:* Der weite, rechteckige Platz war an vier Seiten von doppelten Säulenhallen umgeben die den Theaterbesuchern (wie beim Pompeiustheater in Rom) bei plötzlichen Regenfällen Schutz boten. Gleichzeitig befand sich hier ein Handelshof mit rund 70 Niederlassungen, deren Geschäftsräume sich an die Säulenhallen anschlossen. Sehenswert sind die Mosaiken, die über Herkunft und Handelsart der einzelnen Niederlassungen Auskunft

Piazza delle Corporazione. Mosaik

gaben. Beispiel: Elefant als Kennzeichen für die nordafrikanische Stadt Sabratha. In der Mitte des Platzes, den man sich ohne Bäume, dafür gepflastert vorzustellen hat, stand auf hohem Podium der (unter Domitian hinzugefügte) Cerestempel.

Mitreo: Westlich der Piazzale delle Corporazioni befindet sich *eines der am besten erhaltenen Mithrasheiligtümer von Ostia* mit Sitzstufen und Mosaiken. Davor, in Richtung zum Decumanus, ein Tempelbezirk aus republikanischer Zeit.

[7] *Überreste vom römischen Militärlager:* Vom Decumanus nach rechts in die *Via dei Molini* einbiegend, sieht man linkerhand (etwa 3 m hoch) sieben Lagen schwerer Tuffsteinquader. Es sind dies Reste der alten Castrumsmauer, an die sich neuere Gebäude anschlossen (das Osttor des Castrums lag etwa 20 m weiter auf dem Decumanus).

[8] *Casa di Diana* (Von der *Via dei Molini* nach links in die *Via della C sa di Diana* mit z.T. zweistöckigen Ruinen): Beispiel für das mehrstöckige Mietshaus, wie es seit trajanischer Zeit (98–117) üblich geworden war; hier mit Außenbalkonen. Das Erdgeschoß mit zwanzig um einen Hof gruppierten Räumen vorzüglich erhalten. Ursprünglich wohl alle Zimmer bemalt (Reste auf 4 cm dicker Stuckschicht), die Gänge tonnengewölbt. Die beiden letzten Räume rechts gehörten zu einem Mithrasheiligtum. Die Pfeilerarkaden des Hofes z.T. nachträglich vermauert.

[9] *Termopolium (Via di Diana):* Römisches Gasthaus mit Schenke, in nächster Nähe zum Kapitol, dessen hohe Seitenfront das Straßenbild monumental abschließt. An der Straßenseite drei aufgemauerte Sitzbänke und marmorverkleideter Schanktisch. Die Balkone nachträglich durch Pfeiler abgestützt. Innenräume ursprünglich bemalt (Reste: Teller mit Rettich, Becher mit Oliven, Granatapfel). Im Boden eingelassen ein Kühlgefäß für Wein. Rückwärtiger Hof mit Sitzbank.

Häuserblock Ecke Cardo - Via dei Dipinti. Modell

[10] *Casa dei Dipinti* (Eckgebäude *Via di Diana/Via dei Dipinti*): Im Erdgeschoß Mosaikfußböden und verschiedene, sehr schöne Malereien. Im rückwärtigen Teil des Hauses Terrakottagefäße für Öl und Korn. Großer Innengarten. Das große farbige Mosaik, das eine der Hofwände beherrscht, dort nur aufgestellt, nicht in der Casa gefunden (Monatsdarstellungen, 4.Jh. n.Chr.). Zur Rekonstruktion des Straßenbildes vgl. die folgende Seite.

[11] *Cardo Maximus:* Man geht an der Rückseite des Kapitols durch die *Via del Capitolium* und hat von dort einen schönen Blick entlang der ehemaligen Säulenhallen in Richtung Decumanus (Fußboden Marmor, Säulenreste Porphyr). Die Situation am Cardo Maximus zeigt das Modellfoto: rechts die *Casa dei Dipinti*, links ein Teilstück des unter Hadrian (117–138) zu einer prächtigen Straße mit Pfeilerhallen und Geschäften ausgebauten älteren *Cardo*, der vom Tiber kommend direkt auf die Rückwand des neuerbauten Kapitols zulief (der neue Cardo lag seit hadrianischer Zeit weiter westlich). An der Rückseite des Kapitols die Türe zu den unter dem Tempelpodium gelegenen Schatzkammern.

[12] *Das Kapitol:* Neubau unter Kaiser Hadrian (117–138). Größter und ursprünglich wohl schönster Tempel von Ostia, errichtet für die kapitolinische Göttertrias *Jupiter, Juno und Minerva*. Selbst der rohe Ziegelkern noch eindrucksvoll; der Tempel ehemals marmorverkleidet. Ungewöhnlich hohes Podium mit 21stufiger Treppe und ehedem sechssäuliger Vorhalle. Der Platz vor dem Kapitol in antiker Zeit mit Marmorplatten belegt, der Tempel (wie überhaupt das ganze Forum) von Säulenhallen eingefaßt, deren Stufen zum größten Teil noch erhalten sind.

Vor dem Kapitol der Altar. Daneben freigelegte Reste vom älteren, noch republikanischen Tempel sowie vom Pflaster des Cado, der bis zum Neubau durch Hadrian hier verlief (die Verbreiterung des Forums machte eine Verlegung nach Westen im Zuge der *Via Epagathiana* notwendig).

Lage und Gestalt des Forums: Das Forum von Ostia entstand am Schnittpunkt von Decumanus und Cardo, d.h. im Zentrum jenes Rechtecks, das in den Abmessungen von 193 × 120 m im 4. Jh. v. Chr. das römische Militärlager, das *Castrum*, bildete. Decumanus und Cardo sind nichts anderes als Verlängerungen der ehemaligen Lagerstraßen (vgl. die Kennzeichnung auf dem Führungsplan).

Der Ausbau des Forums in den heute erhaltenen Grundzügen erfolgte allerdings erst unter Kaiser *Hadrian* (117–138 n. Chr.), mit dessen Namen sich das Pantheon, die »Engelsburg« (Mausoleum), der Roma- und Venustempel sowie die Villa Hadriana verbinden. Das Römische Reich hatte damals (unter Trajan, dem Vorgänger Hadrians) seine größte Ausdehnung erreicht. Die Verhältnisse begannen sich zu konsolidieren, und bei florierender Wirtschaft und blühendem Handel konnte Rom während einer langen Friedenszeit die Früchte seiner jahrhundertelangen Anstrengungen genießen. Auch die hadrianischen Bauten in Ostia sind Ausdruck des Wohlstandes und eines zunehmenden Reichtums. In Parallele zur römischen Stadtarchitektur erhielt nun auch Ostia sein »Kapitol« und seinen Romatempel, und wie auf dem Forum Romanum, so war auch hier die ›am Fuße des Kapitols‹ gelegene »Kurie« der Ort der politischen Entscheidungen. Die auffallende Achsialität der Gesamtanlage, bei der sich Kapitol und Romatempel genau gegenüberliegen, während seitliche Säulenhallen den Platz zu einem einheitlichen Ganzen machen, muß als ein Reflex auf die symmetrisch konzipierten Kaiserforen der Hauptstadt gesehen werden. Die nahezu 100 m langen Säulenhallen des Forums stehen dabei denen der Hauptstadt (z. B. des Augustus- oder Trajansforums) kaum nach. Versammlungsräume politischer Vereinigungen und Ostias größte Thermenanlage kamen noch hinzu. Sie alle gruppieren sich um das Forum gestaltete Stadtmitte. Ihrem Ausbau zuliebe opferte man sogar wichtige Teile des alten Straßennetzes, indem man den in NS-Richtung verlaufenden Cardo am neu erstandenen Tempel- und Thermenbezirk westlich herumführte (Via Epagathiana).

Man geht auf dem Decumanus weiter bis zur *Porta Occidentale del Castrum* (dem ehemaligen Osttor des römischen Militärlagers) und biegt dann bei der folgenden Querstraße scharf rechts in die Via Epagathiana ein.

Das Kapitol. Heutiger Zustand

Horrea Epagathiana. Rekonstruktionszeichnung (nach Kähler)

[13] *Horrea Epagathiana:* Ein großes Waren- und Lagerhaus mit einem repräsentativen Wohntrakt zur Straßenseite. Aus den großzügigen Abmessungen des Gebäudes und seiner sorgfältigen Fassadengestaltung spricht Wohlstand und Kunstsinn – ein Hinweis auch auf die Blüte Ostias während der langen Friedenszeit unter Antoninus Pius (138-161). Besitzer des Hauses waren zwei freigelassene Orientalen namens *Epagathus und Epaphroditus*. So ist das Monument zugleich ein Beispiel dafür, zu welchem Besitzstand es freigelassene Sklaven bringen konnten.

Zur Fassade: Links neben dem giebelbekrönten Portal liegt das Treppenhaus für die oberen Stockwerke, die somit von der Straße aus direkt zugänglich waren und daher gesondert vermietet werden konnten. Es handelte sich um großzügig bemessene Wohnungen, die auch Balkone besaßen. Die Fassade selbst ist aus der Backsteintechnik entwickelt und verbindet diese mit einzelnen Hausteinelementen. Die Qualität lag weniger im Material als in der Proportionierung des Gesamtkörpers. Als Merkmale dürfen gelten: die klare Absetzung der Geschosse (unten Wirtschaftsteil, über den Balkonen Wohnteil), die Zusammenfassung der Fenster zu Zweier- bzw. Dreiergruppen sowie der dadurch zustande kommende Fassadenrhythmus (die kleinen quadratischen Fenster gehören zu einem Zwischengeschoß).

Man geht weiter durch die gegenübergelegene *Terme di Buticosus* und kommt von dort zu der sehenswerten *Domus di Amore e Psiche*.

[14] *Terme di Buticosus:* Kleine Thermenanlage aus der Zeit Trajans (98-117). Fußbodenmosaiken mit Meeresszenen und einem ›Bademeister‹.

[15] *Domus di Amore e Psiche:* Beispiel eines jener herrschaftlichen Häuser, wie sie im 4. Jh. durch Umgestaltung älterer Bauten entstehen. Grundlage der neuen Wohnkultur war paradoxerweise der wirtschaftliche Rückgang Ostias, nachdem es unter Kaiser Konstantin (305-336) sein Stadtrecht verloren hatte. Da ein Teil der Bevölkerung abwanderte, konnte man Häuser oder Grundstücke relativ billig erwerben und sich wieder das einstöckige Haus leisten (ähnlich der republikanischen domus), das während der Kaiserzeit immer mehr aus dem Stadtbild verschwunden war.

Die Räume: Am Ende eines Ganges ein großes Zimmer mit farbigem Marmorfußboden. Nach Osten ein gartenähnlicher Hof, dessen Rückwand in Form einer Säulenarkade ein Nymphäum (Zierbrunnen) bildet. Auf der gegenüberliegenden Seite ein kleineres Zimmer mit der plastischen Gruppe »Amor und Psyche« (Abguß). – Die Ausstattung ist charakteristisch für die Zeit: Man verzichtet auf die kostspieligen und zeitraubenden Mosaiken und belegt den Boden statt dessen mit Marmorplatten, die farbige Muster bilden. Ähnlich verfährt man mit den Wänden. Bevorzugt werden helle, milde Pastelltöne.

Man geht weiter in Richtung auf die *Via della Foce* und hat dabei Einblick in den tiefer gelegenen republikanischen Tempelbezirk.

[16] *Republikanischer Tempelbezirk:* Reste dreier Tempel, von denen der mittlere und größte (31 × 16 m) dem *Hercules invictus* geweiht war. Eindrucksvoll ist noch immer das gut erhaltene Podium aus hochkantig gestellten Tuffquadern (dem Material sullanischer Zeit; der Tempel vielleicht unter Sulla, um 80 v. Chr., gebaut). Treppe aus neun Travertinstufen; die einstige Tempelfront mit sechs Säulen (Cellareste von einer Erneuerung unter Hadrian). – Herkules war Schutzpatron der Kaufleute; man weihte ihm den Zehnten des Ertrages. Sein in Sizilien und Unteritalien weitverbreiteter Kult war griechischer Herkunft und unterschied sich deutlich vom römischen Ritual, u. a. durch die Beteiligung des Volkes am Opfermahl.

Will man den Rundgang abkürzen, so überspringt man die Nr. 17–28, kehrt zum Decumanus zurück und setzt dort die Besichtigung mit Nr. 29 fort.

[17] *Aula dei Mensores (Aula dei Misuratori del grano):* In der Via della Foce. Sehenswert ein Mosaik, das einige Beamte bei der Kontrolle des Getreides und dem Registrieren der Warenmenge zeigt.

[18] *Casa del Serapide:* Bemerkenswert der Innenhof (10 × 8 m) mit den hohen Rundbogenarkaden, über denen in antiker Zeit noch zwei weitere Stockwerke lagen.

Horrea Epagathiana. Heutiger Zustand

[19] *Terme delle Sette Sapienti:* Sehenswert ein Fußbodenmosaik in einem der erstaunlichsten Innenräume von Ostia: ein überkuppelter Rundraum, dessen Wände sich fast ganz in Arkaden öffnen, an die sich Nebenräume anschließen. Das Bauwerk stammt wohl aus der Zeit Kaiser Septimius Severus' (193–211).

Das Mosaik: Rankengespinst aus fünf konzentrischen Motivkreisen, vier davon mit Tieren und Jägern, wobei die Einrollungen der Ranken die Motive sowohl trennen wie verbinden. In der freieren Kompositionsform kündigt sich deutlich der Übergang zur Spätantike an, deren Darstellungsmittel von der frühchristlichen Mosaikkunst, die hier unmittelbar anschließt, übernommen werden.

[20] *Insula degli Aurighi (Haus des Wagenlenkers):* Beispiel eines großen Häuserblocks, dessen Innenhof von zweistöckigen Pfeilerarkaden eingefaßt ist.

Fortsetzung des Rundganges: Hat man den Häuserblock durchquert, so kommt man auf den *Cardo degli Aurighi* (Orientierung: zwei hohe Säulen), folgt diesem nach links und biegt dann rechterhand in die *Via delle Volte dipinte* ein.

[21] *Insula delle Volte dipinte:* Wohnblock aus hadrianischer Zeit (125 n. Chr.). Die Zimmer liegen zu beiden Seiten von kreuzgewölbten Korridoren. In einem der Räume eine farbig bemalte Decke (Besichtigung nur in Gegenwart eines Wärters möglich).

[22] *Casa delle Muse* (auf der gegenüberliegenden Straßenseite): Wohnhaus aus hadrianischer Zeit. Die Pfeilerarkaden des Hofes gut erhalten; die Balkendecke des Umgangs teilweise rekonstruiert.

Man geht die Straße weiter und biegt (noch vor der Loggia, auf die der Blick fällt) nach rechts in eine kleine Nebenstraße ein. Dort bezeichnet auf der linken Seite ein Mosaikfeld den Eingang in die *Domus dei Dioscuri.*

[23] *Domus dei Dioscuri* (sehenswert): Beispiel eines im 4. Jh. zur herrschaftlichen Wohnung umgebauten Hauses, u. a. mit farbigen Mosaikfußböden und heizbaren Badezimmern. Im Hauptraum ein figurenreiches, farbiges Mosaik mit Aphrodite, Tritonen und Nereiden. Es zeigt typisch spätantike Merkmale: die Motive im Verhältnis zur Gesamtfläche sehr groß, die Einzelheiten, wie z. B. Augenbrauen, Nase, Mund sehr viel genauer herausgearbeitet als in früheren Jahrhunderten; im ganzen jedoch Vergröberung der Form und Verzicht auf strenge Komposition. Die einzelnen »Bilder« sind innerhalb der Fläche nicht mehr verankert, sondern »schwimmen«, ein Eindruck, den die unregelmäßigen Linienmuster noch verstärken (die ravennatische Mosaikkunst schließt hier an, vor allem, was die Durchzeichnung der Köpfe angeht).

Man geht wieder zurück zur Via delle Volte dipinte und kommt rechts zur *Domus del Ninfeo,* die man an ihrer Säulenloggia erkennt.

[24] *Domus del Ninfeo:* 4. Jh. Großer Hof, schöne dreibogige Arkade (Loggia), Marmorfußböden, mehrere Säulenreste, Nymphäum mit Wasserspielen.

Man kehrt zur Via delle Volte dipinte zurück, geht nach rechts bis zum Decumanus und biegt in diesen nach links ein.

[25] *Portico della Fontana a Lucerna* (Auf der rechten Seite des Decumanus): Einer der größten Wohnblocks von Ostia, errichtet in hadrianischer Zeit (117–138). Zur Straße hin war ihm eine 120 m lange Pfeilerarkade mit angrenzenden Läden vorgelagert. Das ursprüngliche Bild wohl ähnlich wie am Cardo.

[26] *Schola del Traiano:* Sehenswert. Orientierung: farbige Marmorsäule am Eingang. Sitz einer reichen Handelsvereinigung. Die Gebäude wohl in der Zeit von Antoninus Pius (138–161) errichtet. Zur Straße hin ein halbkreisförmiger offener Vorplatz, den ehedem ein von vier Säulen getragener Architrav abschloß. Die geschwungene Rückwand mit dem Haupteingang und seitlichen Figurennischen; angrenzend die Nebeneingänge.

Ninfeo degli Eroti

In der Hauptachse folgen nacheinander: eine prachtvolle Eingangshalle, die sich seitlich in komplizierten Raumgebilden fortsetzt; dann ein großer, etwas unregelmäßiger Säulenhof mit einem langgestreckten Zierbrunnen, an dessen Ende der große Speisesaal liegt. Dort ein besonders schönes Mosaik: lockeres Rankenspiel mit Figuren; die Auffassung nicht mehr so streng wie noch in hadrianischer Zeit. Ein u-förmiger Randstreifen mit geometrischem Muster bezeichnet den Bereich, der bei den Festmählern den Liegebetten vorbehalten war.

[27] *Basilica cristiana:* Ursprünglich eine Thermenanlage. Identifizierung als christliche Kirche durch eine hier gefundene Inschrift. Zweite Hälfte 4. Jh. Rechts drei kleinere, wohl als Kapellen genutzte Räume mit je zwei Säulen; links ein großer, durch eine Säulenreihe in zwei Schiffe geteilter Saal.

[28] *Taberne dei Pesciventi* und *Macellum:* Ladenbauten mit vorgesetzter Säulenbzw. Pfeilerhalle. Marmorfußböden, Brunnen, Mosaiken.

[29] *Tempio Rotondo* (Orientierung: Stufen am Decumanus, hoher Stufenbau im Hintergrund, dort eine Säule mit Kapitell): vermutlich eine sakrale Anlage für den Kaiserkult (3. Jh.). Ein offener, mit Marmorplatten belegter Hof; die seitlichen Wände mit vorgestellten Figurennischen, sog. *Ädikulen* (Sockelreste noch erhalten). Der eigentliche Tempel weit zurückgesetzt und über zwölf Marmorstufen erhöht: ein überkuppelter Rundbau, ähnlich dem römischen Pantheon. Vor diesem Rundbau ein breitgezogener Portikus aus zehn Säulen, von denen eine noch mit Kapitell aufrecht steht.

[30] *Basilica:* Versammlungsgebäude am Forum in ähnlicher Lage wie die Basilica Aemilia am Forum Romanum und wie diese eine Säulenbasilika mit großer Vorhalle gegen den offenen Platz. Reste vom Marmorfußboden erhalten.

[31] *Tempio di Roma e di Augusto:* Ehemals glanzvoller Marmortempel, vermutlich schon unter Tiberius (14–37) erbaut, d. h. kurz nach dem von Augustus gestifteten Theater. Die Frontseite einst mit sechs kannelierten Säulen. Treppenaufgänge seitlich. Die Kultstatue Roma als Siegerin im Inneren wieder aufgestellt. Die wichtigsten Fundstücke links vom Tempel angebracht.

Man geht seitlich am Tempel vorbei und kommt so auf den Cardo, wo man linkerhand die Überreste einer langen Pfeilerhalle sieht, die den Thermen vorgelagert war. Auf der rechten Seite das *Ninfeo degli Eroti*.

[32] *Ninfeo degli Eroti:* Sehenswert durch die noch gut erhaltene Marmorverkleidung, die Fußböden, Wände und Brunnen umfaßt. Der kleine Raum vermittelt trotz seiner bescheidenen Abmessungen einen vortrefflichen Eindruck von der Atmosphäre derartiger, für das 4. Jh. n. Chr. in Ostia typischen Räume, bei denen an die Stelle der Mosaiken und Wandmalereien der Marmor tritt.

Die Bezeichnung dieses Raumes als *Ninfeo degli Eroti* beruht auf zwei hier gefundenen Statuen des *bogenspannenden Eros* von *Lysipp*, dem Hofbildhauer

159

Alexanders d. Gr. – Es sind *Repliken*, d. h. Wiederholungen, die entweder von Lysipp selbst oder doch wenigstens aus dessen Werkstatt stammen.

Auf der dem Ninfeo gegenüber liegenden Straßenseite sieht man auf einer Länge von etwa 80 m die Backsteinreste einer die Straße begleitenden *Pfeilerarkade*, die sich hier den Forumsthermen entlandzog.

[33] *Domus delle Colonne* (Eingang am Cardo, Ecke Via della Caupona): Herrschaftliches Haus des 4. Jh. n. Chr. Die Anordnung der Räume folgt einem Schema, das im 2. Jh. nur die wohlhabenden Handelsvereinigungen kannten: zuerst der Eingangsbereich mit den seitlich abgehenden Korridoren; dann der in der Hauptachse gelegene Hof mit dem Nymphäum; schließlich als Endpunkt der große Speisesaal mit den beiden Eingangssäulen. Auch das Bodenmosaik übernimmt die frühen Vorbilder und trennt zwischen der Mitte (hier farbig) und dem Randstreifen für die Liegebetten (hier schwarz-weiß).

[34] *Domus dei Pesci* (Eingang in der Via della Caupona, rechts): Ein im 4. Jh. umgebautes, weiträumiges Haus; von gleichem Anspruch wie die *Domus delle Colonne*. Hervorzuheben der große Saal mit zwei Eingangssäulen und einem bemerkenswerten Mosaik aus 48 quadratischen Feldern. An anderer Stelle ein farbiges Mosaik mit einem christlichen Fischsymbol (Fisch im Kelch), vielleicht ein Hinweis auf die Religion des Hausherrn.

Man geht die Via della Caupona wieder zurück bis zum Cardo und betritt dort (durch einen der antiken Zugänge) die *Terme del Foro*.

[35] *Terme del Foro*: Ostias größte Thermenanlage, errichtet in der Blütezeit des 2. Jh. n. Chr. Vom Cardo kommend befindet man sich zuerst im Bereich der früheren Palästra. Man geht am besten gleich nach links, in Richtung Decumanus. Parallel zu diesem liegen die Haupträume. Am eindrucksvollsten der Mittelsaal mit ursprünglich je zwei hohen Säulen an allen vier Seiten (eine Säule mit Kapitell und Gebälk wieder aufgerichtet). In verschiedenen Teilen der Anlage Reste von Marmorverkleidung und Mosaikfußböden. Erhalten hat sich auch eine der großen Latrinen.

Man verläßt die Thermen und geht zum Decumanus. In der nach Süden abzweigenden *Semita dei Cippi* befinden sich die drei nachfolgend genannten Gebäude, deren Besichtigung jedoch nichts grundsätzlich Neues bringt.

[36] *Domus del Protiro*: Herrschaftliches Haus des 3./4. Jh. Der Eingang als Säulenportikus gestaltet. Im Inneren teils farbige Marmorböden, teils schwarzweiße Mosaiken sowie Reste eines Nymphäums.

[37] *Domus della Fortuna annonaria*: Zugang in der Via della Fortuna annonaria. Herrschaftliches Haus des 3./4. Jh. Gartenhof mit Travertinsäulen und Brunnen. Großer Saal mit Nymphäum und dreiteiliger Bogenarkade. Marmor- und Mosaikfußböden.

[38] *Zwei Wohngebäude aus antoninischer Zeit* (138–161) mit schwarz-weißen Mosaikfußböden, die Meeresszenen wiedergeben.

Man geht wieder zurück zum Decumanus und folgt diesem nach rechts in Richtung auf das Theater. Die *Sede degli Augustali* liegt rechterhand.

[39] *Sede degli Augustali*: Sitz einer politisch-religiösen Vereinigung aus der Zeit Marc Aurels (161–180). Im rückwärtigen Teil der Anlage mehrere Räume mit Mosaiken (ornamentale Kreis- und Bogenmuster).

[40] *Horrea dell' Hortensius* (dem Theater schräg gegenüber): Ausgedehnte Lagerhallen aus dem 1. Jh. n. Chr.; daher auch noch Verwendung von Tuffstein, hier vor allem auch Tuffsteinsäulen (ehemals stuckiert). Die Ecksäulen (Travertin) im Material hervorgehoben.

Palestrina (Praeneste). Fortunatempel, vierte Terrasse

31 Das Fortunaheiligtum von Praeneste

Geöffnet: 9.30–15.30 Uhr, an Feiertagen 9–13 Uhr, montags geschlossen. Eisenbahn- und Busverbindung ab *Stazione Termini*.

Zur Orientierung: Praeneste (heute Palestrina), Bischofssitz, rund 40 km von Rom entfernt, erreicht man auf der *Via Prenestina* (SS 155). Heute eine Stadt am Steilhang, berühmt als Geburtsort des Kirchenmusikers *Giovanni Pierluigi da Palestrina* (1525–1594). In antiker Zeit ein vielbesuchter Orakelort mit einem ungewöhnlich großen Terrassen-Tempel, dessen Überreste seit den Bombardierungen des Zweiten Weltkrieges wieder zu großen Teilen sichtbar sind. Ausgrabungen des oberen Tempels 1952–55. Der Stadtpalast der Barberini und Colonna heute Archäologisches Museum.

Geschichte: Praeneste war eine der ältesten Städte Italiens (aus vorrömischer Zeit Funde altitalischer Fürstengräber), ab 388 v. Chr. Bundesgenosse Roms, Zufluchtsort mit Asylrecht für politische Flüchtlinge. Von *Marius* während des Bürgerkrieges (82 v. Chr.) als Hauptstützpunkt gegen *Sulla* verwendet. Daraufhin Zerstörung durch Sulla und Dezimierung der Bevölkerung. Anschließend großzügiger Aufbau, insbesondere des alten *Fortunaheiligtums*.

Das untere Heiligtum: Beim bischöflichen Seminar (Dom) führt links ein Tor in den Tempelbezirk mit Stützmauer und Doppelportikus. *Links* ist die *Orakelgrotte (Antro delle Sorti)* zugänglich: ein zyklopisch gewölbter Apsidenraum. – *Rechts* liegt innerhalb des Seminars der sog. *Apsidensaal* (Saal des Orakels): Seine halbkreisförmig in den Felsen hineingetriebene und mit einer Halbkuppel überwölbte *Apside* ist *vielleicht die früheste der römischen Architekturgeschichte*. Die Wände des heute zerstörten Saales waren durch Pilaster, Halbsäulen und Flachnischen gegliedert.

Das obere Heiligtum umfaßte *sechs hangseitig gestaffelte Terrassen*, die teils durch Rampen, teils durch achsiale Treppen miteinander verbunden waren. Die Vorderfront der zweitobersten Terrasse war als Säulenhalle mit eingetieften Exedren ausgebildet. *Die oberste Terrasse* bildete einen weiten, nach vorne offenen Platz mit seitlichen Säulenhallen. Angelehnt an den Hang folgte ein theaterähnliches Stufenrund, das von einer halbkreisförmigen Säulenhalle umschlossen war. Dahinter lag als Abschluß ein das Götterbild aufnehmender *Rundtempel* (wiederaufgebaut im Hof des archäologischen Museums).

161

C. RÖMISCHE MUSEEN MIT ANTIKEN KUNSTWERKEN

Wir nennen nachfolgend die wichtigsten Museen in der Reihenfolge ihrer Bedeutung und geben an Hand kurzer Charakterisierungen einen Überblick über deren Bestände. Das am Schluß genannte *Museum der römischen Kultur* nimmt eine Sonderstellung ein, auf die im einzelnen hingewiesen wird.

Vatikanische Museen – Antike Skulpturensammlung

A. Museo Pio Clementino

Zugang: Viale del Vaticano (Haupteingang), I. Stock. Man geht vom Vestibül der Pinakothek über das Atrium der vier Gitter zum *Cortile delle Corazze.*

Es handelt sich um eine der größten Antikensammlungen der Welt mit hervorragenden griechischen und römischen Originalen, die zum überwiegenden Teil in Rom selbst oder seiner Umgebung gefunden wurden.

(1) Sala a Croce Greca: In der Mitte des Fußbodens antike Mosaiken; links, Nr. 566, Porphyrsarkophag der Constantia (gest. 354), Tochter Konstantins d. Gr.; rechts, Nr. 589, Porphyrsarkophag der hl. Helena, Mutter Konstantins d. Gr. mit figürlichem Relief: Sieg der Römer über Perser und Germanen (4. Jh.).

(2) Sala Rotonda: Fußbodenmosaik aus Otricoli mit Meergöttern. Links von der Eingangstüre: Nr. 550 Statue des Kaisers Claudius als Jupiter (41/54); Nr. 547, Meeresgott (röm. Werk nach hellenistischem Vorbild, 2. Jh. v. Chr.); Nr. 546, Göttin (röm. Kopie nach einem Werk der Phidiasschule, 5. Jh. v. Chr.); Nr. 545, Büste des Antinoos, des Lieblingsknaben Kaiser Hadrians; Nr. 544, goldbronzener Herkules; Nr. 542, Göttin (wie Nr. 546); Nr. 539, ›Zeus von Otricoli‹ (dem Bryaxis zugeschrieben, 4. Jh. v. Chr.).

(3) Sala delle Muse: Neben dem Eingang links: Nr. 525, ›Herme des Perikles‹ (nach einem Original des Kresilas, 5. Jh. v. Chr.); rechts, Nr. 519, Platon (nach einem Original des 4. Jh. v. Chr.); Nr. 514, Sokrates (nach einem Original des 4. Jh. v. Chr.); Nr. 521, Euripides (nach einem Original des 4. Jh. v. Chr.). Die Musenstatuen Nr. 499, 503, 505, 508, 511, 515, 517 wurden zusammen mit dem Apoll Nr. 516 in einer Villa bei Tivoli gefunden (vermutlich Kopien nach Originalen des 4. Jh. v. Chr.).

(4) Sala degli Animali: In der rechten Mittelnische Statue des Meleagros (Replik nach einem Werk des Skopas, 4. Jh. v. Chr.).

(5) Galleria delle Statue: Links vom Eingang in den beiden Ecken zwei Kandelaber (›Candelabri Barberini‹) aus der Villa Hadriani in Tivoli. Rechts vom Eingang: ›Eros von Centocelle‹ (sog. *Genius des Vatikan*), wahrscheinlich Thanatos, der Todesgott (röm. Kopie nach einem Original des 4. Jh. v. Chr.); Nr. 406, ruhender Satyr (Replik nach einem Original des Praxiteles); Nr. 253, Meeresgott, (hellenistisches Original der pergamenischen Schule); Nr. 264, Apoll mit Eidechse (römische Kopie nach Praxiteles, 4. Jh. v. Chr.).

(6) Galleria dei Busti: Zahlreiche römische Kaiserbüsten, u. a. Nr. 273, Jugendbildnis des Augustus. Nr. 388, Grabplastik mit Römer und Römerin, eines der seltenen Werke aus spätrepublikanischer Zeit, 1. Jh. v. Chr.

(7) Gabinetto delle Maschere: Fußbodenmosaik aus der Villa Hadriana in Tivoli; Nr. 474, römische Kopie der ›Aphrodite von Knidos‹ von Praxiteles, 4. Jh. v. Chr.

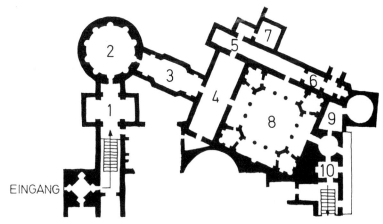

Museo Pio Clementino

(8) Cortile del Belvedere (oder: *Cortile Ottagono*): Nr. 74, die berühmte, in der Domus Aurea Kaiser Neros aufgefundene ›Laokoongruppe‹ des Agesandros, Polydoros und Athenodoros von Rhodos, zweite Hälfte 1.Jh. v.Chr.; Nr. 92, ›Apoll vom Belvedere‹ (römische Kopie nach griechischem Original) um 350 v.Chr.; Nr. 53, Hermes, sog. ›Antinoos vom Belvedere‹ (römische Kopie nach griechischem Original, um 350 v.Chr.); Nr. 32, Perseus von Canova, 1800.

(9) Sala delle Iscrizioni: Nr. 67, ›Apoxyomenos‹ (ölabschabender Athlet), römische Kopie nach Lysipp; links Sarkophag des L. Cornelius Scipio Barbatus (um 298 v.Chr.), frühes Zeugnis griechischer Formen in der römischen Kunst.

(10) Atrio del Torso: Apollonios von Athen, ›Torso vom Belvedere‹, zweite Hälfte 1.Jh. v.Chr. Original des in Rom tätigen Bildhauers.

B. *Museo Chiaramonti*

Vom oben genannten *Atrio del Torso* führt eine Treppe in die *Galleria Lapidaria* mit weiteren antiken Werken. Man biegt nach etwa 120 m rechts ab in den *Braccio Nuovo*, der den *Giardino della Pigna* im Süden abschließt.

Braccio Nuovo: Nr. 14, ›Augustus von Prima Porta‹; Nr. 26, Portrait des Kaisers Titus; Nr. 41, Portrait des Kaisers Trajan; Nr. 64, Statue des athenischen Redners Demosthenes; Nr. 106 (Mittelnische), Der Nil mit seinen 16 Kindern (hellenistisches Original); Nr. 111, ›Athena Giustiniani‹ (Kopie nach einem Bronzeoriginal, Ende 5.Jh./Anfang 4.Jh.); Nr. 123, ›Doryphoros‹ (Speerträger, römische Kopie nach dem Bronzeoriginal des Polyklet von Argos, Mitte 5.Jh. v.Chr.).

C. *Saal der Aldobrandinischen Hochzeit*

Vom *Braccio Nuovo* aus kommt man nach links in die 200 m lange *Vatikanische Bibliothek*, an deren Ende rechts der *Saal der Aldobrandinischen Hochzeit* liegt: Mehrere antike Fresken, darunter das bekannteste die ›Aldobrandinische Hochzeit‹ (vermutlich die Kopie eines Bildes, das die Hochzeit Alexander d.Gr. mit Roxane darstellte), eine der am besten erhaltenen antiken Malereien.

Das Thermenmuseum

(Museo Nazionale Romano o delle Terme, Piazza della Repubblica)

Zur Orientierung: Das Museum bildet einen Teil der ehemaligen Diokletianthermen und eines zeitweise dort befindlichen Kartäuserklosters. *Zugang* rechts
von der Kirche *S. Maria degli Angeli.* – Aus den bedeutenden Museumsbestän-
den nennen wir als die beiden wichtigsten Schwerpunkte die *Sammlung Ludovisi*
(Kleiner Kreuzgang) und den *Saal der Meisterwerke.*

Der Rundgang durch die antiken Räume ist auch architekturgeschichtlich von
Interesse. Man gewinnt noch einen guten Eindruck von den gewaltigen Ausmaßen der Thermenanlage und deren Gewölben. Im rückwärtigen Museums-
teil, am Ende des Gartens, hat sich ein sehenswerter bogenförmiger Wandelgang
erhalten.

Sammlung Ludovisi: Nr. 191, Kolossalhaupt einer Göttin (griech. Original von
etwa 480 v. Chr.); Nr. 170, ›Hermes Ludovisi‹ (röm. Kopie nach griech. Vorbild des 5. Jh. v. Chr.); Nr. 172, ›Athena Parthenos‹ (Kopie der Phidias-Statue für
den Parthenon); Nr. 182, Gallier, der seine Frau und sich selbst tötet (Kopie nach
Teilen eines Denkmals für König Attalos I. von Pergamon, um 200 v. Chr.); Nr.
186, einschenkender Satyr (röm. Kopie nach Praxiteles, 4. Jh. v. Chr.). – *In einem
Nebenraum:* Nr. 189, sog. ›Ludovisischer Thron‹, (griech. Original, um 460 v.
Chr., wohl Teil eines Altares): Geburt der Aphrodite (?), Opfermusik, Opferhandlung; Nr. 198, Kolossalhaupt der ›Juno Ludovisi‹ (1. Jh. n. Chr.).

Fortsetzung im Kreuzgang: Nr. 197, sog. ›Ares‹ (Mars), 2. Hälfte 4. Jh. v. Chr.;
Nr. 212, *Gruppe mit Orest und Elektra* (neuattische Arbeit, 1. Jh. n. Chr.); Nr. 221,
Sarkophag mit einer Schlacht zwischen Römern und Barbaren (Mitte 3. Jh.
n. Chr.).

Fortsetzung auf der gegenüberliegenden Seite des Kreuzganges. Dort die 1950–1952
eingerichteten neuen Säle. *Saal I* mit großer marmorner Brunnenschale, einer
neuattischen Arbeit (1. Jh. n. Chr.).

Saal II (Kunst des strengen Stils): Nr. 256, Apoll aus dem Tiber (attisches Werk
um 460 v. Chr.); Nr. 259, ›Nereide‹ (griech. Original, um 400 v. Chr.); Nr. 262,
Junge Tänzerin (griech. Original, Mitte 5. Jh. v. Chr.); Nr. 265, ›Juno vom
Palatin‹ (röm. Kopie nach einem Original der Phidias-Schule).

Saal III (Saal der Meisterwerke): Nr. 271, ›Diskobol aus Castel Porziano‹ (röm.
Kopie nach Myron, um 450 v. Chr.); Nr. 272, ›Niobide‹ (aus den Gärten des
Sallust, griech. Original, erste Hälfte 5. Jh. v. Chr.); Nr. 279, Sitzender Faust-
kämpfer (nach der Inschrift auf dem Faustriemen ein Werk des in Rom tätigen
Apollonios aus Athen, 1. Jh. v. Chr.); Nr. 281, ›Das Mädchen von Anzio‹ (griech.
Original, 3. Jh. v. Chr.); Nr. 282, sog. ›Diskuswerfer Lancellotti‹ (die beste er-
haltene Kopie des Diskobol von Myron).

Saal IV (Hellenistische Kunst): Nr. 289, Amazone zu Pferde, die gegen einen be-
siegten Galater anstürmt (Original aus pergamenischer Zeit); Nr. 291, Meeres-
gottheit (unterschiedliche Datierung: 4. Jh./2. Jh. v. Chr.); Nr. 293, Kauernde
Venus (Replik nach einem Original des Doidalsas).

Saal V (Altäre): Nr. 303, Marmoraltar mit feiner Dekoration aus Platanen-
zweigen und Bukranien (1. Jh. n. Chr.); Nr. 304, Grabaltar mit Opferszenen.

Saal VI: Nr. 306, sog. ›Augustus von der Via Labicana‹ (Augustus als Pontifex
Maximus); Nr. 309, Nerokopf; Nr. 312, Halbfigur einer Vestalin.

Saal VII: Nr. 315, Altar aus Ostia (die mythologischen Darstellungen beziehen
sich auf die Anfänge Roms); Nr. 316, Kopf eines jungen Mädchens; Nr. 319,
Vespasianskopf; Nr. 320, Hadrianskopf.

Saal VIII: Nr. 324, Sarkophag aus Acilia (3.Jh. n.Chr.); Nr. 325, Sarkophag mit Hirtenszenen; Nr. 328, Kopf des Kaisers Gallienus (3.Jh. n.Chr.).

Oberes Stockwerk

Zur Orientierung: Dem Treppenaufgang gegenüber liegen zwei Säle mit römischen Mosaiken. Von der Treppe aus nach links kommt man in eine Galerie mit Stuckreliefs und Fresken aus der Farnesina. Hier schließt sich wiederum links der Raum mit den Fresken aus der Villa der Livia an. Vom Ende der Galerie kommt man links in weitere fünf Säle mit römischer Wandmalerei.

Saal mit Fresken aus der Villa der Livia in Prima Porta: Wiederherstellung eines mit Fresken ausgeschmückten Saales von 11,75 × 5,90 m Seitenlänge. Alle vier Wände zeigen fortlaufend die Wiedergabe eines Gartens mit Obstbäumen, Rasenstreifen und niedriger Mauereinfassung. – Bei den *Fresken aus der Farnesina* (Fundort) handelt es sich um Malereien des zweiten pompejanischen Stiles (Architekturperspektiven) sowie des dritten Stiles mit ägyptisierenden Motiven.

Das Kapitolinische Museum

Museo Capitolino, Piazza del Campidoglio (Blickrichtung Glockenturm links)

Älteste öffentliche Kunstsammlung Europas, 1471 von Papst Sixtus IV. gegründet, im 18.Jh. allgemein zugänglich gemacht; eine der bedeutendsten Sammlungen antiker Kunst. – Das Gebäude wurde 1650 entsprechend den Plänen *Michelangelos* als Gegenstück zum Konservatorenpalast errichtet, entspricht diesem aber nur in der Fassade (schmaler Baukörper, kein Hof).

Erdgeschoß, Saal I–III: Orientalische Kulte; *Saal IV–VI:* vorwiegend Sarkophage, u.a. des Alexander Severus (222–235) mit liegendem Ehepaar und Reliefs.

Obergeschoß, Saal I: u.a. Bacchuskopf nach Praxiteles; Amazonenstatue (Kopie nach einem Werk der Phidiaszeit, um 440 v.Chr.); Ausruhender Satyr (röm. Kopie nach Praxiteles); Sterbender Gallier (röm. Kopie nach einer Figur vom Siegesdenkmal König Attalos' I. von Pergamon, 3. Jh. v.Chr.).

Saal II: Silen mit Weintraube (nach einer hellenistischen Bronzefigur); Bronzetafel mit der Lex Regia Kaiser Vespasians (Senat erteilt Vollmacht).

Saal III: Statue der Diana (griech. Werk, erste Hälfte 4.Jh. v.Chr.). – Im Raum hinter der Galerie: Statue einer verwundeten Amazone (beste erhaltene Replik nach einem Original des Kresilas für das Artemisheiligtum in Ephesus, um 440 v.Chr.); Kentauren sowie Herkules als Kind (hadrianische Zeit).

Saal IV: Portraitbüsten griechischer und römischer Dichter und Gelehrter. U.a. Sokrates (Nr. 3, 4), Homer (Nr. 39, 40, 41), Epikur (Nr. 53), Cicero (Nr. 56).

Saal V: Portraitbüsten römischer Kaiser und ihrer Verwandten. Aufstellung chronologisch. U.a. Augustus (Nr. 2), Nero (Nr. 14), Marc Aurel (Nr. 29).

Korridor (Galleria): Links, *Prunkgefäß* (1.Jh. n.Chr.) aus der Villa Hadriana mit dem Zug der zwölf Götter, archaisierender Stil. *Dem Eingang gegenüber:* Athena (Kopie einer Bronzestatue, 5./4.Jh. v.Chr.); ›Amor den Bogen spannend‹ (Replik nach einem Werk des Lysipp); ›Leda mit dem Schwan‹ (Replik nach einem Werk des Timotheos, 4.Jh. v.Chr.).

Gabinetto della Venere: In der Nische die ›Kapitolinische Venus‹ (röm. Kopie in parischem Marmor nach einem hellenistischen Original – in Anlehnung an die Aphrodite von Knidos des Praxiteles, 2.Jh. v.Chr.).

165

Sala delle Colombe: Mosaik aus der Villa Hadriana in Tivoli mit Tauben, die aus einem metallenen Wasserbecken trinken (vielleicht Kopie eines Mosaiks aus Pergamon); Kindersarkophag mit Reliefs aus dem Prometheusmythos (Mitte 3.Jh. n. Chr.); sog. ›Tabula Iliaca‹ (Marmorrelief, Szenen: Trojanischer Krieg).

Der Konservatorenpalast

Palazzo dei Conservatori, Piazza del Campidoglio (Blickrichtung Turm rechts)

Im Konservatorenpalast, der 1564–1575 von Giacomo della Porta nach Entwürfen Michelangelos erbaut wurde, setzen sich die Sammlungen des Kapitolinischen Museums (dieses erst 1650 erbaut) in insgesamt 24 Sälen fort.

Hof: Bedeutende Reste einer kolossalen Sitzstatue Kaiser Konstantins d. Gr. (305–336). Sie wurde nach der Schlacht auf der Milvischen Brücke (Niederlage und Tod des Maxentius) in der von Konstantin umgebauten Maxentiusbasilika dem Haupteingang gegenüber aufgestellt. Durch ihre Attribute verkörperte sie zugleich den Sieg des seit 313 staatlich anerkannten Christentums. Die Statue war nicht auf Nahsicht gearbeitet. Proportionale Verschiebungen gleichen sich aus, sobald man den Kopf aus steiler Untersicht betrachtete.

Treppenaufgang: Drei bedeutende Marmorreliefs, wohl von einem Denkmal für Marc Aurel (Opfer vor dem Jupitertempel; der Kaiser im Triumphwagen; Entgegennahme der Kriegsbeute). – Ein weiteres Relief von einem Denkmal für Hadrian (Ankunft in Rom; Empfang durch die Stadtgöttin Roma).

Saal I: Barocke Ausmalung. Fresken von Giuseppe Cesari (1560–1640); Episoden aus der römischen Königszeit. Marmorstatue Urbans VIII. von Bernini.

Saal II: Ausmalung durch Tomaso Laureti (1530–1602): Episoden aus der republikanischen Zeit Roms. Fünf Statuen: Heerführer des Kirchenstaates.

Saal III: Bronzestatue ›Der Dornauszieher‹ (römische Replik eines hellenistischen Originals). Links ›Iunius Brutus‹ (röm.-etrusk. Bronze, Kopf antik).

Saal IV: Bronzeplastik ›Kapitolinische Wölfin‹ (etruskisches Werk nach griechisch-ionischen Vorbildern der Zeit um 550 v.Chr.): Wahrzeichen Roms, stand vermutlich bis 65 v.Chr. auf dem Kapitol; die Zwillinge Romulus und Remus im späten 15.Jh. von Antonio del Pollaiuolo hinzugefügt. – *Rückwand:* Liste der römischen Konsuln und der Triumphe (vom Augustusbogen auf dem Forum Romanum).

Saal VII: Wandteppiche mit Episoden aus der römischen Geschichte.
Saal VIII: Fresken von Giacomo Ripanda, Szenen aus den Punischen Kriegen.
Saal IX (Kapelle): Deckenfresken und Stukkaturen spätes 16.Jh.
Saal X (Korridor): Flämischer Wandteppich (16.Jh.), Darstellung Trajans.
Saal XII: Römischer Sarkophag (2.Jh. v.Chr.) mit Bemalungsresten.
Saal XIV: ›Esquilinische Venus‹ (späthellenistisch), junges Mädchen sich kämmend; Portrait Kaiser Commodus’ (180–192) als Herkules.

Saal XVI, XVII: Wagenlenker (römische Kopie nach griechischem Original von etwa 460 v.Chr.); Nr. 9, Grabstele eines Mädchens mit Taube, (griech. Original, etwa 480 v.Chr.); Nr. 2, Löwenhaupt (griech. Original, 6.Jh. v.Chr.).

Saal XVIII–XX: Christliche Sarkophage und Inschriften aus Katakomben.
Saal XXI: Römischer Wagen (2.Jh. n.Chr.) für Götterstatuen im Triumphzug.
Saal XXII: Griechische Vasen.
Saal XXIII: Kolossaler Bronzekopf; Stier und Pferd (Lysipp ?); Sänfte.
Saal XXIV: Plastiken aus dem Garten des Maecenas auf dem Esquilin.
Garten: Marmorkopien vom antiken Stadtplan des Kaisers Septimius Severus.

Das Museum der römischen Kultur

(Museo della Civiltà Romana, E. U. R., Via della Civiltà Romana)

Lage: Im Verwaltungsgebiet E. U. R., 10 km südwestlich vom heutigen Stadtzentrum entfernt. *Metro:* Von Stazione Termini bis Stazione E. U. R.-West. Von dort durch die Via Cristoforo Colombo (Hauptstraße von E. U. R.) in etwa 12 Minuten bis zum Museum am Ende der Via della Civiltà Romana (Querstraße). Das Museum ist nur vormittags geöffnet.

Obwohl dieses Museum keine antiken Originalwerke, sondern fast ausschließlich Modelle, Nachbildungen und Abgüsse enthält, gibt es doch die beste und zugleich umfassendste Information über nahezu alle Gebiete der römischen Kultur und Zivilisation und vermittelt ein lebendiges, sowohl chronologisch wie nach Sachgruppen aufgebautes Bild vom römischen Leben, hauptsächlich der Kaiserzeit. In insgesamt 60 Sälen gewinnt man dabei einen Überblick, wie ihn selbst ausgedehnte Reisen in dieser Vollständigkeit nicht vermitteln könnten. Die Architekturmodelle umfassen Triumphbögen, Tempel, Theater und Paläste, Wohnhäuser, militärische Einrichtungen, Brücken, Aquädukte, Hafenanlagen und vieles mehr. Ein antiker Bibliotheksraum wurde in Originalgröße rekonstruiert. Den Höhepunkt bildet das farbig gefaßte Stadtmodell *(Plastico di Roma)*, das Rom im Maßstab 1:250 zur Zeit seiner größten Ausdehnung zu Beginn des 4.Jh. n.Chr. zeigt (Saal XXXVII). Das Modell basiert in seinen Grundzügen auf dem 1893 im Forum aufgefundenen Marmorstadtplan, der *Forma Urbis*, den Kaiser Septimius Severus (193–211) im Bibliotheksbau des Vespasiansforums hatte aufstellen lassen. Das Modell, das infolge seiner Größe einen ganzen Saal beansprucht (man besichtigt es von einer Galerie aus), wird jeweils den Ergebnissen der archäologischen Forschung angepaßt.

Thematische Gliederung des Museums

Die *Säle I–VI* gehören nicht zum offiziellen Ausstellungsteil. Der Rundgang beginnt mit *Saal VII.* Die *Säle VII–XV* zeigen in chronologischer Reihenfolge die kulturellen Leistungen unter den einzelnen Herrschern, angefangen von Caesar bis zu Konstantin. – *Saal VII:* Römisches Weltreich. – *Saal VIII:* Caesar. – *Saal IX:* Augustus. – *Saal X:* Von Tiberius bis Nero. – *Saal XI:* Vespasian, Titus, Domitian. – *Saal XII:* Trajan und Hadrian. – *Saal XIII:* Von Marc Aurel bis Caracalla. – *Saal XIV:* Von Alexander Severus bis Konstantin. – *Saal XV:* Das Christentum im Römischen Reich.

Die folgenden Säle befassen sich mit Einzelthemen. *Saal XVI bis XXII:* Römisches Militärwesen, Schiffahrt, Hafenanlagen. – *Saal XXIII:* Stadtverwaltung. – *Saal XXIV:* Inschriften, Grabaufsätze, Säulensockel. – *Saal XXV:* Darstellung des römischen Triumphzugs. – *Saal XXVI:* Kaiserliche Provinzen. – *Saal XXVII:* Italische Regionen. – *Saal XXVIII:* Bautechnik und Bergwerkswesen. – *Saal XXIX bis XXXIV:* Architekturmodelle. – *Saal XXXV und XXXVI:* Soziale Einrichtungen und Schulwesen. – *Saal XXXVII (!):* Großes Stadtmodell vom antiken Rom zur Zeit seiner größten Ausdehnung (4.Jh. n.Chr.).

Saal XXXVIII: Stadtwesen. – *Saal XXXIX:* Grabmäler. – *Saal XL:* Villen und Alltagsleben. – *Saal XLI, XLII:* Familienleben. – *Saal XLIII:* Religion. – *Saal XLIV:* Bildnisse und Portraitbüsten. – *Saal XLV:* Geldwesen. – *Saal XLVI:* Rechtswesen. – *Saal XLVII:* Bibliothekswesen (rekonstruierter Bibliotheksraum !). – *Saal XLVIII:* Musikwesen. – *Saal XLIX:* Literatur und Wissenschaft. – *Saal L:* Medizinwesen. – *Saal LI:* Abgüsse der Reliefs der Trajanssäule. – *Saal LII:* Handwerk. – *Saal LIII:* Landwirtschaft. – *Saal LIV:* Jagd, Fischfang, Ernährung. – *Saal LV:* Wirtschaft und Finanzwesen. – *Saal LVI–LVIII:* Kapitelle, Steinplatten, Altäre, Sarkophage, Reliefs, Büsten, Statuetten. – *Saal LIX:* Reliefabgüsse von der Ehrensäule für Marc Aurel.

D. INFORMATIONSTEIL

Allgemeines zur Reisevorbereitung

Klima und Wetter: Warme Luftströmungen aus Afrika (der feucht-warme *Scirocco*), kalte Luft aus Mitteleuropa *(Tramontana)*. Im Frühling noch keine beständige Wetterlage, dafür angenehm warm. Sehr schön der April und der Mai. In den Sommermonaten beständig, aber extreme Hitze, bis 40° im Schatten. Am schönsten der späte September und vor allem die gleichmäßig schönen Oktobertage. Ab Mitte November bis weit in den Januar hinein Winterregen. Die Dezembertemperaturen selten unter 6°.

Uhrzeit: *Mitteleuropäische Zeit (MEZ)*. Die *italienische Sommerzeit* gilt im allgemeinen von Ende März bis Ende September (die genauen Daten variieren und richten sich nach den übrigen europäischen Partnerländern): Die Uhr wird um eine Stunde vorgestellt.

Informationsmöglichkeit vor Antritt der Reise: *Staatliches Italienisches Fremdenverkehrsamt – E.N.I.T. (Ente Nazionale Italiano per il Turismo): In der Bundesrepublik Deutschland:* 4000 Düsseldorf 1, Berliner Allee 26, Tel. (0211) 132231. – 6000 Frankfurt 1, Kaiserstraße 65, Tel. (0611) 231213/232648. – 8000 München 2, Goethestraße 20, Tel. (089) 530369. – *In Österreich:* 1010 Wien, Kärntnerring 4, Tel. 651639/654374. – *In der Schweiz:* 8000 Zürich, Uraniastraße 32, Tel. 2113633. – 1200 Genève, Rue du Marché 3, Tel. 282922. – Auskünfte erteilen ferner die Automobilclubs der betreffenden Länder.

Informationen über Routen und Straßenzustände: *A.C.I. (Automobile Club d'Italia):* 00185 Roma, Via Marsala 8, Postanschrift: Casella Postale 2389, 00100 Roma, Tel. (06) 4998; sowie bei *C.I.T. (Amtliches Italienisches Reisebüro):* 6000 Frankfurt 1, Stiftstraße 2, Tel. (0611) 20946; 5000 Köln 1, Komödienstraße 49, Tel. (0221) 210747; 8000 München 2, Maximilianstraße 16/Am Kosttor, Tel. (089) 222793. – *ADAC,* 8000 München 2, Sendlinger-Tor-Platz 9, Tel. (089) 551711.

Ankunft in Rom mit dem Flugzeug: (a) *Aeroporto Leonardo da Vinci (Aeroporto Intercontinentale)* in Fiumicino, 28 km vom Stadtzentrum entfernt, an der Küste gelegen. Abwicklung sämtlicher Linienflüge. Zubringerdienst nach Rom (über die Autostrada Roma-Fiumicino) bis zum Air-Terminal *(Aerostazione Roma)* in Stazione Termini (Hauptbahnhof), Via Giovanni Giolitti (Fahrzeit 50 Minuten). – (b) *Flughafen Ciampino* (Ausweichsflughafen), 15 km südwestlich von Rom; Zufahrt über die Via Appia Nuova. – (c) *Flughafen Aeroporto dell' Urbe* (für Privatflugzeuge und Rundflüge über Rom), 14 km nordöstlich von Rom; Zufahrt über die Via Salaria.

Ankunft in Rom mit der Eisenbahn: *Stazione Roma Termini* (Hauptbahnhof), Endpunkt aller internationalen Züge (Gepäckträger: facchino).

Das Straßennetz um Rom findet man auf der Karte S. 175. Eingetragen sind u. a. die Zufahrt zum Flughafen »Leonardo da Vinci« (Autostrada Roma–Fiumicino) sowie die Strecken nach Tivoli (Villa Hadriana), Palestrina (Praeneste) und Ostia antica.

Amtliche Bestimmungen und praktische Hinweise

Personaldokumente: Verlangt werden *Reisepaß* oder *Personalausweis.* Bei Kindern unter 16 Jahren ist ein *Kinderausweis* vorzulegen oder die Eintragung im Elternpaß nachzuweisen.

Kraftfahrzeuge: Benötigt werden der *Führerschein* und der *Fahrzeugschein*, das *Nationalitätenzeichen* und ein *Warndreieck*. Die *Internationale Grüne Versicherungskarte* ist unbedingt anzuraten. – *Benzingutscheine* (im Juni 1982 wieder eingeführt): Nähere Auskünfte beim ADAC. Kaufmöglichkeit beim ADAC, beim Grenzübergang und in den Büros des A.C.I. (Automobile Club d'Italia). Der Kauf von Benzingutscheinen ist mit dem Erwerb der *Carta Carburante* verbunden. Diese wird ebenfalls auf das Fahrzeug ausgestellt und berechtigt zur kostenlosen Pannenhilfe (auch Abschleppen) durch den Straßenhilfsdienst des A.C.I. – *Pannenhilfe:* in ganz Italien Telefon 116. Weitere Hinweise für Autofahrer S. 174.

Mitführen von Tieren (Hund, Katze): Erforderlich ist ein amtliches tierärztliches *Gesundheitszeugnis* (höchstens 30 Tage alt) mit einer Bestätigung der erfolgten Tollwutimpfung sowie dem Nachweis, daß der Herkunftsbereich des Tieres seit mindestens 6 Monaten tollwutfrei ist. *Impfung:* mindestens 20 Tage vor der Einreise, aber nicht länger zurückliegend als 11 Monate. – Maulkorb und Leine mitführen.

Zollbestimmungen: Über die jeweils gültigen Zollbestimmungen für Ein- und Ausreise geben die Automobilclubs (ADAC) auf besonderen Merkblättern (für ihre Mitglieder kostenlos) Auskunft.

Währung: Währungseinheit ist die *Lira*. Folgende *Münzen* sind im Umlauf: 5, 10, 20, 50, 100 und 500 Lire; *Banknoten* zu: 500, 1000, 5000, 10000, 50000 und 100000 Lire.

Devisen: Fremdwährungen unterliegen im allgemeinen keiner Beschränkung. Auskünfte über die jeweils gültigen Bestimmungen erteilen die Banken und die Automobilclubs. Zu empfehlen sind *Reiseschecks:* Eurocheque mit Scheckkarte oder American Travellercheques.

Geldwechsel: In der Regel bei städtischen Banken; ferner in den amtlich zugelassenen Wechselstuben, in den Büros der Automobilclubs und in Hotels mit offizieller Wechselstube. – Öffnungszeiten der Banken im allgemeinen: Mo–Fr 8^{30}–13^{30} Uhr. – Eurocheques werden meist nur in größeren Banken eingelöst; empfehlenswerter sind American Travellercheques. In jedem Fall aber ist der Paß oder die Kennkarte vorzulegen.

Hauptgeschäftsstellen einiger römischer Banken: Auf der Via del Corso: Banca Commerciale Italiana (Nr. 226), Banco di Roma (Nr. 307), Banco di S. Spirito (Nr. 173); ferner die Banca d'Italia, Via Tuscolana 417.

Wechselstuben (Uffici Cambio): Im Hauptbahnhof (Stazione Termini) und in der *Hauptpost (Posta Centrale),* Piazza S. Silvestro (Nähe Corso–Mitte).

Telefonieren: Postämter (Mo–Fr 8^{30}–14 Uhr). – Hauptpost (0–24 Uhr): Posta Centrale, Piazza San Silvestro. – In öffentlichen Telefonzellen *(Gettoni Telèfono/ Teleselezione)* benötigt man *Telefonmünzen (gettoni).* Man erhält sie entweder in den Telefonzellen selbst (sofern die Beschriftung *Gettoni x Telèfono* lautet: Einwurf von 50 und 100 Lire) oder an den *Zeitungskiosken* bzw. *Tabakläden* (Kennzeichen: T »Sale e Tabacchi« – weiße Schrift auf blauem Grund); ferner erhält man *gettoni* in den mit einer *Wählscheibe* bezeichneten Lokalen. – *Vorwahl für Gespräche von Italien:* Bundesrepublik Deutschland: 0049. – Österreich: 0043. – Schweiz: 0041.

Briefmarken *(francobolli):* Außer in Postämtern auch erhältlich in Hotels und Tabakläden (Kennzeichen: T »Sale e Tabacchi« – weiße Schrift auf blauem Grund).

Wichtige Anschriften

Allgemeine touristische Informationen: *E.N.I.T. (Ente Nazionale Italiano per il Turismo)*, Via Marghera 2/6, bei Stazione Termini, Tel. 497 12 22/497 12 82. – *E.P.T. (Ente Provinciale per il Turismo): Touristenbetreuung:* Via Parigi 5 (Nähe Piazza della Repubblica): Tel. 46 37 48. – *Auskunftsbüros:* Stazione Termini, Hauptbahnhof, Tel. 46 54 61; A1 (Autobahn Mailand–Rom): Tankstellengelände Salaria Ovest, Tel. 69 19 9 58; A2 (Autobahn Rom–Neapel): Tankstellengelände Frascati Est, Tel. 94 20 0 58; Flughafen »Leonardo da Vinci« (Vorhalle), Tel. 601 12 55. – *C.I.T.* (siehe unter Reisebüros).

Reisebüros: *American Express*, Piazza di Spagna 38. – *Carrani Tours/Viaggi e Turismo (S.P.A.)*, Via Torino 41. – *C.I.T. (Compagnia Italiana Turismo):* (a) Piazza della Repubblica 64, (b) Stazione Termini, (c) Viale Europa 20 (E.U.R.), (d) Piazza Cola di Rienzo 33. – *Deutsches Reisebüro (S.R.L.)*, Piazza Esquilino 29 (bei S. Maria Maggiore): Tel. 475 15 31. – *Reisebüro für Studenten (Centro Turistico Studentesco e Giovanile C.T.S.)*, Via Genova 16/ ang. Via Nazionale.

Fluggesellschaften: Fast alle Büros befinden sich in der Via Bissolati (zwischen Via Veneto und Piazza S. Bernardo), u. a. *Swissair* (Nr. 4), *Lufthansa* (Nr. 6), *Alitalia* (Nr. 13), *Aeroflot-Soviet Airlines* (Nr. 27), *Pan American* (Nr. 46), *British Airways* (Nr. 54), *S.A.S.-Scandinavian Airlines Systems* (Nr. 76). – In unmittelbarer Nähe der Via Bissolati: *Air France*, Via Veneto 93; *A.U.A. (Austrian Airlines)*, Via Barberini 91–93.

Air-Terminal *(Aerostazione Roma)* – *Zubringerdienst zum Flughafen:* Via Giovanni Giolitti 36 (Südseite der Stazione Termini), Fahrscheine müssen vor Abfahrt rechtzeitig am Air-Terminalschalter gelöst werden (Wechselgeld bereithalten und mit Wartezeiten rechnen). Fluggesellschaften siehe oben.

Fremdenführer – Dolmetscher – Sekretärinnen: *Telefonischer Service:* Tel. 1 10. – *Centro Traduzioni e Servizi di Congresso*, Via Sallustiana 23 (Querstraße zur Via Bissolati). – *Palazzo dei Congressi* (E.U.R.). – *Übersetzungsbüro*, Via Calabria 20 (Nähe Piazza Bologna). – *Autorisierte Fremdenführer: Sindacato Guide autorizzate (Centro Guide)*, Rampa Mignanelli 12 (Nähe Spanische Treppe).

Post – Telegramme: *Hauptpostamt (Posta Centrale)*, Piazza San Silvestro (Nähe Corso–Mitte). Öffnungszeit: 8³⁰–21 Uhr. *Postlagernde Sendungen* nur dort: Schalter »*fermo in posta*«. – *Telegramme* Tag und Nacht im Hauptpostamt, Büro »*Ufficio Principale Telegráfico Centrale*«, Eingang Via della Mercede 96 und in Stazione Termini (Hauptbahnhof) sowie in größeren Hotels. Sonst nur bei Postämtern mit dem Zeichen *P.T.* 8³⁰–14 Uhr. *Telefonische Telegrammaufgabe:* Tel. 1 86. *Postalische Auskünfte (Informazioni postali telegrafiche):* Tel. 1 80.

Polizei: *Polizeidirektion (Questura Centrale)*, Via San Vitale 15, Tel. 46 86 (Nähe Via Nazionale–Mitte). Dort für Touristen: *Ufficio Assistenza Turistica*, Tel. 46 10 10/47 59 1 61. – *Bei Strafanzeigen, etc.:* Wird Strafanzeige gegen Sie erhoben, oder wollen Sie gegen jemand Strafanzeige erheben, so hilft das *Ufficio Turismo e Pubbliche Relazioni*, Piazza di Campitelli 7 (Nähe Marcellustheater), eine Dienststelle der italienischen Polizei für Auskünfte und Beschwerden von Touristen (Dolmetscher).

Fundbüros *(Oggetti rinvenuti): Allgemeines Fundbüro (Uffici oggetti smarriti del Comune)*, Via Bettoni 1, Mo–Fr 9–12 Uhr, Tel. 5 81 60 40. – *ATAC (Fundbüro der städtischen Verkehrsbetriebe)*, Via Volturno 65 (Nähe Stazione Termini), Tel. 46 95. – *Fundbüros auf Bahnhöfen und Flughäfen* durchgehend geöffnet.

E.U.R. *(Esposizione Universale Roma – Römische Weltausstellung):* Bezeichnung für ein Verwaltungs- und Wirtschaftszentrum auf dem für die Weltausstellung 1942 vorgesehenen Gelände im Süden der Stadt (U-Bahn). Dort auch das bedeutende Museum der römischen Kultur, vgl. S. 167.

Diplomatische Vertretungen: *Bundesrepublik Deutschland: Botschaft,* Via Po 25c (Nähe Villa Borghese), Tel. 860341/869341. *Konsulat,* Via Paisiello 24, Tel. 856806/864003. *Botschaft beim Heiligen Stuhl,* Via G. Mangili 9, Tel. 879779. – *Österreich: Botschaft,* Via Pergolesi 3, Tel. 868241. *Botschaft beim Heiligen Stuhl,* Via Reno 9, Tel. 856262. – *Schweiz: Botschaft und Konsulat,* Via Barnaba Oriani 61, Tel. 803641.

Deutsche Einrichtungen: *Deutsche Akademie,* Villa Massimo, Largo Villa Massimo 2 (4 km vom Stadtzentrum entfernt, im NO). – *Deutsche Buchhandlung Herder,* Piazza Montecitorio 117 (Nähe Corso, Piazza Colonna). – *Deutsches Archäologisches Institut,* Via Sardegna 79 (Querstraße der Via Vittorio Veneto). – *Deutsche Bibliothek,* Via del Corso 267. – *Deutsch-Italienische Handelskammer,* Via S. Basilio 41. – *Deutsches Historisches Institut,* Corso Vittorio Emanuele 209. – *Deutsches Kunsthistorisches Institut (Hertziana),* Via Gregoriana 28 (Nähe Spanische Treppe). – *Deutscher Hilfsverein,* Via S. Costanza 2. – *Deutsche Presse Agentur (D.P.A.),* Via Dataria 94. – *Collegio Pontificio Germanico-Ungarico (Germanicum),* Via S. Nicolò da Tolentino 13. – *Goethe-Institut,* Via del Corso 267. – *Goethe-Museum,* Via del Corso 18. – *Verein für italienisch-deutsche Freundschaft (Associazione Italia-Germania),* Via Ripetta 41.

Deutschsprachige Anwälte: *Dr. Manilio Franchi,* 00197 Roma, Viale Parioli 47, Tel. 873206. – *Dr. Friedrich Stadler,* 00186 Roma, Via della Trinità dei Pellegrini 16, Tel. 655293.

Deutschsprachige Gottesdienste und Seelsorge: *Deutsche katholische Kirchen:* S. Maria dell'Anima, Via dell'Anima (Nähe Piazza Navona); S. Maria della Pietà, beim Campo Santo Teutonico, Via della Sagrestia 17 (innerhalb der Vatikanstadt). – *Deutsche katholische Seelsorge,* Via della Pace 24, Tel. 6564160. – *Deutschsprachige Beichtmöglichkeit:* S. Maria dell'Anima; S. Pellegrino degli Svizzeri (innerhalb der Vatikanstadt) sowie in den vier Hauptbasiliken: San Giovanni in Laterano, Sankt Peter (Vatikan), Sankt Paul (Via Ostiense) und S. Maria Maggiore.
Deutsche evangelisch-lutherische Kirche Decanto, Via Sicilia 66a (Querstraße der Via Vittorio Veneto); Pfarramt nächst der Kirche, Via Toscana 7. – *Waldenserkirche,* Via IV Novembre 107 und Via Dionigi 57.

Papstaudienzen: *Schriftlicher Antrag an:* Prefetto della Casa Ponteficia del Palazzo Apostolico, 00120 Città del Vaticano. – *Generalaudienzen:* Rom (mittwochs 11 Uhr), Castelgandolfo (mittwochs 10 Uhr).

Österreichisches Kulturzentrum, Viale Bruno Buozzi 113 (nördlich von Villa Borghese-Park/Zoologischer Garten).

Schweizer Kulturinstitut *(Istituto Svizzero),* Via Ludovisi 48 (Querstraße der Via Vittorio Veneto).

Erste Hilfe: *Polizei (Carabinieri): Sofortige Hilfe,* Tel. 212121. – *Städtische Polizei: Sofortige Hilfe,* Tel. 734817. – *Unfall in ganz Italien (Polizei und Krankenwagen:* »*Soccorso pubblico di emergenza*«*):* Tel. 113. – *Straßenhilfsdienst des A.C.I.:* Tel. 116. – *Rotes Kreuz (Croce Rossa Italiana,* Comitato Centrale, Via Toscana 12): *Zentralruf:* Tel. 49991; *Notruf (Krankenwagen):* Tel. 5100 (Chiamata Autoambulanze, Via Pacinotti 18); *Bluttransfusionen:* Tel. 53798 50/53 8698/53 89 89/ 53 89 96 (Centro Nazionale Trasfusione sangue, Via Ramazzini 15); *Medikamente:* Tel. 539965 (Depòsito Farmacèutico, Via Ramazzini 37).

Medizinischer Bereitschaftsdienst *(0–24 Uhr):* (a) *Hausbesuche* (Pronto Soccorso a domicilio), Tel. 4756741. – (b) *Notaufnahme in Krankenhäuser* (Pronto Soccorso Ospedaliero): *Policlìnico Umberto I,* Tel. 4928 56. – *Ospedale S. Eugenio,* Tel. 5925903. – *Ospedale S. Giacomo,* Tel. 6791298. – *Ospedale S. Giovanni,* Tel. 7578241. – *Ospedale S. Spirito,* Tel. 6540823. – *Kinderklinik (Ospedale del Bambino Gesù),* Tel. 6567954.

171

Einweisung in ein Krankenhaus: Zur Aufnahme in ein Krankenhaus muß der Kranke sich zuerst an den ärztlichen Erste-Hilfe-Dienst wenden, den *»Pronto Soccorso Medico«,* der in jedem Krankenhaus eingerichtet ist und der die Einweisung vornimmt.

Ärztliche Behandlung: Reisende mit einem *Internationalen Krankenschein* (Berechtigungsschein) müssen diesen vor der Konsultation des Arztes in einen *Behandlungsschein* bzw. *Anspruchsausweis* (Attestato concernente il diritto alle prestazioni in natura) eintauschen und zwar bei der italienischen Krankenversicherungsanstalt *I.N.A.* (Istituto Nazionale Assicurazioni), Via Nizza 22, Tel. 8440702/8440802; *römisches Hauptbüro* (Agenzia Generale di Roma), Via Fedele 51, Tel. 787298.

Deutschsprachige Ärzte: *Vertragsärzte des I.N.A.* (Medico convenionato di I.N.A.): *Dr. Waldo Carignola,* Piazza Bologna 6, Tel. 429917. – *Dr. Jacub Fiszhaut,* Via Sallustiana 1a, Tel. 461842. – *Dr. Costantino Lozina Lozinsky,* Via Levico 11, Tel. 862386. – *Dr. Claudio Maggio,* Via Lungotevere Flaminio 46, Tel. 3964881. – *Dr. Eugenio Pecorella Chiti* (Chirurg), Via Guilia di Gallese 8, Tel. 538800. – *Dr. Cesare Rizzo* (Gynäkologe), Via Castani 82, Tel. 2818594/789922. – *Dr. Samuele Schärf,* Via Cavalleggeri 6, Tel. 635358. – *Dr. Corrado Spitz,* Via Angelico 109, Tel. 386866.

Deutschsprachige Kliniken: *Diakonissenhaus,* Via Alessandro Farnese 18 (Nähe Piazza Libertà). – *Santa Elisabetta,* Via dell'Olmata 9, mit deutschen Nonnen (Nähe S. Maria Maggiore).

Italienische Kliniken *(teilweise mit fremdsprachigem Personal):* Clìnica dello Spirito Santo *»Villa Stuart«,* Via Trionfale. – *Clìnica Salvator Mundi* (Internationales Hospital), Viale delle Mura Gianicolensi 67 (am Südrand des Gianìcolo). – *Clìnica Quisisana,* Via G. Porro 5. – *Ospedale S. Eugenio,* Piazzale dell'Umanesimo (E.U.R.). – *Poliklinik (Policlìnico Umberto I),* Viale del Policlìnico (Nähe Universitätsviertel, nordöstlich Stazione Termini). – *Kinderklinik (Ospedale del Bambino Gesù),* Piazza Sant'Onofrio 4 (Gianìcolo, Ponte Prìncipe Amedeo). – *Augenklinik (Clìnica oftàlmica),* Piazzale degli Eroi 11 (nord-westlich des Vatikans).

Unterkunft

Hotelverzeichnisse: Kostenlose Verzeichnisse mit Preisangaben der Hotels, Pensionen, Tageshotels, Motels, Privatzimmer, Jugendherbergen, Campingplätze etc. erhält man in folgenden Informationsbüros des *E.P.T. (Ente Provinciale per il Turismo):* (a) Stazione Termini (Hauptbahnhof); (b) Via Parigi 5 (Nähe Piazza della Repubblica); ferner an der Autobahn (Autostrada del Sole): (a) Ausfahrt Mailand–Rom (A1), Tankstellengelände Salaria Ovest, (b) Ausfahrt Rom–Neapel (A2), Tankstellengelände Frascati Est.

Auswahl einiger Hotels *(a) Bei Stazione Termini (Hauptbahnhof):* Luxushotel: Grand Hotel et Rome, Via Vittorio Emanuele Orlando 3. – *1. Kategorie:* Atlantico, Via Cavour 23. – Massimo d'Azeglio, Via Cavour 18. – Mediterraneo, Via Cavour 15. – Metropol, Via Principe Amedeo 3. – Palatino, Via Cavour 213. – Quirinale, Via Nazionale 7. – *2. Kategorie:* Columbia, Via Viminale 15. – Esperia, Via Nazionale 22. – Impero, Via Viminale 19. – Nord Nuova Roma, Via G. Amendola 3. – *3. Kategorie:* Capitol, Via G. Amendola 77. – Marconi, Via G. Amendola 97. – Vulcania, Via Cavour 117.

(b) Im Zentrum, bei der Piazza Colonna: 1. Kategorie: D'Inghilterra, Via Bocca di Leone 14. – Plaza, Via del Corso 126. – *2. Kategorie:* Bologna, Via Santa Chiara 4a. – Lugano, Via del Tritone 132. – Regno, Via del Corso 330.

(c) Bei der Via Vittorio Veneto: Luxushotels: Bernini-Bristol, Piazza Barberini 23. – Eden, Via Ludovisi 49. – Excelsior, Via Vittorio Veneto 125. – Hassler-

172

Villa Medici, Piazza Trinità dei Monti 8. – Palace-Ambasciatori, Via Vittorio Veneto 70. – *1. Kategorie:* Eliseo, Via Porta Pinciana 30. – Flora, Via Vittorio Veneto 191. – Imperiale, Via Vittorio Veneto 24. – Majestic, Via Vittorio Veneto 50. – Regina Carlton, Via Vittorio Veneto 72. – Savoia, Via Ludovisi 15. – Victoria (Deutsch sprechendes Personal), Via Campania 41.

Tageshotels *(Alberghi Diurini): Casa del Passaggero,* Via Viminale 1 (Nähe Stazione Termini). – *Cobianchi,* Via del Corso 295 und Via Cola di Rienzo 136. – *Diurno Roma Termini,* in Stazione Termini (von der Haupthalle aus mit der Rolltreppe nach unten).

Auswahl einiger Motels und Drive-in Hotels *(Autostelli): Autostello A.C.I.,* Via Cristoforo Colombo 1500 (bei der Einmündung in den Autobahnring, Raccordo Anulare). – *Bela Motel* (2. Kategorie), Via Cassia 1801 (Richtung Florenz). – *E.U.R.Motel,* Via Pontina 416 (Richtung Neapel), 14 km außerhalb Roms. – *Motel Boomerang,* an der Via Aurelia (Richtung Genua), 10,5 km außerhalb Roms. – *Motel Eurogarden* (2. Kategorie), Via Salaria, 12 km (Richtung Apenin-Adria). – *Motel La Giocca* (2. Kategorie), Via Salaria 1223. – *Motel Salaria* (3. Kategorie), Via Salaria 1256.

Campingplätze: *Capitol,* Ostia Antica/Sassone, Via di Castelfusano 45 (1800 Plätze, ganzjährig). – *Flaminio,* Via Flaminia Nuova, km 8 (ganzjährig). – *Nomentano,* Via Nomentana, km 11,5 (700 Plätze, März bis Oktober). – *Roma Camping,* Via Aurelia, km 8,2 (800 Plätze). – *Seven Hills,* Via Cassia 1216, km 18 (600 Plätze, auch Bungalows, ganzjährig geöffnet). – *Tivoli* ›*Chalet del Fiume*‹, Via Nazionale Tiburtina Valeria 5 (100 Plätze). – *Turistico Internazionale di Castelfusano,* Via Litoranea di Ostia, km 1,2 (480 Plätze, am Meer gelegen, April bis Oktober).

Jugendherbergen *(Ostelli per la Gioventù):* Auskünfte erteilt der Italienische Jugendherbergverband *(Associazione Italiana Alberghi per la Gioventù A.I.G.),* 00144 Roma, Palazzo della Civiltà del Lavoro, Quadrato della Concordia (E.U.R.).

Jugendhäuser: »*Crocevia*« (Internationales Zentrum), Via Villa Albani 20 (nördlich vom Corso d'Italia, bei der Villa Albani). – *Young Men's Christian Association (YMCA),* Piazza Indipendenza (Nähe Stazione Termini). – *Young Women's Christian Association (YWCA),* Via Balbo 4 (zwischen Oper und S. Maria Maggiore).

Jugendtourismus *(Anschriften): Reisen für die Jugend* (Viaggio per la Gioventù), 00184 Roma, Via Nazionale 172. – *Zentrum für Jugendtourismus* (Centro Turistico Giovanile C.T.G.), 00193 Roma, Via Alberico 1135. – *Zentrum für Studentenreisen* (Centro Italiano Viaggi Istruzione Studenti CIVIS), 00186 Roma, Via M. Caetani 32. – *Zentrum für Studenten- und Jugendtourismus* (Centro Turistico Studentesco e Giovanile C.T.S.), 00184 Roma, Via Nazionale 66.

Auskünfte für Pilger: *Deutsches Rompilger Touristik- und Informationsbüro,* Via del Sant'Uffizio 29 (am Petersplatz), Tel. 6548568 und 6565704.

Verkehrsmittel

Untergrundbahn *(»Metropolitana«): Linie A:* Via Ottaviano – Lepanto – Flaminio – Spagna – Barberini – Repubblica – Stazione Termini – Vittorio Manzoni – San Giovanni – Re di Roma – Ponte Lungo – Furio Camillo – Colli Albani – Arco Travertino – Porta Furba – N. Quadrato – L. Sestio – G. Agricola – Subaugusta – Cinecittà/Via Anagnina. – *Linie B:* Stazione Termini – Via Cavour – Colosseo – Circo Massimo – Cestius-Pyramide – Garbatella – S. Paolo f. l. mura – Magliana – E.U.R. Marconi – E.U.R. Fermi – Laurentina (einige Züge fahren auch von S. Paolo nach Ostia Lido über Lido Centro – Lido Stella Polare – Castelfusano – Christoforo Colombo).

Taxi *(»Auto pubbliche«): Preiszuschläge werden erhoben:* Für telefonische Bestellung, für jedes Gepäckstück, für Nachtfahrten (ab 22 Uhr–7 Uhr), für Fahrten in die Vororte. *Trinkgeld (mancia)* in Höhe von 10% des Fahrpreises landesüblich. – Funktaxi, Tel. 8433.

Eisenbahn: *Stazione Termini (Hauptbahnhof),* Piazza dei Cinquecento; Endpunkt aller internationalen Züge. – *Weitere Bahnhöfe: Stazione Tiburtina,* Piazzale Tiburtina (Nähe San Lorenzo): Züge nach Norden und Süden Italiens. – *Stazione Trastevere,* Piazza Flavio Biondo: Züge nach Pisa–Genua. – *Stazione Ostiense,* Piazzale dei Partigiani: Vorortzüge nach Ostia. – Von den Bahnhöfen Monte Mario, Prenestina, San Pietro und Tuscolana verkehren Züge nach allen Richtungen der Provinz Roma.

Air – Terminal *(Aerostazione Roma) – Zubringerdienst zum Flughafen:* Via Giovanni Giolitti 36 (Südseite der Stazione Termini). Fahrkarten am Schalter. *Fluggesellschaften* siehe S. 170.

Hinweise für Autofahrer

Vor Antritt der Reise *(empfehlenswerte Papiere): ADAC-Auslandsschutzbrief* bzw. *Euroschutzbrief:* Umfaßt Pannen- und Unfallhilfe, Abschleppen, Fahrzeugbergung, Ersatzteilversand, Fahrzeugrückholdienst, Krankenrücktransport, Kreditleistungen, etc. – *Tèssera Soccorso:* Bei Einreise nach Italien im Grenzbüro des A.C.I. erhältlich. Berechtigt zur kostenlosen Inanspruchnahme des A.C.I.-Straßenhilfdienstes (Soccorso Stradale A.C.I.). – *Internationale Unfallschutzkarte:* Nachweis über die Blutgruppe, Eintragung von erfolgten Impfungen, etc. (Ausstellung durch einen Arzt des Heimatlandes).

Hupgebot (sonst Strafen bei Unfällen): Außerhalb von Ortschaften an Straßenkreuzungen, Straßeneinmündungen, beim Überholen sowie vor Kurven und an unübersichtlichen Stellen.

Unfall: *In ganz Italien Telefon 113 (für Polizei und Krankenwagen).*

Pannenhilfe *(A.C.I.): In ganz Italien Telefon 116:* Vermittlung von A.C.I.-Vertragswerkstätten, Pannenwagen und Abschleppdienst. A.C.I.-Pannenhilfe kostenlos für Inhaber einer »Tèssera Soccorso«. – *Deutschsprachiger Notrufdienst in Rom* (Einrichtung des ADAC in Zusammenarbeit mit dem A.C.I.): Tel. 4954730 (Mo–Fr 9–15 Uhr, Sa, So sowie an Feiertagen 9–13 Uhr).

Italienische Automobilverbände: *Touring-Club-Italiano (T.C.I.),* Via Ovidio 7 (nördlich der Engelsburg), Tel. 388602/388658; Hauptsitz: 20122 Milano, Corso Italia 10. – *Automobile Club d'Italia (A.C.I.),* Via Marsala 8: Touristenbüro (Ufficio Assistenza Turistica): Tel. 491616; deutschsprachiger Notrufdienst: 4954730. – *Automobile Club di Roma (A.C.R.),* Via Cristoforo Colombo 261, Tel. 5126501.

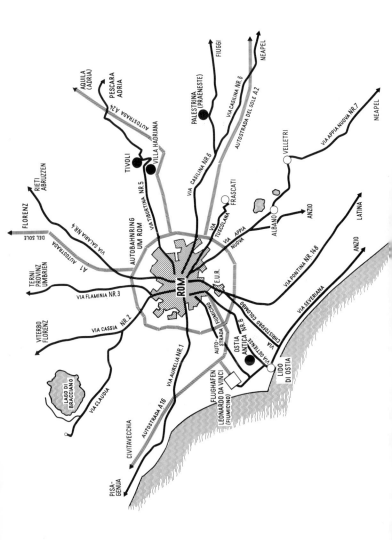

Das Straßennetz um Rom

Essen und Trinken

Die römische Küche *(cucina romana)* ist schmackhaft und gesund, aber im allgemeinen von robustem Charakter, vor allem in den einfachen Trattorien. Ein Hauptmerkmal ist ihre besondere Würzung: Salbei, Rosmarin, Minze, Basilikum, Knoblauch, etc. In den Restaurants werden die Gerichte international verfeinert. Eine große Rolle spielen Nudeln und Reis sowie Artischocken. Neben besonders reichhaltigen Gemüsesuppen (minestrone) findet man auf der Speisekarte zahlreiche Gerichte mit Kutteln, Hirn, Milz oder Lunge. Die Soßen enthalten neben einer Vielzahl von Kräutern meist auch Knoblauch, Pfeffer, Sardellen oder Schafskäse.

Der Italiener unterscheidet folgende Lokalitäten: *Albergo:* Hotel, fast immer mit Restaurant. – *Bar:* Frühstück, Aperitif, Kaffee, Eis, etc. – *Birrería:* Bierausschank, kleine Speisekarte. – *Bottega:* Stehausschank mit Imbißstube. – *Bottiglierìa:* Ausschank billiger aber guter Weine; keine Mahlzeiten, nur Snacks. – *Caffè:* Keine Konditorei; diese heißt in Italien Pasticceria. – *Cantina:* Weinkeller oder Weinprobierstube, kleinere Imbisse. – *Latterìa:* Milch, Kaffee, Eierspeisen. – *Locanda:* Einfachere Gaststätte mit Übernachtungsmöglichkeit. – *Osteria:* Gaststätte mit ländlichem Charakter: (a) an ungedeckten Tischen Ausschank offener Weine und Verzehr von mitgebrachten Speisen, (b) an gedeckten Tischen Bedienung nach der Speisekarte. – *Pasticcerìa:* Konditorei. – *Pizzeria:* Außer Pizza vollständige Speisekarte; unterschiedliche Kategorien, vom einfachen bis zum feinen und teuren Lokal; meist nur abends geöffnet. – *Ristorante:* Gehobene bis allerfeinste Kategorie, gedeckte Tische, höhere Preise. – *Rosticcerìa:* Keine Getränke, nur einfacher Imbiß. – *Taverna:* Kellerlokal unterschiedlicher Preiskategorie. – *Trattorìa:* Einfaches, gut bürgerliches Speiselokal; hier zumcist die typische römische Küche.

Einige Restaurants mit typisch römischer Küche

Zwischen Piazza del Popolo (Via della Ripetta), Augustusmausoleum und Piazza di Spagna (Spanische Treppe): *Alfredo all'Augusteo,* Piazza Augusto Imperatore 30. – *Antico Bottaro,* Passeggiata di Ripetta 15. – *Augustea,* Via della Frezza 5. – *Dal Bolognese,* Piazza del Popolo 1. – *Otello alla Concordia,* Via della Croce 81. – *Re degli Amici,* Via della Croce 33 b. – *Toto alle Carrozze,* Via delle Carrozze 10.

Zwischen Piazza Navona, Pantheon und Piazza Colonna (Corso): *Alfredo alla Scrofa,* Via della Scrofa 104. – *Il Buco,* Via Sant'Ignazio 8. – *Il Falchetto,* Via dei Montecatini 12. – *Il Romagnolo,* Via della Palombella 34. – *La Campana,* Vìcolo della Campana 18. – *La Maiella,* Piazza S. Apollinare 45. – *Mastrostefano,* Piazza Navona 94–100. – *Passetto,* Via Zanardelli 14. – *Tre Scalini,* Piazza Navona 28–30.

Zwischen Campo de'Fiori, Largo Argentina und Marcellustheater: *Al Pompiere,* Via S. Maria de'Calderari 38. – *Da Gigetto al Portico d'Ottavia,* Via Portico d'Ottavia 21 (beim Marcellustheater). – *Gràppolo d'oro,* Piazza della Cancellerìa. – *La Carbonara,* Campo de'Fiori 23. – *Piperno a Monte Cenci,* Monte Cenci 9. – *Settimio,* Via del Pellegrino 117. – *Vecchia Roma,* Piazza Campitelli 18 (Nähe Marcellustheater).

Bei der Fontana di Trevi: *Al Moro,* Vìcolo delle Bollette 13 (Trevibrunnen). – *Colline Emiliane,* Via degli Avignonesi 22. – *Fedelinaro,* Piazza di Trevi 95. – *Gioia mia, Piscipiano,* Via degli Avignonesi 34.

Trastevere: *Antica Pesa in Trastevere,* Via Garibaldi 18. – *Checco er Carrettiere,* Via Benedetta 10. – *Corsetti: Il Galeone,* Piazza S. Cosimato 27. – *Gino in Trastevere,* Via della Lungaretta 85. – *La Cisterna,* Via della Cisterna 10. – *Meo Patacca,* Piazza dei Mercanti 30. – *Patarellaro di Severino,* Via San Crisogono 33. – *Romolo a Porta Settimiana,* Via di Porta Settimiana 8. – *Sabatini,* Piazza S. Maria in Trastevere 13.

Weine (vini)

Wichtig für die Bestellung: *Vino aperto* bzw. *vino in bicchiere* (offener Tischwein); *un quarto di litro* (ein Viertel), *un mezzo litro* (ein halber Liter), *un litro* (ein Liter); *vino da pasto* (Tischwein, offen oder in Flaschen), *vino in bottiglia* (Flaschenwein), *una bottiglia di . . .* (eine Flasche vom . . .).

Geschmacksrichtungen: *Vino bianco* (Weißwein), *vino rosso* (Rotwein), *vino rosato* (Rosé-Wein); *asciutto* (herb, leicht säuerlich), *secco* (trocken), *abboccato* (blumig, mild), *pastoso* bzw. *dolce* (süß).

Frascati: Der bekannteste römische Weißwein, der feurige, goldgelbe *Cannellino di Frascati* aus den Albaner Bergen, ist ein leicht bitterer, säuerlicher Tischwein (asciutto). Milder ist der *Cannellino di Frascati abboccato* (blumig). Ein süßer Dessertwein der *Cannellino di Frascati dolce*.

Andere Weißweine aus Latium: (a) *Herbe Weine* (asciutto): *Colli Albani* (leicht säuerlich); *Grottaferrata* (trocken, leicht bitter). – (b) *Trockene Weine:* Est! Est!! Est !!! ›secco‹ (aus Montefiascone); *Marino* ›secco‹; *Montecompatri*; *Velletri bianco.* – (c) *Blumige Weine: Colli Lanuvi* bzw. *Colli Lanuvio* (robust); *Malvasia di Grottaferrata*; *Zagarolo* (blumig, trocken). – (d) *Süße Dessertweine: Aleatico di Gradoli* (weich, bernsteingelb); *Est! Est !! Est !!! ›abboccato‹* (aus Montefiascone); *Marino* ›abboccato‹ (blumig, Nachgeschmack nach Weichselkirsche); *Moscato di Terracina* (spritzig); *Orvieto* (dem Est! Est!! Est!!! ›abboccato‹ verwandt); *Velletri bianco* ›amabile‹.

Römische Rotweine: *Cesanese* (am meisten getrunken); *Velletri rosso* (blumiger Tischwein).

Andere alkoholische Getränke

Aperitiv- und Wermutgetränke *(Aperitivi e Vermouth):* Amari (bitter); *Campari Soda*; *Cinzano bianco*; *Cinzano rosso*; *Cynar* (aus Artischocken); *Martini bianco*; *Martini rosso.*

Liquori *(Sammelbezeichnung für Liköre, Whisky, Gin, etc.):* Acquavite (Branntwein); *Fernet Branca* (Magenbitter); *Grappa* (ein mit Kräutern destillierter Treberschnaps, weiß oder grünlich); *Maraschino* (Likör aus Sauerkirschen); *Sambuca* (Anislikör); *Strega* (Kräuterlikör).

Alkoholfreie Getränke (Bibite)

Mineralwasser und Säfte: *Acqua Minerale* (Mineralwasser): ohne Kohlensäure (senza aggiunta di gas); *Aranciata* (Orangenlimonade); *Ghiacciata* (Eisgetränk); *Limonata* (Zitronenlimonade); *Spremuta d'arancia* (frisch ausgepreßter Orangensaft); *Succo di frutta* (Fruchtsaft); *Succo di mele* (Apfelsaft); *Succo di pomodori* (Tomatensaft).

Kaffee, Tee, Milchgetränke: *Caffè espresso* (schwarzer Kaffee mit Zucker); *caffè latte* (Kaffee mit Milch); *cappuccino* (Kaffee mit heißer schäumender Milch und Schokoladenkrümmel); *caffè decaffeinizzato* (koffeinfreier Kaffee); *caffè alla Borgia* (mit Aprikosenschnaps und etwas Zimt); *tè* (Schwarztee); *tè camomilla* (Kamillentee); *un bicchiere di latte* (ein Glas Milch); *caldo* (warm), *freddo* (kalt); *cocktail di latte* (Milchmischgetränk); *cioccolata* (Schokolade).

Zur Orientierung auf der italienischen Speisekarte

Vorspeisen *(Antipasti)*: *Acciughe e burro* (Sardinen und Butter), *antipasto misto* (verschiedene Gemüse, Oliven, Artischockenherzen, Schinken, Wurst, Fisch etc.). – *Carciofini olive e funghi* (Artischockenherzen, Oliven und Pilze). – *Pate alla casa* (Pastete nach Art des Hauses), *prosciutto cotto* (gekochter Schinken), *prosciutto crudo e melone* (roher Schinken mit Melone). – *Salmone affumicato* (geräucherter Lachs). – *Tonno sott'olio* (Thunfisch in Öl). – *Uova al pomodoro* (Tomaten mit Sardellen, Ei und Kapern).

Fleisch – Wild – Geflügel *(Carne – Selvaggina – Pollame)*: *Abbacchio* (Milchlamm), *ànitra* (Ente), *arrosto* (Braten), *arrosto d'agnello* (Lammbraten), *arrosto di bue* (Ochsenbraten), *arrosto di maiale* (Schweinebraten), *arrosto di manzo* (Rinderbraten), *arrosto d'oca* (Gänsebraten). – *Bistecca* (Beefsteak). – *Capra* (Ziege), *capriolo* (Reh), *carne tritata* (Hackfleisch), *cervello* (Hirn), *cinghiale* (Wildschwein), *coniglio* (Kaninchen), *coscia* (Haxe), *co(s)toletta* (Kotelett), *cotoletta di maiale* (Schweinskotelett), *cuore* (Herz). – *Fegato* (Leber), *fegato di manzo* (Rinderleber), *fegato di vitello* (Kalbsleber), *filetto* (Filet), *filetto di manzo* (Rinderfilet, Rumpsteak), *filetto di vitello* (Kalbslende). – *Involtini* (Rouladen), – *Lepre* (Hase), *lingua* (Zunge), *lombata* (Lendenbraten), *lombata di bue* (Rindslende), *lombo* (Lende), *lumache* (Schnekken). – *Maiale* (Schwein), *manzo* (Rind), *montone* (Hammelfleisch). – *Pecora* (Schaf), *pollo* (Hähnchen Huhn), *porchetto* (Spanferkel), *pasticcio* (Pastete), *prosciutto* (Schinken), *prosciutto crudo* (roher Schinken). – *Rognoni* (Nieren), *rosbiffe* (Roastbeef), *rotella di manzo* (Rindsrouladen). – *Salsiccia arrostita* (Bratwurst), *scaloppina* (Schnitzel), *scaloppina alla viennese* (Wiener Schnitzel), *scaloppina di maiale* (Schweineschnitzel), *scaloppina di vitello* (Kalbsschnitzel), *spezzatino di carne* (Gulasch), *spezzato* (Ragout). – *Vitello* (Kalb).

Fische und Meeresfrüchte *(Pesce e frutti di mare)*: *Anguilla* (Aal), *aragosta* (Hummer, Languste), *aringa* (Hering). – *Baccalà* (Stockfisch). – *Calamari* (Tintenfische), *carpio* (Karpfen), *caviale* (Kaviar), *cozze* (Miesmuschel). – *Eglefino* (Schellfisch). – *Fritto misto mare* (Kleinere Fische bzw. Fischstücke in Öl gebraten).– *Gàmberi* (Krebse), *granchi* (Krabben). – *Luccio* (Hecht). – *Merluzzo* (Kabeljau), *mitilli* (Miesmuscheln), *muscoli* (Miesmuscheln). – *Ostriche* (Austern). – *Pesce di mare* (Seefisch), *pesce fritto* (Bratfisch), *polpo* (Polyp). – *Raia, razza* (Rochen), *ricci di mare* (Seeigel). – *Salmone* (Lachs, Salm), *sardine* (Sardinen), *sgombro* (Makrele), *sógliola* (Scholle, Seezunge), *stoccafisso* (Stockfisch). – *Tonno* (Thunfisch), *tonno sott'olio* (Thunfisch in Öl), *trota* (Forelle). – *Vóngole* (Muscheln).

Eierspeisen: *Frittella* (Pfannkuchen), *frittata* (Omelette), *frittata con prosciutto* (Omelette mit Schinken). – *Uova* (Eier), *uova alla coque* (weichgekochte Eier), *uova al tegame* (Spiegeleier), *uova con pancetta affumicato – uova al bacon* (Eier mit Speck), *uova ripiene* (gefüllte Eier), *uova sode* (hartgekochte Eier), *uova strapazzate* (Rühreier).

Gemüse – Teigwaren – Kartoffel *(Verdure, legumi – paste – patate)*: *Aglio* (Knoblauch), *aspàragi* (Spargel). – *Bucatini* (Nudeln). – *Calzone* (ähnlich wie Pizza), *cannelloni* (gefüllte Teigrollen), *cantarelli* (Pfifferlinge), *carciofi* (Artischocken), *carote* (Karotten, Mohrrüben), *cavolfiore* (Blumenkohl), *càvolo* (Kohl), *càvolo di bruxelles* (Rosenkohl), *càvolo rosso* (Rotkraut), *cetriolo* (Gurken), *cipolle* (Zwiebeln). – *Fagiolini* (grüne Bohnen), *fettuccine* (feine Bandnudeln), *funghi* (Pilze), *funghi porcini* (Steinpilze). – *Gnocchi* (Nocken). – *Lasagne* (breite Bandnudeln mit Sahne, Käse oder Fleisch geschichtet und überbacken), *lenti* (Linsen). – *Maccheroni* (Makkaroni), *melanzane* (Auberginen). – *Patate fritte* (Bratkartoffeln), *patatine fritte* (Pommes frites). – *Peperoni* (Paprikaschoten), *piselli* (Erbsen), pizza (Pizza), *pomodori* (Tomaten), *porro* (Lauch, Porree), *purè di patate* (Kartoffelpüree). – *Rigatoni* (kurze Makkaroni). – *Sedano* (Sellerie), *spaghetti* (Spaghetti), *spinaci* (Spinat). – *Tagliatelle* (dünne Nudeln), *tagliolini* (Suppennudeln), *tortellini* (Teigtaschen). – *Verzetto* (Wirsing).

Salate *(Insalata): Insalata di cipolle e acciughe* (Zwiebelsalat mit Sardellen, Spezialität aus Latium); *insalata di finocchi* (Fenchelsalat); *insalata di lattugha* (Kopfsalat); *insalata di pomodori* (Tomatensalat); *insalata di tartufi* (Salat aus Trüffelscheiben); *insalata di verdure crude* (Rohkostplatte); *insalata russa* (Kartoffelsalat mit Erbsen, Karotten, Bohnen, Blumenkohl, Sardellen, Kapern, Ei, Thunfisch und Mayonnaise); *insalata verde* (grüner Salat); *insalata verde mista* (gemischter Salat aus Gurken, Blattsalat, Zucchini und grünen Tomaten).

Käse *(Formaggio):* Bel paese (Butterkäse). – *Formaggio di capra* (Ziegenkäse), *formaggio parmigiano* (Parmesankäse), *formaggio svizzero* (Schweizerkäse). – *Grana* (Hartkäse, ähnlich wie Parmesan), *Gorgonzola* (Edelpilzkäse). – *Mozzarella* (Büffelkäse). – *Pecorino* (Schafskäse). – *Romano* (harter Schafskäse). – *Taleggio* (würziger Butterkäse).

Obst *(Frutta): Albicocche* (Aprikosen), *amarene* (Weichselkirschen), *ananas* (Ananas), *arance* (Orangen). – *Banane* (Bananen). – *Ciliege* (Kirschen), *cocomero* (Wassermelone). – *Dàtteri* (Datteln). – *Fichi* (Feigen), *fragole* (Erdbeeren). – *Lamponi* (Himbeeren), *limoni* (Zitronen). – *Macedonia di frutta* (Obstsalat), *mandarini* (Mandarinen), *mele* (Äpfel), *melegrana* (Granatapfel), *more di rovo* (Brombeeren). – *Pere* (Birnen), *pesche* (Pfirsiche), *prugne* (Pflaumen). – *Rabàrbaro* (Rhabarber), *ribes* (Johannisbeeren). – *Uva* (Weintraube), *uva spina* (Stachelbeere).

Desserts *(Dolci): Ananas al Maraschino* (Ananas mit Maraschino). – *Bignè* (Teigkrapfen mit Cremefüllung), *budino al cioccolato* (Schokoladenpudding). – *Cassata* (Halbgefrorenes mit Früchten), *coppa di gelato* (Eisbecher). – *Frutta cotta* (Kompott). – *Gelati* (Speiseeis), *gelato misto* (gemischtes Eis). – *Macedonia alla fiamma* (flambierter Fruchtsalat). – *Pesche alla melba* (Pfirsich auf Vanilleeis mit Himbeermark überzogen, mit Pistazienkernen und Schlagsahne garniert), *pizza di mele* (Honigkuchen). – *Torta gelato di delizia* (Eistorte).

Einige römische Spezialitäten

Vorspeisen *(Antipasti): Carciofi alla romana* (Artischocken auf römische Art: in Öl gedünstet mit Pfefferminzblättern, Pfeffer, Knoblauch, Petersilie oder gefüllt mit Sardellen); *Carciofi alla giudìa* (Artischocken nach jüdischer Art: ganze Artischocken, gesalzen und gepfeffert, werden in einer Tonform in viel Öl gebraten).

Spaghettigerichte: *Spaghetti alla carbonara* (mit Schinken, Ei, Erbsen und Käse); *Spaghetti alla carrettiera* (mit einer Soße aus Tomaten, Thunfisch, Knoblauch und Olivenöl); *Spaghetti alla boscarola* (mit einer Soße aus Tomaten, getrockneten Pilzen, Thunfisch und Olivenöl); *Spaghetti all'amatricana* (mit einer Soße aus Tomaten, Paprikaschoten, Zwiebeln, Knoblauch, Pfeffer, Schweinespeck und Schafskäse).

Fleischgerichte: *Fritto alla romana* (eine Art Eintopf aus gebackenem Kalbshirn, gebackener Leber und Artischocken); *Coratella* (eine römische Spezialität aus Lunge, Herz, Milz, Leber, Artischocken, mit Wein verfeinert und gebacken); *Trippa alla romana* (gekochte Kutteln in Tomatensoße, aromatisiert mit Minze und mit Schafskäse bestreut); *Abbacchio alla cacciatora* (pikant gewürztes Milchlammfleisch nach Jägerart); *Saltimbocca alla romana* (dünne Kalbfleischschnitzel mit einer Scheibe Schinken und einem Salbeiblatt in Butter gesotten); *Coda alla vaccinara* (gedünstete Ochsenschwanzstücke in einem Sud aus Zwiebeln, Suppengrün, Rotwein, Speck, Schinken, Tomatenmark, Knoblauch, Salz, Pfeffer und viel Sellerie).

Süßspeise: *Zuppa inglese* oder *Torta romana* (eine mit Likör oder Rum getränkte Bisquittorte mit einer Cremefüllung und Sauerkirschen).

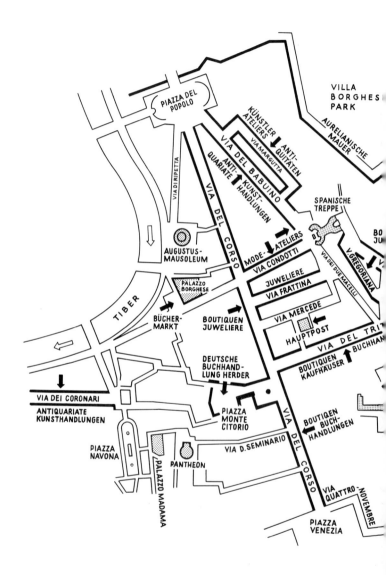

Stadtzentrum von Rom mit Einkaufstraßen und touristisch wichtigen Hinweisen

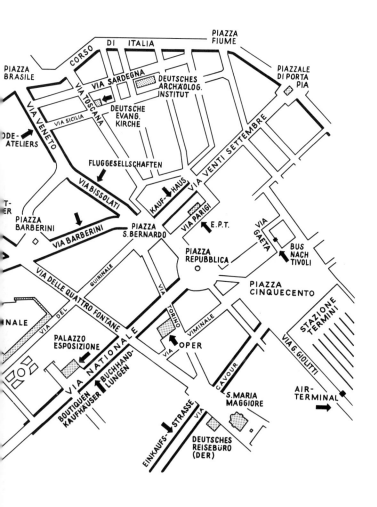

Kultur und Unterhaltung

Veranstaltungskalender: »*La Settimana a Roma*« (»*This week in Rome*«), wöchentlich, an den Zeitungskiosken. – »*Carnet di Roma e del Lazio*«, monatlich bei E.P.T., Via Parigi 5.

Oper und Ballett: *Teatro dell'Opera*, Piazza Beniamino Gigli 8 (Nähe Stazione Termini). Spielzeit: Ende November bis Ende Mai. – *Terme di Caracalla (Caracallathermen)*, Via delle Terme di Caracalla (zwischen Palatin und Via Appia): Sommerfestspiele (»Stagione d'opera estiva«) in den Monaten Juli und August.

Theater und Schauspielbühnen (hier nur die wichtigsten): »*Belle Arti*«, Via Abruzzi/Via Sicilia 59 (Nähe Via Vittorio Veneto). – »*Dei Satiri*«, Via di Grotta Pinta 19 (Nähe Campo de'Fiori). – »*Delle Muse*«, Via Forli 43 (im NO der Stadt, Nähe Piazza Lecce). – »*Eliseo*«, Via Nazionale 183. – »*Quirino*«, Via Marco Minghetti 1 (Querstraße der Via del Corso, zwischen Piazza Venezia und Piazza Colonna). – »*Valle*«, Via del Teatro Valle (zwischen S. Andrea della Valle und Palazzo Madama).

Konzerte: *Auditorio del Foro Italico* (Italienische Rundfunk- und Fernsehgesellschaft: R.A.I.), Lungotevere Diaz 26 (im Norden, 5 km vom Stadtzentrum entfernt, am Ende der Via Flaminia). – *Auditorio del Gonfalone*, Via del Gonfalone 32 a. – *Auditorio del San Leone Magno*, Via Bolzano 38. – *Auditorio Pio*, Via della Conciliazione 4 (zwischen Tiberufer und Petersdom). – *Aula Borrominiana dell'Oratorio di San Filippo Neri*, Piazza della Chiesa Nuova 18 (am Corso Vittorio Emanuele II, neben der Kirche Santa Maria Vallicella). – *Basilica di Massenzio (Maxentiusbasilika)*, Via dei Fori Imperiali (Konzerte im Freien während den Sommermonaten). – *Sala dell'Accadèmia di Santa Cecilia* (Musikakademie), Via dei Greci 18 (Kammermusik). – *Teatro di Castel Sant'Angelo (Engelsburg)*, Lungotevere Castello. – *Teatro Olìmpico* (Accadèmia Filarmònica Romana), Piazza Gentile da Fabriano 17.

Freilichttheater: *Caracallathermen (Terme di Caracalla)*, Via delle Terme di Caracalla (zwischen Palatin und Via Appia): Opernaufführungen Juli, August.

Marionettentheater: *Teatro al Pantheon*, Via Beato Angèlico 32 (Collegio Romano).

Wachsfigurenkabinett: Piazza della Repubblica 12 (Endpunkt der Via Nazionale): Nachbildung historischer Persönlichkeiten in Wachs.

Stadtrundfahrten: *In der Regel Halbtagsfahrten* zur ersten Orientierung, doch bleibt für die Besichtigung der einzelnen Sehenswürdigkeiten meist nur wenig Zeit. Veranstalter sind die Reisebüros *C.I.T.*; *American Express*; *Carrani Tours* (Anschriften siehe S. 170). *Es gibt vier Standardrouten: N-W-Route:* Villa Borghese, Fontana di Trevi, Pantheon, Piazza Navona, Engelsburg, Peterskirche, etc. – *Antike Route:* Kapitol, Kaiserforen, Forum Romanum, etc. – *Vatikanische Route:* Piazza di Spagna, Vatikanische Museen, etc. – *Südroute:* S. Maria Maggiore, Caracallathermen, Via Appia Antica, Katakomben, etc.

Rom bei Nacht: Autobusrundfahrten mit Besuch von Nachtlokalen. Verschiedene Preiskategorien. Veranstalter: *C.I.T.*, *American Express*, *Carrani Tours*, etc. (Anschriften siehe unter Reisebüros, S. 170).

Nachtlokale, Revuetheater, Varietés, Kabaretts, Tanzlokale: Konzentration im Gebiet um die Via Veneto. Einzelheiten und Anschriften in einer kostenlosen Broschüre des *E.P.T. (Ente Provinciale per il Turismo)*, Via Parigi 5.

Römische Feiertage

Römische Feste und Kirchenfeste: *6. Januar: Dreikönigs- oder Erscheinungsfest (Epifania).* Am Vorabend auf der Piazza Navona volkstümliche Ausgelassenheit. Kirchliche Feiern in S. Andrea della Valle, S. Maria in Aracoeli und in S. Anastasia. – *17. Januar: Antoniustag.* Kirchliche Segnung der Haustiere; Segnung und Freilassung von Brieftauben bei San Giovanni in Laterano. – *19. März: Josephstag.* Traditioneller Feiertag. Straßenverkauf von süßen Krapfen, den sog. »bignè«. – *Palmsonntag (Doménica delle Palme):* Palmweihe in allen römischen Kirchen. – *Fastenzeit, Karwoche und Ostern (Pasqua):* Eine Zeit kirchlicher Feste, großer Touristenandrang. – (a) Besuch der Heiligen Stiege (Scala Santa) im Lateran. – (b) Christliche Märtyrerfeiern im Kolosseum. – (c) Fußwaschungen in der Kirche S. Maria in Aracoeli (Kapitol) am Gründonnerstag (Giovedì Santo). – (d) Kreuzesfeiern in S. Croce in Gerusalemme am Karfreitag (Venerdì Santo). – (e) Besuch von Katakomben. – (f) Sämtliche Kirchenglocken Roms läuten am Karsamstag (Sabato Santo), vormittags gegen 10 Uhr. – (g) Päpstliche Messe in St. Peter und päpstlicher Segen »urbi et orbi« auf dem Petersplatz am Ostersonntag. – (h) Am Ostermontag (Pasquetta) Ausflüge zu den Schenken und Osterien rund um Rom. – *Pfingsten (Pentecoste):* Pfingstmontag Arbeitstag. – *April: Frühlingsfest (Festa della Primavera):* Spanische Treppe. – *Anfang Mai: Internationale Reitsportveranstaltung (Concorso Ippico Internationale).* Auf der Piazza Siena im Park der Villa Borghese. Von den Römern als Fest begangen. Zum Abschluß historische Reiterdarstellungen. – *23./24. Juni: Johannistag (S. Giovanni).* Das Fest beschränkt sich auf die Umgebung des Laterans. Am Abend des 23. Juni traditionelles Schnecken- und Spanferkelessen, verbunden mit Volksfest und Feuerwerk. – *29. Juni: Peter und Paul (SS. Pietro e Paolo).* Für Rom ein wichtiges kirchliches Fest. Besondere Feierlichkeiten in St. Peter zu Ehren des Schutzpatrons der Stadt Rom, des hl. Apostels Petrus. Illumination der Peterskirche. – *Ab 15. Juli für 14 Tage: Festa di Noantri (Dialekt: »la festa di noi altri«: »unser eigenes Fest«).* Der Madonna von Monte Carmel geweiht. Hauptfest der Bewohner von Trastevere: Gesang, Feuerwerk, Spanferkel- und Spaghettiessen. – *5. August: Maria Schneewunder (Madonna della Neve)* in S. Maria Maggiore. Nach der Legende soll die Gottesmutter im Jahre 363 n. Chr. durch einen plötzlichen Schneefall die Stelle der späteren Kirche S. Maria Maggiore bezeichnet haben. Beim jährlichen Erinnerungsgottesdienst läßt man weiße Blütenblätter aus der Kuppel herabfallen. – *15. August: Mariä Himmelfahrt (Ferragosto).* Traditioneller Ausflugstag der Römer. – *8. Dezember: Fest der »Unbefleckten Empfängnis« (Festa dell'Immacolata).* Viele Römer bringen an diesem Tage Blumen zur Madonnenstatue auf der Piazza di Spagna vor der Spanischen Treppe. – *Weihnachtsfest (Santo Natale):* Auf der Piazza Navona schon 14 Tage vorher Weihnachtsmarkt. 24./25. Dezember eindrucksvolle Mitternachtsmesse in S. Maria Maggiore und mehr volkstümlich in der Kirche S. Maria in Aracoeli (Kapitol). Sehenswert die Weihnachtskrippen in den Kirchen S. Maria Maggiore, S. Maria in Aracoeli, SS. Cosma e Damiano, u. a.

Die wichtigsten nationalen Feiertage: *Tag der Befreiung* (25. April 1945), *Tag der Arbeit* (1. Mai), *Tag des Kriegsendes* (8. Mai 1945), *Tag der Ausrufung der Republik* (2. Juni 1946), *Ende des ersten Weltkrieges* (4. November 1918).

Sämtliche Angaben im Informationsteil (Stand vom Sommer 1982) erfolgen ohne Gewähr. Bei der Fülle der Daten und den sich oft rasch verändernden Verhältnissen sind Irrtümer nicht auszuschließen. Für Hinweise und Berichtigungen ist der Verlag dankbar.

E. VORSCHLÄGE FÜR BESICHTIGUNGSRUNDGÄNGE

Halbtägig

Nrn. 1, 8 (Ergänzungen: Nrn. 2, 3, 4, 5, 6, 7, 28)

Ara Pacis (Nr. 1): Wichtigstes Zeugnis augusteischer Reliefplastik. – *Pantheon* (Nr. 8): Einziges, nahezu vollständig erhaltenes Bauwerk aus römischer Zeit.

Nrn. 12, 13 (Ergänzungen: Nrn. 9, 10, 11)

Kapitol (Nr. 12): Reiterstandbild Marc Aurels, Kapitolinisches Museum, Konservatorenpalast, Tabularium. – *Kaiserforen* (Nr. 13).

Nr. 14 (Ergänzungen: Nrn. 15, 16)

Forum Romanum (Nr. 14): Der Rundgang erfordert mehrere Stunden und kann mit der Besichtigung des *Palatin* (Nr. 15) verbunden werden, ist dann aber sehr weitläufig. Eine gesonderte Besichtigung des Palatin ist anzuraten.

Nr. 15 (Ergänzungen: Nrn. 13, 16)

Palatin (Nr. 15): Eingang beim Forum Romanum. Rundgang durch den ehemaligen Kaiserpalast mit palatinischem Tempelbezirk, »Hütte des Romulus« und »Haus der Livia« (Wandmalereien). Bei Kombination mit den *Kaiserforen* (Nr. 13) sollten diese zuerst besichtigt werden.

Nr. 17 (Ergänzungen: Nrn. 18, 20, 23)

Kolosseum, Konstantinsbogen, Venus- und Romatempel (Nr. 17). – Unmittelbar benachbart die *Domus Aurea* (Nr. 18) Kaiser Neros. – Die *Caracallathermen* (Nr. 23) erreicht man vom Kolosseum aus in knapp 10 Minuten mit dem Schnellbus 118.

Nr. 19 (Ergänzungen: Nrn: 21, 22)

Diokletianthermen (Nr. 19): Bedeutend durch das Thermenmuseum mit Meisterwerken griechischer und römischer Plastik. – Nrn. 21, 22 erreicht man von Stazione Termini aus mit Straßenbahn, Bus oder Taxi.

Nr. 23 (Ergänzungen: Nrn. 24, 25, 26, 27)

Caracallathermen (Nr. 23): Vom Kolosseum aus mit dem Schnellbus 118 in knapp 10 Minuten zu erreichen. Besichtigung etwa 2 Stunden. – Entfernung zu den *Scipionengräbern* (Nr. 26) 800 m. – Zur *Via Appia* (Nr. 27): Schnellbus 118.

Ganztägig

Nr. 29 – Villa Hadriana, Tivoli

Umfangreicher Ruinenkomplex in landschaftlich schöner Lage. Höhepunkte hadrianischer Architektur (Schnellbus von Via Gaeta aus, gegenüber Stazione Termini).

Nr. 30 – Ostia antica

Ehemals an der Tibermündung gelegene Hafenstadt Roms. Umfangreiche Ausgrabungen. Reichtum an Mosaiken (Metro-Vorortzug).

Nr. 31 – Palestrina (Praeneste)

Terrassenförmig an einem Steilhang gelegenes Fortunaheiligtum. Nach dem Zweiten Weltkrieg zu großen Teilen freigelegt (Eisenbahn, Bus).

F. LITERATURAUSWAHL

Andreae, Bernhard: Die römische Kunst. Freiburg 1974. – Bianchi Bandinelli: Rom. Das Zentrum der Macht. München 1970 (ausführliche Bibliographie). – Ders.: Rom. Das Ende der Antike. München 1971. – Bianchi Bandinelli-Becatti: Enciclopedia dell'arte antica classica e orientale. 7 Bde. Rom 1958–1966 (Roma: Bd. VI, S. 764–939). – Blouet, G.A.: Restauration des Thermes d'Antonin Caracallas. Paris 1828. – Buchner, Edmund: Solarium Augusti und Ara Pacis. In: Röm.Mitt. 83, 1976. – Calza-Becatti: Ostia. Rom 1967. – Coarelli, Filippo: Rom. Ein archäologischer Führer (deutsche Ausgabe). Freiburg i.B. 1975. – Curtius, Ludwig: Torso. Nachgelassene Schriften. Stuttgart 1957. – Drerup, Heinrich: Zum Ausstattungsluxus in der römischen Architektur. Münster 1957. – Eisner, Michael: Zur Typologie der Mausoleen des Augustus und des Hadrian. In: Röm.Mitt. 86, 1979. – Gauer, Werner: Untersuchungen zur Trajanssäule. Erster Teil. Darstellungsprogramm und künstlerischer Entwurf. Berlin 1977. – Gerkan, Armin von: Griechische und römische Architektur. In: Bonner Jahrbücher CLII, 1952, S. 21–26. – Hagen, Victor W. von: Alle Straßen führen nach Rom. Frankfurt a.M. 1968. – Helbig, Wolfgang: Führer durch die öffentlichen Sammlungen klassischer Altertümer in Rom. 3 Bde. 4. Aufl. Tübingen 1963, 1966, 1969. – Hülsen, Christian: Forum und Palatin. München-Wien-Berlin 1926. – Kähler, Heinz: Hadrian und seine Villa bei Tivoli. Berlin 1950. – Ders.: Rom und seine Welt. München 1960. – Ders.: Rom und sein Imperium (Bibl.). Baden-Baden 1962. – Kaschnitz-Weinberg, Guido von: Römische Kunst I–IV. Reinbek 1961–1963. – Knauer, Elfriede: Das Reiterstandbild des Kaisers Marc Aurel. Stuttgart 1968. – Koepf, Hans: Baukunst in fünf Jahrtausenden. 5. Aufl. Stuttgart 1967. – Kraus, Theodor: Das römische Weltreich. Propyläen-Kunstgeschichte II. Berlin 1967. – Ders.: Die Ranken der Ara Pacis. Berlin 1955. – Krencker, D.: Die Trierer Kaiserthermen. Augsburg 1929. – Latte, Kurt: Römische Religionsgeschichte. 2. Aufl. Stuttgart 1967. – Lehmann-Hartleben, Karl: Die Trajanssäule. 2 Bde. Berlin und Leipzig 1926. – Leon, Christoph F.: Die Bauornamentik des Trajansforums und ihre Stellung in der früh- und mittelkaiserlichen Architekturdekoration Roms. Wien-Köln-Graz 1971. – L'Orange-Gerkan: Der spätantike Bildschmuck des Konstantinsbogens. Berlin 1939. – Lugli, Giuseppe: Roma antica. Il centro monumentale. Rom 1946. – Ders.: Forum Romanum, Palatin. Rom 1970. – Mancini, G.: Die Villa Hadrians und die Villa d'Este. Rom 1971. – Nash, Ernest: Bildlexikon zur Topographie des antiken Rom. 2 Bde. Tübingen 1961, 1962. – Platner, Samuel Ball: A Topographical Dictionary of Ancient Rome (Quellenwerk). London 1929. – Pfretzschner, Ernst: Die Grundrißentwicklung der römischen Thermen. In: Zur Kunstgeschichte des Auslandes, Heft 65. Straßburg 1909. – Propyläen Weltgeschichte Bd. 4, Rom. Die römische Welt. Berlin 1963. – Riegl, Alois: Spätrömische Kunstindustrie. 3. Aufl. Darmstadt 1964. – Romanelli, Pietro: Der Palatin. Rom 1965. – Simon, Erika: Ara Pacis Augustae. Tübingen 1967. – Stützer, Herbert Alexander, Das alte Rom. Stuttgart 1971. Ders.: Römische Kunstgeschichte. Von der Frühzeit bis zum Ende des weströmischen Reiches. Freiberg i. Brsg. 1973. – Vermaseren, Marten: Mithras. Geschichte eines Kultes. Stuttgart 1965. – Weege, F.: Das goldene Haus des Nero. In: Jb. d. allerh. Kaiserhs. XXVIII, 1913, S. 127ff. – Zanker, Paul: Forum Augustum. Das Bildprogramm. Tübingen 1968. – Ders.: Forum Romanum. Die Neugestaltung durch Augustus. Tübingen 1972.

G. REGISTER

Wichtigste Textstellen *kursiv*, Plan- und Objektnummern **Fettdruck**

Actium, Seeschlacht von 72
Aemilius, Paullus Macedonicus 7
Aemilius Scaurus, M. 130
Aeneas 4, 14, 50
Agrippa, M. Vipsanius 24, 43
Air-Terminal *170*, 174, 181 (Plan)
Aldobrandinische Hochzeit (antikes Fresko) 163
Alemannen 13, 127
Amphitheater, flavisches (vgl. Kolosseum) 102
Amtliche Bestimmungen 168
Anio Novus (Wasserltg.) 117
Anschriften, wichtige 170
Antinoos (Lieblingsknabe Hadrians) 145, 162 (Statue)
Antiquariate 180/181 (Plan)
Antiquitäten 180/181 (Plan)
Antium, Seeschlacht von 66
Antoninus Pius (röm. Ks.) *12*, 19, 150, 152, *156, 158*
Antoninus-Piustempel **14** 12, *75*
Antoninus, M. (Triumvir) 9, 72
Anwälte, deutschsprachige 171
Apollodorus von Damaskus *53*, 109, 115
Apollo (Gott) *96*, 101
Apollotempel **15** 9, 30, *96*
Aqua Appia 128
Aqua Claudia 100, 109, 117
Aqua Marcia 114, 130
Ara Pacis Augustae **1** 9, *14*, 18, 50, 56, 80
Arco degli Argentarii (Wechslerbogen) 33
Arco di Constantino (Konstantinsbogen) **17** 13, 66, *106*
Arcus Titi (Titusbogen) **14** 11, 43, 56, 75, *78*
Argiletum 65
Ärzte, deutschsprachige 172
Arx (Kapitol, Burg) 35
Asklepios 31
Asklepiusheiligtum 31
Atrium Vestae (Haus d. Vestalinnen) **14** 12, 66, *73*, 75
Auditorium des Maecenas 116
Augusteischer Friede 14, 18
Augusteische Kunst 9
Augustus (röm. Ks.) 5, *9*, 18f., 22, 24,

30, 38, 45, 64, 66, 68, 72, 78, 82, 94, 97, 102, 116, 126, 150, 152, 159
– Mausoleum des **2** 9, 18
– Sonnenuhr des **1** 18
– Wohnhaus des **15** 9, *96*, 98
Augustusbogen **14** 9, 60, 69, *72*
Augustusforum **13** 9, 45, 48, *50*, 105, 122
Aula Regia **15** 88
Aurelianische Mauer **25** 13, *127*, 128
Aurelianus, L. Domitius (röm. Ks.) 13, *127*
Auspizien 35
Autobusse 173
Autofahrer-Tips 174
Automobilclubs 174

Bahn 174
Balbinus, D. Caelius Calvinus (röm. Ks.) 12
Ballett 182
Basilica
– Aemilia **14** 54, 60, *64f.*
– des Konstantin **14** 77
– di Porta Maggiore 117
– Iulia **14** 8, 49, *68*, 75
– des Maxentius **14** 13, 42, 66, 76, *77*, 106
– Subterranea 117
– Ulpia 53 f.
Bernini 24
Besichtigungsrundgänge 184
Bibliotheksbauten (Villa Hadriana) 140 f.
Blutgerichtsbarkeit 6
Bogen
  Augustusbogen **14** 9, 60, 69, *72*
  Drususbogen 128
  Janusbogen 33
  Konstantinsbogen **17** 13, 66, 76, *106*
  Septimius-Severusbogen **14** 12, 33, *66*, 106, 118
  Triumphbogen für Domitian 83
  Triumphbogen für Tiberius 69
  Wechslerbogen **11** 33
Bonifazius IV. (Papst) 69
Boutiquen 180/181 (Plan)
Bramante 29
Briefmarken 169

Brücken, antike
Engelsbrücke **3** 19
Milvische Brücke **28** 106, *130*
Pons Aelius **3** 20
Pons Aemilius *31*, 130
Pons Cestius 31
Pons Fabricius 31
Pons sublicius 31
Ponte Molle (Milvische Brücke)
28 106, *130*
Ponte Rotto *31*, 130
Buchhandlungen 180/181 (Plan)
Buchner, Edmund 18
Burg (kapitolin.) 35

Caecilia Metella 128 f.
– Grabmahl der 128
Caecilius Metellus Delmaticus, L. 70
Caesar, Gaius Julius 5, *8*, 20, 30 f., 38,
40, 45, 49, 60, 65 f., 68, 72, 75,
102 f., 126
Caesarforum **13** 8, 45, *48f.*, 65
Caesartempel **14** 9, 60, *72*
Caligula (röm. Ks.) *10*, 98, 102, 117,
126
Campingplätze 173
Capitolium 35 f.
Caracalla, M. Aurelius Antoninus
(röm. Ks.) *12*, 67, 118, 126
Caracallathermen **23** 12 f., 29, 33,
53, 66, 109, 114, 116, *118–126*
Carus, M. Aurelius (röm. Ks.) 13
Caserna dei Vigili (Villa Hadriana)
144
Castor und Pollux 21, 60, 70
Castor- und Polluxtempel **14** 60,
70f., 75, 105
Cato 127
Centurien 5
Ceres 101
Cerestempel (Ostia antica) 153
Cestius (Epulo), C. 126
Cestiuspyramide **24** 126 f.
Cicero, M. Tullius 82
Circo Massimo (Circus Maximus) **16**
101, 126, 128
Circus Maximus **16** *101*, 126, 128
Claudius (röm. Ks) *10*, 101 f., 109,
117, 150
Claudius Caesus Appius 128
Claudius Gothicus (röm. Kaiser) 12
Claudiustempel *109*, 117
Clivio Palatino 83
Cloaca Maxima 60
Coenatio Jovis 90
Colosseo (Kolosseum) **17** 11, 30, 60,
68, 76, 98, *102*, 109 f., 130, 152

Comitia centuriata 5
Commodus (röm. Ks.) 12
Concordia (Göttin) 43
Concordiatempel **12** 6, 41, *43*, 60
Consalvi (Grabstätte) 28
Constantius I. Chlorus (röm. Ks.) 13
– Reiterstandbild für 67
Constantius II. (oström. Ks.) 24
Cornelius Scipio Barbatus, L. 127
Curia Iulia **14** 8, *65*

Daker 56
Dakerkriege 11
Decennalienbasis 66
Decius C. Messius Quintus Traianus
(röm. Ks.) 12
Deutsche Buchhandlung Herder 180
(Plan)
Deutsche Einrichtungen 171
Deutsches Archäologisches Institut 181
(Plan)
Deutsches Reisebüro 181 (Plan)
Didius Severus Julianus M. (röm. Ks.)
12
Diokletian (röm. Ks.) *13*, 65 f., 68,
106, 114
Diokletianthermen **19** 13, *114f.*
Dioskuren (vgl. Castor und Pollux)
70 f.
Diplomatische Vertretungen 171
Domitian (röm. Ks.) *11*, 43, 71, 82,
88f., 100, 109, 126, 151, 153
– Reiterstandbild für 69
Domitianpalast **15** 11, 43, *86*
Domus Augustana **15** 98
Domus Aurea (di Nerone) **18** 10, 53,
98, 109, *110f.*
Domus Flavia 86
Drusus 82
Drususbogen 128

Einkaufstraßen 180/181 (Plan)
Eisenbahn 174
Elagabal (röm. Ks.) 12, *83*
Elagabal (Sonnengott) 83
Engelsbrücke 20
Engelsburg 19
Ente Provinciale per il Turismo –
E. P. T. (Reisebüro) 170, 181 (Plan)
E. P. T. 170, 181 (Plan)
Erste Hilfe 171
Esquilin 4, *53*, *109*, 110, 116
Essen und Trinken 176–179
Etrusker *4*, *37*, 60, 103
Esposizione Universale di Roma
(E. U. R.) 170
E. U. R. **170**, **175** (Plan)

187

Farnesische Gärten 82, *90*
Faustina, Annia Galeria d. Ä. 75
Feiertage, römische 183
Feste, römische 183
Flavier (Kaisergeschlecht) *11*, 102, 109
Flavisches Amphitheater (vgl. Kolosseum) 102
Fluggesellschaften 170, 181 (Plan)
Fontana, Domenico 21
Foren
  Augustusforum **13** 9, 45, 48, *50*, 105, 122
  Caesarforum **13** 8, 45, *48f.*, 65
  Forum Boarium **11** 31f.
  Forum Romanum **14** 8, 21, 30, 33, 49, 54, *60–81*, 106, 118
  Forum Transitorium (Nervaforum) **13** 11, 45, 48, *52*
  Nervaforum **13** 11, 45, 48, *52*
  Trajansforum **13** 11, 45, 48, *53*,106
  Vespasiansforum **13** *45*, 52, 76
Fortuna (Göttin) 50
Fortunaheiligtum (Praeneste) **31** 161
Fortuna Virilis, Tempel der **11** 7, *32*
Forum Boarium **11** 31f.
Forum Romanum **14** 8, 21, 30, 33, 49, 54, *60–81*, 106, 118
Forum Transitorium (Nervaforum) **13** 11, 45, 48, *52*
Freilichttheater 182
Fremdenführer 170
Fundbüro 170

Gärten des Licinius 116
Galba (röm. Ks.) 10
Galerius (röm. Ks.) 13
Gallienus (röm. Ks.) 12
Galliereinfall 6
Gallus C. Vibius Trebonianus (röm. Ks.) 12
Geldwechsel 169
Geta Lucius Septimius (röm. Ks.) 67
Getränke 177
Giovanni da Udine 111
Gladiatorenkämpfe 4, 101f., *103*
Gladiatorenschule 109
Gordian I. (röm. Ks.) 12
Gordian II. (röm. Ks.) 12
Gordian III. (röm. Ks.) 12
Goten 114
Gottesdienste 171
Grabmäler
  Grabmal der Caecilia Metella **27** 128, *129*
  Grabmal des Eurysaces **22** 117
  Grabmal der Scipionen **26** 127
Gracchen 7

Gregor d. Gr. (Papst) 19
Griechische Bibliothek (Villa Hadriana) 133
Griechischer Kultureinfluß 7
Groteskendekoration 111
Gußmauerwerk 10, 70

Hadrian (röm. Ks.) *12*, 19, 45, 53, 75, 82, 100, 104, *131*, 150, 154f., 157
Hauptbahnhof (Stazione Termini) 181 (Plan)
Haus
  des Augustus **15** 9, *96*
  der Livia **15** 9, *94*, 96, 112
  der Vestalinnen **14** 12, 66, *73*, 75
Hermes 94
Hippodrom (Domitianpalast) 100
Horaz 9, 116
Hortensius Hortalus 82
Hospitalia (Villa Hadriana) 141
Hotels 172
Hütte des Romulus **15** 97

Inkrustationstechnik 10, *26*, 112, 150
Io 95
Isiskult 126
Isistempel 126
Isola Tiberina (Tiberinsel) **10** 31

Janusbogen **11** 33
Jugendhäuser 173
Jugendherbergen 173
Jugendtourismus 173
Juno (Gottheit) 154
Juno Moneta, Tempel der 35f.
Jupiter (Gott) 101, 154
Jupiter Capitolinus 35
Jupiter Optimus Maximus, Tempel für **12** 4, *35–37*, 60, *96*
Juthungen 13, 127

Kabaretts 182
Kaiserforen **13** *45–57*
Kanopos (Villa Hadriana) **29** 130, 133, *145*
Kapitol **12** 4, *35*, 67, 96
Kapitolinischer Hügel **12** *35f.*
Kapitolinischer Tempel **12** *36*, 41
Kapitolinisches Museum 8, 37, *155f.*
Kapitolinische Wölfin 4, *166*
Karthago 6
Kirchenfeste, römische 183
Klima 168
Kliniken 172
Kolosseum **17** 11, 30, 60, 68, 76, 98, *102f.*, 109f., 130, 152
Kolumbarium des Pomponius Hylas 127

Komödien, römische 7
Konservatorenpalast 36, 166
Konstantin d. Gr. (röm. Ks.) *13*, 38,
76f., 106, 130, 150, 156
– Reiterstandbild für 69
Konstantinsbasilika **14** 77
Konstantinsbogen **17** 13, 66, *106*
Konsulartribunat 6
Konzerte 182
Koren (Villa Hadriana) 145
Korsika 6
Krankenhäuser 172
Kultur und Unterhaltung 182
Kurie **14** 8, 49, 60, *65*
Kybele (phrygische Gottheit) 97

Lacus Curtius 69
Laokoongruppe 111, *163*
Lapis Niger 66
Largo di Torre Argentina (Republi-
kanische Tempel) **6** 22
Lateinische Bibliothek (Villa Ha-
driana) 133
Lateranspalast 38
Latiner 4, 6
Lepidus, M. Aemilius (Censor) 64
Lepidus, M. Aemilius (Triumvir) 9, 72
Licinius, Valerius Licianus (röm. Ks.)
13
Liktoren 5
Literaturauswahl 185
Livius 9
Lucullus, L. Licinius 35
Ludovisischer Thron 115
Ludus Magnus (Gladiatorenschule)
109
Lukaner 6
Macrinus (röm. Ks.) 12

Maecenas 116
– Auditorium des 116
Magna Mater *97*, 101
– Kult der 97
– Tempel der 97
Marc Aurel (röm. Ks.) *12*, 21, 38, 67,
160
– Reiterstandbild Marc Aurels **12** 37,
38
Marc-Aurelsäule **7** *21*, *56*
Marcellus, M. Claudius 30
Marcellustheater **9** 8f., 20, *30f.*, 68,
152
Margherita (Königin) 28 (Grabstätte)
Marionettentheater 182
Marius, C. 161
Markomannen 21

Marktanlage des Trajan **13** 11, 45, *58*
Mars (Gott) 67
Marsfeld **4** *20f.*, 22/23 (Modell), 49,
80, 102, 126
Mars Ultor 50
Marsyas, Standbild des 69
Mausoleum
    des Augustus **2** 9, *19*
    des Hadrian (Mole Adriana) **3** 12,
    19f.
Maxentius (röm. Kaiser) *13*, 76, 106,
129f.
Maxentiusbasilika **14** 13, 42, 66, 76,
77, 106
Maximian (röm. Ks.) 106
Maximinius Daia (röm. Ks.) 13
Maximinius Thrax (röm. Ks.) 12
Mercati Traiani (vgl. Marktanlage
Trajans) **13** 58
Metellus Macedonicus, Q. C. 30
Michelangelo 29, *36*, *38*, 111, 114
Miliarium aureum 67
Milvische Brücke **28** 106, *130*
Minerva 154
Minerva Medica, Tempel der **21** 29,
116
Mithrasheiligtümer *150*
Modeateliers 180/181 (Plan)
Modell des antiken Rom 167
Mole Adriana (Mausoleum des Ha-
drian) **3** 12, *19f.*
Motels 173
Museen, römische (mit antiken
Kunstwerken) *162–167*
    Kapitolinisches Museum 8, 37,
    165f.
    Konservatorenpalast 37, *166*
    Museo Capitolino (Kapitolinisches
    Museum) 8, 37, *165f.*
    Museo Chiaramonti (Vatikan) 163
    Museo della Civiltà Romana (Mu-
    seum der römischen Kultur) 56,
    167
    Museo Nazionale Romano o delle
    Terme (Thermenmuseum) 115,
    164f.
    Museo Pio Clementino (Vatikan)
    162
    Museum der römischen Kultur 56,
    167
    Palestrina, Archäolog. Museum *161*
    Saal der Aldobrandinischen Hoch-
    zeit (Vatikan) *163*
    Sammlung Ludovisi 115, *164*
    Thermenmuseum 115, *164f.*
    Vatikanische Museen 127, *162f.*
Myron von Eleutherai 97

189

Nachtlokale 182
Nero (röm. Ks.) *10*, 90, 98, 100, 102
Neros Goldenes Haus (Domus Aurea)
18 10, 53, 98, 109, *110f.*
Nerva, Marcus Cocceius (röm. Ks.)
11
Nervaforum **13** 11, 45, 48, *52*
Ninfeo di Palazzo (Villa Hadriana)
141
Numerian, M. Aurelius Numerius
(röm. Ks.) 13
Nymphäum im Domitianpalast **15** 92

Obelisk, erster in Rom 18
Octavia (minor) 30
– Portikus der **9** 30
Octavian (vgl. Augustus) *9*, 72
Österreichisches Kulturzentrum 171
Oper 181 (Plan), 182
Oratorium der 40 Märtyrer **14** 71
Ostia antica **30** *146–160*
Otho, Marcus Salvius (röm. Ks.) 10

Paestum 6
Palatin **15** 4, 75, *82–101*, 110
Paläste
Domitianpalast **15** 11, 43, *86f.*
Domus Augustana **15** 98f.
Domus Aurea **18** 10, 53, 98, 109,
110–113
Domus Flavia (Domitianpalast) **15**
86
Konservatorenpalast 37, *166*
Lateranspalast 38
Palazzo dei Conservatori (Konser-
vatorenpalast) 37, *166*
Villa Hadriana **29** 12, 98, 122,
130–145
Palestrina (Praeneste) **31** 161
Panaitios 7
Pannenhilfe 174
Pantheon **8** 12, *24–29*, 54, 69, 116,
124, 150
Papstaudienzen 171
Pater Patriae (Augustus) 9
Patrizier 5f.
Paul III. (Papst) 38
Pertinax, P. Helvius (röm. Ks.) 12
Peruzzi, Baldassare 28 (Grabstätte)
Phidias 21
Philippus II. (röm. Ks.) 12
Philippus Arabs (röm. Ks.) 12
Phokas (byzant. Kaiser) 69
Phokassäule **14** 69
Piazza
del Campidoglio 36
del Popolo 101

del Quirinale 21
d'oro (Villa Hadriana) 133, 141,
142f.
Navona **4** *20*, 23 (Modell)
Pilger (Auskünfte) 173
Pius IV. Medici (Papst) 114
Plebejer 5, *6*
Plinius d. Ä. 18
Poikile (Villa Hadriana) 131, 133, *136*
Polizei 170
Polybios 7
Pompeius Magnus, Gnaeus *8*, 20,
31, 40, 75
– Theater des **5** 20
Pompejanische Stile 10
Pons Aelius (Engelsbrücke) **3** 20
Pons Aemilius *31*, 130
Pons Cestius 31
Pons Fabricius 31
Pons Sublicius 31
Ponte Molle (Milvische Brücke) **28**
106, *130*
Ponte Rotto *31*, 130
Pontifex Maximus 75
Porta Appia 128
Porta Maggiore **22** 10, 111, *117*
Porta triumphalis 80
Porticus Deorum Consentium **12** 41,
43
Portikus der Octavia 30
Portraitplastik, römische 8
Post 170, 180 (Plan)
Praeneste (Palestrina) **31** 8, *161*
Prätoren 5
Praktische Hinweise 168
Praxiteles 21
Probus, M. Aurelius (röm. Ks.) 13,
127
Properz 116
Punische Kriege 6
Pupienus, M. Clodius Maximus
(röm. Ks.) 12

Quästur 6
Quelle der Nymphe Juturna **14** 70, *71*

Raffael *28* (Grabstätte), 111
Regia Pontificis 75
Reisebüros 170, 180/181 (Plan)
Reisevorbereitung 168
Reiterstandbild
für Constantius 67
für Domitian 69
für Konstantin d. Gr. 69
für Marc Aurel **12** 36, *38*, 69
Republik 5

Republikanische Tempel **6** 7, *20 f.*
Res Gestae 19
Restaurants 176
Römischer Staatsaufbau 5
Römische Wandmalerei *10*, 94, 112
Roma (Göttin) 50, 159
Rom bei Nacht 182
Romulus *4*, 50, 66, *97*
Romulustempel **14** 13, *76*
Romulus und Remus 14
Rostra **14** 8, 60, 65, *66*
Rumlna (etrusk. Geschlecht) 4
Rupe Tarpea (Tarpeischer Felsen) 35 f.

Saal der Aldobrandinischen Hochzeit (Vatikanmus.) 163
Sabiner 4
Sala dei Filosofi (Villa Hadriana) 133, *136*
Sala dei Pilastri dorici (Villa Hadriana) 141
Sammlung Ludovisi (Thermenmuseum) 115, *164*
Samniten 6, 128
S. Angelo in Pescheria 30
S. Lorenzo in Miranda 75
Sarmaten 21
Saturn (Gott) 60, 68
Saturntempel **14** 60, *68*
Schlacht an der Milvischen Brücke 106, *130*
Schweizer Kulturinstitut 171
Scipionen 127
Scipionengräber **26** 127
Seeschlacht von Antium 66
Senat 5, 65
Senatoren 5
Senatorenpalast 36, 40
Seneca 110
Septimius Severus (röm. Ks.) *12*, 33, 66, 73, 82, 100 f., 118, 158
Septimius-Severusbogen **14** 12, 33, *66*, 106, 118
Septizonium 101
Serapisheiligtum (Villa Hadriana) 145
Servianische Mauer **19** 6, *114 f.*
Severus Alexander, M. Aurelius (röm. Ks.) 12
Sibyllinische Bücher 31, 97
Sizilien 6 f.
Skopas von Paros 97
S. Maria Antiqua 71
S. Maria degli Angeli 114
S. Maria in Cosmedin 33
S. Maria Maggiore 77
Soldatenkaiser 12

Souvetaurilia 65
Spanien 6
S. Paolo fuori le Mura 54
Speisekarte, römische 178 f.
Speisesaal Domitians **15** 90
Spezialitäten, römische 179
SS. Cosma e Damiano 76
S. Sebastiano 83
Staatsaufbau, römischer 5
Stadtrundfahrten 182
Stadtzentrum von Rom mit Einkaufstraßen 180/181 (Plan)
Ständekampf 6
Standbild des Marsyas 69
Stazione Termini 181 (Plan)
Stilicho (röm. Feldherr) 127
Straßenbautechnik der Römer 129
Straßennetz um Rom 175 (Plan)
Straßenzustände 168
Stuckdekoration 98, 117
Sulla, L. Cornelius 5, *8*, 40, 60, 150, 157, 161
Syrakus 7

Tabularium **12** 8, 36, *40–42*, 60
Tacitus 11, 56
Tacitus, M. Claudius (röm. Ks.) 13
Tanzlokale 182
Tarpeischer Felsen 35 f.
Tarquinius Superbus (etrusk. Kg.) 60
Taxi 174
Teatro marittimo (Villa Hadriana) **29** 131, 133, *137*, 139
Telefonieren 169
Telegramme 170
Tellus (Erdgöttin) 15
Tellusrelief 15
Tempel
  Antoninus-Piustempel **14** 12, *75*
  Apollotempel **15** 9, 30, *96*
  Caesartempel **14** 9, 60, *72*
  Castor- und Polluxtempel **14** 60, *70 f.*, 75, 105
  Cerestempel (Ostia antica) 153
  Claudiustempel *109*, 117
  Concordiatempel **12** 6, 41, *43*, 60
  Isistempel 12
  Kapitolinischer Tempel **12** *36*, 41
  Pantheon **8** 12, *24–29*, 54, 69, 116, 124, 150
  Republikanische Tempel **6** 7, *20 f.*
  Romulustempel **14** 13, *76*
  Rundtempel (Tivoli) 130
  Saturntempel **14** 60, *68*
  Tempel der Fortuna Virilis **11** 7, *32*
  Tempel der Juno Moneta **12** 35 f.

Tempel für Jupiter Optimus Maximus **12** 4, *35–37*, 60, 96
Tempel der Magna Mater **15** 97
Tempel der Minerva Medica **21** 29, *116*
Tempel für Vespasian **12** 43
Tempel der Vesta (Forum Boarium) **11** 33
Trajanstempel **13** 45, *53*
Venus- und Romatempel **17** 12, 54, 75, *104*
Vestatempel (Forum Romanum) **14** 12, 66, *73*, 75
Tempio di Augusto, Sog. **14** 71
Theater 182
Theater des Pompeius **5** 8, 20, *23*, 30
Thermen
   Caracallathermen **23** 12 f., 29, 33, 53, 66, 109, 114, 116, *118–126*
   Diokletianthermen **19** 13, *114*
   Große Thermen (Villa Hadriana) 144
   Kleine Thermen (Villa Hadriana) 144
   Konstantinsthermen 21
   Thermen des Kaisers Septimius Severus 100
   Thermen Trajans **18** *109*, 115
Thermenmuseum 115, *164 f.*
»Tholos« 21
Thorwaldsen 28
Tiberinsel **10** 31
Tiberius, Iulius Caesar Augustus (röm. Ks.) *10*, 43, 66, 78, 82, 98, 102, 159
– Triumphbogen für 69
Titus, Flavius Vespasianus (röm. Ks.) *11*, 43, 66, 101 f., 109
Titusbogen **14** 11, 43, *56*, 75, *78–81*
Tivoli **29** 33, *130*
– Bus nach Tivoli und Villa Hadriana 181 (Plan)
Toga virilis 35
Touristische Informationen 170
Tragödie, erste röm. 7
Trajan, Marcus Ulpius (röm. Ks.) *11*, 45, ·56, 109, 111, 150, 155 f.
Trajansforum **13** 11, 45, 48, *53–57*, 106
Trajanssäule **13** 45, 52 f., *56*, 67
Trajanstempel **13**, 45, *53*
Triumphbogen, siehe Bogen
Triumphzug 7, *80*
Triumvirat, erstes 9

Umberto I. (Kg.) 28 (Grabstätte)
Umbilicus Romae 67
Unfallhilfe 171, 174

Untergrundbahn 173
Unterhaltung 182
Unteritalien 7
Unterkunft 172

Valerian, P. Licinius (röm. Ks.) 12
Varietés 182
Varro, M. Terentius 4
Vatikanische Museen mit antiken Kunstwerken 111, 127, *162 f.*
   Museo Chiaramonti *163*
   Museo Pio Clementino *162*
   Saal der Aldobrandinischen Hochzeit *163*
Veii (etrusk. Stadt) 6
Venus (Göttin) 50
Venus- und Romatempel **17** 12, 54, 75, *104*
Vergil 9, 116
Verkehrsmittel 173
Vespasian, Titus Flavius (röm. Ks.) *11*, 45, 65, 78, 102, 109
– Tempel für **12** 43
Vespasiansforum **13** *45*, 52, 76
Vestalinnen, Haus der **14** 73
Vestatempel (Forum Romanum) **14** 12, 66, *73*, 75
– (Forum Boarium) **11** 33
Via Appia Antica **27** 6, *128 f.*
Via Claudia 117
Via Labicana 117
Via Praenestina 117
Via Sacra **14** 60, 69, *75*
Vicus Tuscus 71
Viktor Emanuele II. (Kg.) 28 (Grabstätte)
Villa d'Este 130
Villa Hadriana **29** 12, 98, 122, *130–145*
Vitellius, A. (röm. Ks.) 10
Vitruv 9
Volkstribunen 6

Wandmalerei, römische *10*, 94, 112
Wasserleitungen
   Anio Novus 117
   Aqua Appia 128
   Aqua Claudia 100, *109*
   Aqua Marcia 114, 130
Wechslerbogen **11** 33
Wetter 168

Zeus (Gott) 95
Zuccari, Taddeo 28 (Grabstätte)
Zwölftafelgesetz 6